一塊錢的智慧
小朋友學理財

吳致美 著

全方位理財教育專書，
孩子的人生**第一桶金**就在其中！

目錄

（專家學者按姓名筆畫排序）

推薦序一

林哲群　教授

清華大學計量財務金融學系教授兼科技管理學院院長

我很高興看到台灣終於有了專門寫給10歲少年看的理財書，而且由學有專精、深諳孩子語言的吳致美博士所撰寫，內容深入淺出，是從小建立正確理財與消費觀念的最佳啟蒙讀物。

我常聽聞到家有青少年的家庭中，父母與孩子經常產生衝突的原因，往往都與金錢有關。要手機、要機車、要電腦，當孩子的要求無法被滿足時，想的只是「別人都有，為什麼不給我？」卻不了解所有的消費背後都是要付出成本代價的。遺憾的是，如果孩子的消費理財觀念始終沒有機會導正，這樣的衝突還可能持續幾十年。

所以我常常在想，為什麼不能在孩子還小的時候，就灌輸孩子正確的消費「理財觀」呢？這不僅是良好親子關係的基礎，也能讓孩子一輩子受用無窮。

很多父母也許會說，我也常跟孩子說「要節省」、「不要亂花錢」、「父母賺錢不容易」呀，但這些教條式的語言聽在孩子耳裡可能只是「就是不想買給我的藉口」。孩子不只要有消費理財的觀念，還要有知識，並且從小練習運用、分配零用錢、量入為出，並養成儲蓄理財的習慣。

吳致美博士以淺顯的文字向孩子解釋什麼是資產、負債、信用，也說明了股票等金融市場工具。最特別的是，這本書還有很多例子與故事，如與孩子溝通養寵物的花費等，有趣又實用。

理財教育是親子溝通很重要的一環，正確的消費理財觀念與習慣是父母能送給孩子最好的禮物。我非常推薦父母陪伴孩子閱讀《一塊錢的智慧：小朋友學理財》，人生的「第一桶金」就在其中。

林哲群　教授
清華大學計量財務金融學系教授兼科技管理學院院長，美國德州大學阿靈頓分校財務管理博士。他是清華永續基金的操盤手，他開設的財務管理磨課師（MOOCs）課程，兩岸線上選修的人次累計超過20萬人以上。

推薦序二

許淑華
臺北市議會議員

我很幸運，年輕時就培養了正確的理財觀念，大學時代開始跟會、標會，後來買外幣基金還發了一筆小財，在美金飆漲的年代，順勢賺進自己的「第一桶金」。大學畢業之後，進入段宜康立委服務處擔任助理，助理薪水雖然不高，但是靠著長期的理財規劃及儲蓄，我在31歲那年就買了自己的房子，地點在台北市信義區的黃金地段，雖然只有15坪，但當年一坪只有52萬，如今一坪已飆漲到近百萬。這棟房子，讓我在財產的累積上快速增加，也讓我工作時無後顧之憂。這一切都要感謝父母的教導。我在基隆長大，父親在海關工作，家境算是寬裕，小時候也能吃到當時很少見的進口巧克力，但父母並沒有因此疏忽兒女的教育。從小父親會固定給零用錢，無論我想買什麼東西，都要從這筆零用錢中支出，讓我能懂得「量入為出」，如果這個月想買漂亮的書包，就不能同時購買其他的昂貴用品。

後來離開基隆到台北念大學，必須在外面租房子。租房子很麻煩，不但要找合適的室友，如果房東漲房租就又得搬家，經過幾次漂泊後，我就立志要買下自己的房子。當時開始存錢和媽媽一起跟會，媽媽對於我願意存錢也很高興，母女兩人跟了兩個會。因為家裡的長輩都很有理財頭腦，除了跟會，我也跟著買了外幣基金，雖然只持有兩年，卻在美金飆漲年代進帳不少。靠著日積月累的存款，加上父親的部分資助，2004那年我就買下了位於信義區的小套房，正式成為有殼一族，直到現在十幾年過去了，我還是會買進績優的股票及基金等。投資報酬率不見得要最高，但是一定是值得長期持有的，這種穩健的投資理財作法，更讓我有能力過自己想要的生活。

吳致美小姐寫的這本理財書以「淺顯易懂」的方式，教導國中小的孩子學會理財。包括讓孩子從小就懂得分辨「想要」和「需要」的差別、儲蓄的重要，以及何謂「資產」跟「負債」；書中講述的觀念，和我父母從小對我的教導不謀而合。這些最基礎也是最重要的理財教育，能讓孩子一生受用無窮。更特別的是，吳老師的筆觸相當活潑有趣，書中舉出不少生活化的例子，雖然是理財書籍卻毫不生澀，像是介紹養寵物會有哪些支出，就是相當實用的生活知識，就算是國小的學生也能輕易理解，並建立起清晰的概念。

「金錢」是在社會化的重要工具，教孩子理財，就是提早培養孩子在社會上生存技能。不過；相較於美國、日本及歐洲一些國家，台灣的理財教育明顯不足。台灣部分的媽寶父母對於孩子過於寵溺，讓孩子在金錢上失去獨立自主能力，而學校更幾乎不談理財，多數孩子失去建立正確金錢觀的管道。從去年底 開始，台北市研發理財教育手冊，國高中、小學試辦，希望讓孩子學習如何理財儲蓄，希望孩子們可以從小學、國中開始規劃財務，高二可靠自己部份力量完全一趟國際壯遊，拓展視野及國際觀。雖然台灣的理財教育起步較晚，但總算也有了好的開始。不過，要養成完整的理財觀念，光靠學校是不夠的，最好從日常生活做起，家長以身作則也很重要。建議大家可以把這本書當成親子理財的工具書，教導孩子記帳、儲蓄、理性消費，或是幫孩子開兒童儲蓄帳戶，讓孩子知道如何管理金錢及預算。

另外，本書也有不少小「撇步」，比如家長可以帶孩子一起去銀行辦事，順便教導孩子利息的計算方式、匯率換算及各種投資工具等，或是在全家規劃旅行時，讓孩子決定何時、透過什麼方式換匯；在生活中日積月累、點點滴滴的學習，幫助孩子盡早存到「第一桶金」。

推薦序三

張錫
投信投顧公會理事長暨國泰投信董事長

我相信大家都知道理財的重要，而且是愈早開始越好，坊間相關的書籍非常多，但少有親子的理財教育方面的書。大家也都知道全世界最會賺錢是猶太人，這跟他們從小就灌輸小孩理財教育有很大的關係。他們會送股票給剛滿周歲的小孩；五歲時，讓他們知道錢幣可以購買他們想要的東西。八歲時，教他們可以透過打工來賺錢，並且把錢存在銀行裡。十一歲到十二歲，要他們看穿電視廣告的假象，並且執行兩周以上的開銷計畫，懂得正確使用銀行的術語……更重要的是：讓小朋友知道賺錢不容易及財富可能歸零，但理財智慧就會伴隨你一生，讓你終生受用無窮。

很高興能看到吳致美博士出版的這本《一塊錢的智慧：小朋友學理財》，內容淺顯易懂，卻又傳達很重要的理財觀念，很適合親子一起閱讀的好書。相信必可帶給讀者很大的收穫，謝謝！

推薦序四

謝欣霓
華旅網際旅行社董事長

人類行為皆從「心」起，從小就已經受環境影響，養成良好禮儀與正確的理財觀念，是父母與孩子都需要學習的雙贏人生哲學觀。

作者為人類行為表演學博士，深知「人」一切行為動機皆是從認知、觀念而起，「十年樹木，百年樹人」正是要從小紮根起。在作者上一本書《寫給小朋友的國際禮儀：小紳士的聖誕節》已明白告知身為父母親們，孩子的優雅行為舉止是可以被調整、培養起的。

《一塊錢的智慧：小朋友學理財》讓小朋友從小就灌輸良好且正確的「理財觀念」，讓孩子「由淺入深」的知道、明瞭財富必須「積少成多」，可以透過良好的工具與方法一步一步的累積與規劃，而不是一步登天或是以好逸惡勞的等待可獲得「財富」。

身為現代社會的父母親已經逐漸沒有「養兒防老」的舊觀念，反而深怕造就出「啃老族」的兒女們。從小讓兒女認識「財務規劃」的重要，財務與生活都能獨立，能為自己未來人生負全責，認識日益複雜的金融環境，培養起自主的判斷能力，這樣我們的兒女成為「富有」的人就不困難，更可以達到「財務自由」的目標。

推薦序五

龍毓梅
律師

我們常常說不要當「直升機父母」，不要一直盤旋在孩子的上方，幫孩子做很多的事，但「直升機父母」往往是因為對孩子的不放心，深怕孩子這個也不會那個也不會，因此不知不覺幫孩子做太多的事，變成保護過度，讓孩子失去生活的能力，也因此養成孩子依賴的個性，然後等孩子長大後才在抱怨孩子甚麼都不會，反過來嫌孩子是「啃老族」，因此如果不想讓自己的孩子長大後甚麼都不會，做父母的就要學會放手，但學會放手不是甚麼都不管，讓孩子自生自滅，最好的方式，就是從小讓孩子培養生活的技能，就像教孩子釣魚一樣，父母總是要給孩子釣竿，讓他認識釣竿，再告訴他釣魚的方式，之後才是放手讓孩子自己釣魚，培養生活能力也是相同的道理。

不過培養生活能力並不是一天兩天可以速成的事，他必須一點一滴的累積，尤其學習生活必須從認識錢開始，因為生活不能脫離錢，從一睜開眼什麼都需要花錢，因此讓孩子從小認識什麼是錢，知道買東西是需要花錢的，有多少錢買多少東西，不能透支，要知道錢怎麼來，是需要努力賺錢得到，也要知道有了錢要怎麼規劃，才能透過規劃讓錢越來越多，甚至要知道如果真的需要用錢該怎麼辦呢？當孩子知道這些之後，再帶著孩子去做，就像我曾經看過有一個爸爸在提款機前教導女兒如何提款，先示範一遍從提款卡放入提款機，輸入密碼，然後選取提款，再按金額，然後將錢拿出來，最後要記得把提款卡拿走，這樣一遍又一遍的教，然後讓女兒自己操作，這樣相信哪天爸爸不在身邊；女兒要用錢時，也可以透過提款機自己領錢，這就是生活能力的培養。

這本書《一塊錢的智慧：小朋友學理財》就是在告訴孩子生活中會遇到關於錢的事，透過文字敘述的方式，讓孩子對於生活會遇到錢的事情有所認識，有了這層認識之後，做父母的如果能再帶著孩子實際操作一遍，相信對於培養孩子生活技能將是正向的助益。

我是一名執業律師，也是兩個孩子的媽媽，身為執業律師的我，常常看到周遭個案進而反思，我期許自己不要當「直升機父母」，因此；我希望培養她們的是生活技能，如果能教她們釣魚的方法，又何必直接給她們魚吃，當然；我也期待有一天，在這樣的教育方式培養下，她們有了生活技能，不但能釣魚給自己吃，還能回饋給這個社會。

註：直升機父母（helicopter parent）是指過份介入兒女生活，保護或是干預其生活的父母，因為類似直升機一樣的盤旋在兒女身邊，故稱為直升機父母。

自序

感謝～每一位用心生活、認真教導、陪伴孩子成長的爸爸媽媽們，因為有你讓孩子明白一個道理：讓他們動手做、親身體驗過，才會有最深刻的收穫。金錢的意義是創造出生活中快樂的「最大值」，三分之一的錢存下來，三分之一的錢拿來讓生活有滋味，三分之一的錢去幫助別人，而正確的價值觀更是孩子一生珍貴無比的資產。

有錢人的金錢觀：不該失去的，一塊錢也不放棄，許多大企業家大老闆也都有同樣的習慣。股神華倫・巴菲特（身價超過585億美元）就曾在電梯中撿起沒人要撿的「1塊錢」，並告訴所有人「這是下一個10億美元的開始！」美國19世紀石油大王、人類歷史上首富約翰・洛克菲勒，有次向他的祕書借了1毛錢：「你一定要提醒我，免得我忘了。」祕書回答：「1毛錢，不算什麼，請您別介意。」洛克菲勒告訴她：「你怎麼能說不算什麼！把1塊錢存進銀行，也要整整兩年才有1毛錢的利息啊！」台塑集團創辦人王永慶先生有句名言：「你賺的一塊錢不是你的一塊錢，你『存的』一塊錢才是你的一塊錢。」注重每一筆開支的合理性，不管金額大小，這樣才能積累成大量財富，就是「一塊錢的智慧」。

學校「不會」教你的事：一是教你如何去保持身體健康，二是教你如何理財。其實有許多教授老師們自己都不太會理財了，更何況要教導學生呢？但是大多數的父母會告訴他們的孩子，要將手上的分成二部分：1/2的錢要儲蓄下來；1/2的錢才可以花掉，這是一般父母親教導孩子基本的「理財作法」。有些年輕父母崇尚自由隨興過日子，每月進來薪水只能花個精光，無法有任何零錢可以做存款，萬一真的需要用錢時只能跟自己的父母親做求助，這樣的作法看在小孩的眼中，原來他的爸爸媽媽也只是一個「大孩子」，這樣的理財能力對孩子的說服力的確是太弱了，難怪孩子也按照父母親的行為作複製，一樣每月是「月光族」而無法成為財務自由人。

父母親總是希望自己的孩子可以學習獨立、勇於冒險，但又怕孩子吃苦受累，所以從小就給孩子「茶來伸手，飯來張口」般的生活照顧，盡其所能的給他們優渥的物質環境，這是現在社會常見到的一般父母……為孩子打造「舒適圈」，給予孩子都是最好的，甚至於把自己「養老金」全都給了孩子，就是希望孩子可以「知恩圖報」，在父母親年老時可以得到孩子些許的回饋，但這卻導致許多成年人沉溺安樂中成為「啃老族」，還理直氣壯欺負起父母，認為父母親如果疼愛子女就應該把「所有的」都給孩子，甚至於現在居住房屋都應該給出才是，這樣「錯誤認知」的悲劇，除了是家庭、學校教育出了問題，更是未來國力的危機警訊，讓我們不得不正視此類的問題。

而教授「理財教育」不一定要花父母親額外的時間，日常生活中點滴都可以成為理財教材，除了很複雜的股票投資市場外，其他的父母親都可以帶著孩子一起體驗。例如：帶孩子玩「大富翁遊戲」了解「現金流」的概念，「現金」、「資產」、「負債」、「收入」、「支出」去了解它的意義，知道面臨「機會」（機會是創造出來的）與「命運」（命是先天俱來，運由後天努力）該如何應對與心理準備，讓孩子知道「資產」與「負債」的差距足以影響未來人生。帶孩子上傳統市場或超市，去了解商品價格波動與商品比價的重要（省錢觀念）。帶孩子去銀行辦事讓他了解銀行可以協助我們事務有哪些。帶著孩子看電視廣告可教孩子分辨「需要」與「想要」的商品分別，教孩子看信用卡帳單上的資訊，可讓他知道消費扣款方式與循環利息「複利」威力。帶孩子參觀父母親上班的場所，了解賺錢的辛苦與選擇專業工作所得會有所不同。帶著孩子看證券股票資料，知道上漲下跌的指標訊號……，這些都是大人在生活中可以帶領孩子一起認識的「理財生活」，它不艱澀，它就在那……屬於我們生活的一部分。教育部在2011年已將「理財教育」列入九年國民義務教育課程中，但審視目前的教育體制，還在慢慢建置我們孩子的理財觀念 教育（在理財花錢方面），願意存錢的孩子依照年紀比率來看，年紀越長的反而越沒有存款，當孩子一路唸到碩士博士後，若沒有「理財觀念」反而成為詐騙集團眼中的肥肉（據統計擁有博碩士程度受騙的比例，竟超過國中國小學歷程度者為多）。這些反映出的重點：我們的社會缺乏「理財教育」的紮根落實，那該如何去引導孩子們去學習「理財觀念」，相信這應該是關心孩子教育的我們責無旁貸的責任。

將這本小朋友理財書獻給在2019年4月離世——我最親愛的父親吳老爹，因為有他嚴厲的教導讓我從小知道「儲蓄」的重要，明白世上沒有「不勞而獲」的事，了解分辨「需要」與「想要」，也明白心中「想要的」東西，可以往後延遲一些時間再得到；自己才會更加珍惜，做自己能力所及的事自己才會快樂，也唯有自己站穩後，才有能力伸出手去幫忙別人……。感謝我的父親他「以身作則」的教導，您是我最好的學習榜樣；我愛您。感謝這本《一塊錢的智慧：小朋友學理財》撰寫過程中給我建議與支持的家人朋友們，謝謝您們在工作百忙之餘，還給我解答疑惑與協助，讓這本親子理財書可以順利完成；衷心地感謝大家。

最後以《塔木德》一段話做結尾「上帝給予光明，金錢散發溫暖。金錢對於任何人來說，都是平等的，它沒有高低貴賤的差別。金錢不是罪惡，也不是詛咒，它是神給予人們的一種祝福。」

吳致美
2019/04/10

1

我的第一桶金

小朋友你有聽說過「第一桶金」吧！

一般人都說「第一桶金」是指你踏入社會工作後存下來的第一個一百萬元。我是艾倫，跟我一樣的小朋友們請問你是幾歲開始學習管理自己的錢呢？

通常艾倫我都會建議你把「第一桶金」的金額先設定在10萬元到50萬元間，「存錢」要慢慢去累積，也可以由一元、十元甚至百元開始儲蓄起，漸漸地養成「當花（錢）則花（錢）」，不當花時則應省下來」的心態，慢慢去養成儲蓄，聰明去花錢，才了解如何將「錢」為它加值；把它變大變多，你的「第一桶金」才會更有意義喔！

1-1 「錢」是什麼？

大家好，我是艾倫今年10歲。度過一個舊曆年後又長大了一歲。在過年期間我跟著爹地媽咪去拜訪了我家的親戚朋友們，大家開心談話聊天；開心吃喝、互道祝福後，我就拿到了一個個的「紅包」（壓歲錢），各式各樣漂亮的「紅包袋」裡面裝載著「祝福」，當然也有「錢」在裡面，頓時我感覺好開心，我就有好多錢喔！我是小朋友目前還沒有能力去賺錢，透過收紅包我可以得到一些錢，感覺很開心很高興，我的爹地媽咪先要我自己把它收好，有了錢就可以規劃好多事情，買好多東西，心情真是開心極了。如果每天都可以「收紅包」的話，嘻嘻……很快我就可以變成大富翁了，但這是不太可能會發生的事。

我常聽同學說「當他每一次收到紅包後，馬上就被他的媽咪收走，告訴他這些錢要幫忙他存起來，可是他呀……從來就沒有看過『存摺』！」然後就引起旁邊同學們哈哈大笑，因為我們都知道這「錢」跑到哪裡去了（或許被父母親挪去做其他使用）。當我收到「紅包」後，我的爹地媽咪也回送相同數額的錢（紅包）給對方家的小朋友，禮尚往來、一來一往，所以我收到的「紅包」其實就是從我父母口袋裡出去的錢。那小朋友你有沒有想過「錢」是什麼？「錢」可以做什麼事？「錢」是好朋友還是損友呢？世界上為什麼沒有「搖錢樹」？為何不能夠天天「領紅包」呢？你認為「財富」與「快樂」哪一個重要？

在原始社會人們使用「以物易物」的方式交換自己所需要的物品，例如：用一頭牛去換取一把石斧，只要雙方剛好「需要」對方交換的東西；並同意交換就好，但有時交換物資的種類也會有限制，不得不尋找一種能夠為交換的雙方都能夠接受的物品，這種物品就是最原始的「錢」。「錢」正式的名稱是「貨幣」。「錢」並不是在某一個地方被發明出來的，而是在世界不同區域所演化出來，而「錢」的形式與種類有許多，像珍珠、牲畜、鹽、稀有的貝殼、珍稀鳥類羽毛、寶石、沙金等，都曾是「貨幣」的交易型態，後來當黃金、白銀出現後，因易攜帶與好保存的優點，漸漸成為世界各地所能接受的交易貨幣，而黃金與白銀也成為世界所公認具有價值價格的「貴重金屬」，成為各國在貿易活動中統一的交易貨幣之一，而「錢幣」也歷經長時間的演化就成了今天我們所知道的各式各樣各國貨幣了。

當黃金、白銀作為雙方交易所認定的交換貨幣，根據古籍記載早在11世紀的中國北宋中期市場貿易已開始使用一種叫「交子」的紙幣。「交子」又稱「錢引」據歷史考證大約是北宋徽宗崇寧大觀年間（約西元1107～1110年）所發行，這是使用「紙幣」最早的記載。

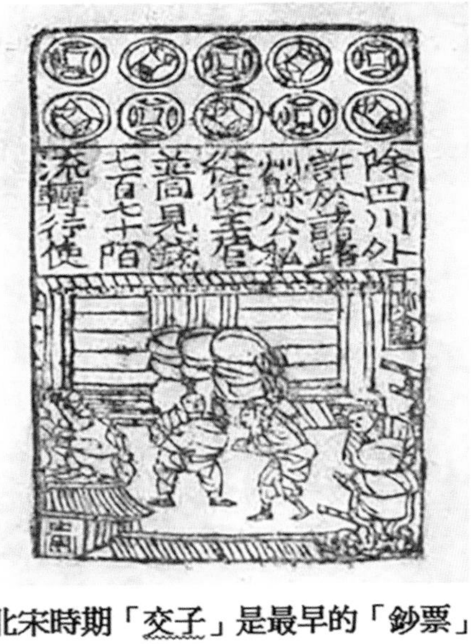

北宋時期「交子」是最早的「鈔票」

在歐洲使用「紙幣」由來是在當時歐洲人民會把「黃金」儲放在「打金匠」的倉庫裡，他們就會收到一張「收據」就是一張憑證，在日後證明你可以憑這「收據」去庫房中提取收據上所寫金額數量的黃金，這「收據」就漸漸演化成後來的「紙鈔」，它便於交易與攜帶的特性，一直延續至今成為我們知道的「鈔票」喔！我們每天都會使用到「錢」，因為「錢」可以買到許多東西，凡是你望眼所及的物品皆可以透過使用「錢幣」去購買，在日常生活食衣住行育樂等各方面都必須使用到「錢」，才能買到你要的「商品」與「服務」，其實非常的方便喔！既然我們的日常生活離不開「錢」，我們就應該學習去掌握它、管理「錢」，知道如何透過正常管道去獲取它，更不需要去鄙視它、排斥它，因為有「錢」你可以做的事情與範圍就更大（因為資金多），也可用「錢」來改善自己家庭的生活狀況（使家中經濟改善），實踐你的夢想，甚至於可以幫助更多的人，造福社會人群。有「錢」是每個人都希望的，但如何能「心安理得」去獲取金錢，用起來更是會安心快樂喔！

理財小問答

1）什麼是「貨幣」呢？什麼是「法定貨幣」？

解答：「貨幣」由一個政府在該地區所通行的紙鈔或硬幣。「法定貨幣」是合法貨幣，指一個國家政府用法律規定保障在國家內所流通的各種貨幣，它的價值來源於發行國政府而並非任何商品或實物。政府的穩健就會保障「法定貨幣」的價值，世界上大部分國家都是使用法定貨幣進行購買商品和服務；投資與儲蓄，當今的紙幣只有在大眾相信它價值下才會被接受，「法定貨幣」才會生效。

美金

歐元

日元

英鎊

2）「國際貨幣」有哪些？

解答：世界貨幣是隨著商品生產和交換的發展而產生的，當商品交換超出國家界限而發展為國際貿易時，商品在世界範圍內普遍擁有自己的價值，作為它的價值表現形態的貨幣，也就成為世界範圍的商品的一般等價物品。

國際貨幣基金組織（IMF）的定義：「貨幣國際化」指某國貨幣越過該國國界可在世界範圍內自由兌換、交易和流通，最終成為「國際貨幣」的過程。國際貨幣有多種，在1991年國際貨幣指以下7種貨幣：美元、馬克、日元、英鎊、法國法郎、瑞士法郎和荷蘭盾。在2000年之後就以美元、歐元、日元及英鎊四種貨幣為國際貨幣。

3）什麼是「面額」、「幣值」？

解答：「面額」指每一枚硬幣或鈔票上，上面都有一個數字代表它的價值，就是「面額」。像目前辛巴威（非洲南部的內陸國家），因「惡性通膨」人們得用推車載著滿滿的鈔票才買得到一條麵包，儘管辛巴威每個人都是億萬富豪，卻連飯都吃不起，因為錢大得嚇死人（隨便就可以拿出100兆），換個說法就是通膨率高達22位數字，國內物價每24小時就翻一倍，也許早上辛巴威「100兆」還能買5個麵包，到晚上卻只能買2.5個麵包。「幣值」指的就是「貨幣」的購買力，若「幣值」降低代表貨幣購買力下降。

匈牙利一億兆元 =新台幣 1 萬元	南斯拉夫五千億元 =新台幣 300 元	辛巴威一百兆 =新台幣 1 千元

4）什麼是「通貨膨脹」？

解答：我們常聽到買東西能夠「物超所值」是一件好事，如果不能買到便宜實惠的價錢，至少要「一分錢，一分貨」才不會吃虧。但如果過去能買到「一分貨」的「一分錢」，現在卻只能買到「半分貨」，那麼買的人損失可就大了，也就是「通貨膨脹錢不值錢了！」

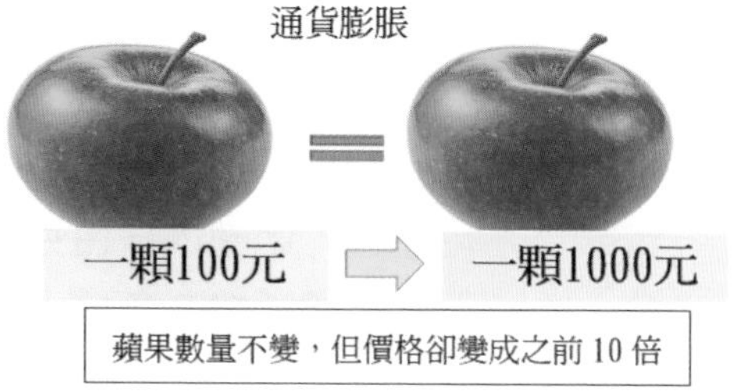

5）在你生活中有哪些「錢」可以做支付工具？

解答：目前我們可做為支付工具除了硬幣、紙鈔，還有金融卡、信用卡、簽帳卡、行動支付、第三方支付等工具都可以使用。

6）你覺得「錢」在哪些情況狀況是「好朋友」？請打「○」。
在哪些狀況反而變成害人「壞朋友」？請打「X」。
解答：

經常買糖果零金請同學吃	跟同學借錢買零食	經常要求父母購買文具用品	一直要求買新玩具
和同學做打賭，輸贏代價是金錢	每周每月一定要把零用錢花光	從來不會請同學吃東西	跟同學借錢賴皮不用還
把多餘零用錢挪些捐贈慈善團體	了解父母親賺錢是辛苦	拿錢隨意請同學看電影、吃東西	幫助清寒同學購買早餐充飢

要求父母親購買昂貴高階手機	要求父母親買遊戲卡帶	協助父母親做家事、獲取小酬勞	幫父母親買「物美價廉」的物品
看不起家庭清寒的同學	節省存錢，擁有自己的存款簿	不買店面飲料，可以多喝開水	幫父母親做事，一定要求要報酬
隨時炫耀自己家裡多有錢	偷取家人或同學的小零錢	常跟父母親學習理財的知識	把家中二手物品整理後捐贈或做二手商品出售

給父母親的提醒

1）在孩子學習理財觀念是必須從小紮根起，並且非一朝一夕就能達成。「理財」應該是一種生活教育，並非是一種口號或理論。在學習管理錢、使用錢時必須培養良好觀念與態度，否則將只是培養出一位「唯利是圖」的人而已，對周遭環境與對他人欠缺關心，也只是一位自私鬼而已，如何在學習理財觀念與品德培養雙管齊下的平衡教育，也是身為父母的我們要注意的事。

2）「壓歲錢」或是「紅包」應該要由孩子去享有「支配權」，至於該如何有意義去花「壓歲錢」，父母有引導與建議的責任，沒有權利去「沒收」金錢，該引導孩子如何去做聰明消費：

A. 可以引導孩子利用「壓歲錢」繳交自己的學費，這是培養孩子去分擔家庭責任的開始與途徑。

B. 可以陪伴孩子去購買學習用品與益智玩具，讓孩子學習對於自己要使用的物品能有價格與使用金錢的概念。
C. 讓孩子可以利用「壓歲錢」購買自己所要閱讀的書籍，知道如何將「錢」加值在培養自己能力（投資自己）。
D. 培養孩子的愛心回饋社會，對於社會公益團體也適當做出捐獻，讓孩子對於貧困落後地區的同年齡孩子也奉獻出愛心，相對的對貧苦無助的老者也有相同的做法，這樣對孩子的「同理心」養成具有極佳的助益。
E. 帶領孩子去銀行金融機構做開戶，讓孩子從小了解社會金融活動的狀態，對財商的培養有極佳的幫助。

3）許多人認為有錢時才能談論理財，沒錢時哪有錢可以處理呢？其實若把「理財」侷限在賺取財富與累積金錢能力上，較為扭曲了「理財」真正的涵義。一位懂得「理財」的人，不是只想到如何變得更富有的人，而是利用「理財」的智慧去讓生活變得更好，讓自己可以做更多的事。要選擇當一位「錢」的主人還是「奴隸」，做一位有計畫「理性消費者」或當一位「衝動消費者」？做一位能掌握家庭收支還有盈餘下，並能進行規劃每年1～2趟全家旅遊的聰明用錢者。一個人每到月底就惶恐不安；夜不能眠的「月光族」，還是一位有用錢計畫者，這些角色都取決於你理財的作法與消費的觀念，所以從今天起身為父母的我們也要跟孩子一起重新學習「理財新觀念」與「聰明做消費」，有學習念頭是從不嫌晚的喔！「錢」是圓的，經常讓錢滾離開自己身邊的人是無法致富。對於節儉的人而言；金錢就是扁平型，是可以一塊錢一塊錢堆疊起來的喔！

前面知道在人類貿易、交易發展過程可以分為：「以物易物」、「商品貨幣」、「金屬貨幣」、「信用貨幣」等階段。小朋友你是否知道它們各代表的意義呢？這是一個很有趣充滿新奇的故事喔！

許多國家的硬幣與鈔票上所印上的圖案，都包含了許多故事與紀念的意義，現在就跟我一同去拜訪這精采世界的美麗「貨幣」喔！

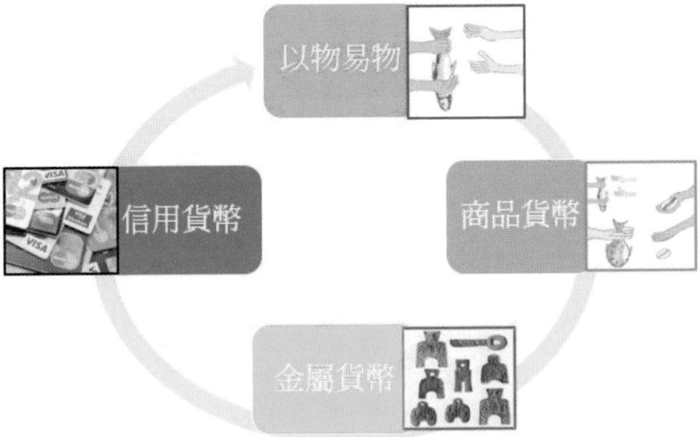

1-2 認識「錢的家族」

你知道「以物易物」、「商品貨幣」、「金屬貨幣」與「信用貨幣」階段的特點，現在就由艾倫我來簡單的說明：

「以物易物」	在遠古時在交換彼此同意下，用自己擁有的物品或服務跟他人做交換，這是一種最早的交易型態。
「商品貨幣」	有實物的貨幣像：黃金、白銀、農產品、貴金屬、原油等。「商品貨幣」是「法定貨幣」外的另一種貨幣類型，在政府的保證下貨幣本身也有內在的基本價值。像國際「商品貨幣」包含澳元、加拿大元與紐西蘭元，因為這些國家有木材及紙製品出口，像菸草、小麥、肉品、石油天然氣，鋁、鎳、鉛、黃金也是「商品貨幣」。
「金屬貨幣」	「金屬貨幣」是以「金屬」作為貨幣材料，可以當一般等價物的貨幣型態，如黃金、銀、銅等金屬，都是常被冶煉成為貨幣的金屬材料。
「信用貨幣」	「信用貨幣」是由國家法律規定，強制流通不以任何貴金屬為基礎，它具有獨立發揮貨幣功能的貨幣，目前世界各國發行所有貨幣，基本上都屬於信用貨幣。

從我們老祖先的「以物易物」交易方式開始，當時每位居民在生活上的專長不同（有人狩獵、有人務農），便開始有了「分工」的概念，但在生活必需品的製造上還需藉由「交換物品」，去換取彼此需要的東西，兩方必須對所交換東西要達到兩方面都同意狀況。比如說：對方想用一頭牛跟我換一隻雞，或是我想用一籃雞蛋交換對方手裡的一隻鵝時，但對方並不想；也沒意願跟我做交換時，那我們雙方就必須借助一些「交換物」來達到目的，這樣的想法就逐漸轉換成「商品貨幣」。

這些「商品貨幣」的物品通常是具有「實用性」很強的物品，像是貝殼、稀有的珍珠、牛、羊或是茶葉等，這些東西很實用或是它產量稀少，就比較能被大家所接受，這也是「商品貨幣」概念的起源。而這些「商品貨幣」也會有些問題，像是它們有些是體積龐大（牛或馬）或是保存不易（茶葉），或有些無法切割成等比例大小（活體動物），這些原因也會造成大家在交易交換上的困難，所以「商品貨幣」便開始進入了「金屬貨幣」，其實是有它進步的因素所造成的喔！

進入「金屬貨幣」時代後，因為金屬具有長久保存，不易損壞的優點，廣為大家所使用，但是冶煉鑄造「金屬貨幣」的原料，也開始會出現成分好與壞的差別。過去在鑄造「金屬貨幣」金屬含量與重量不容易做判斷，也衍伸出許多糾紛，所以當時的國家政府開始統一「金屬貨幣」的品質與重量，並進行控管與維持它在市場流通狀況，大大提升「金屬貨幣」的流通速度與普及性。

春秋戰國刀幣（照片來源：網路）

到現在「金屬貨幣」與紙鈔成為習以為常的交易「支付貨幣」，為了要求使用更有便利，就出現「信用卡」與「金融卡」等類型的「塑膠貨幣」。使用「信用貨幣」先決條件是要憑藉個人的「信用度」高低（繳款能力），在個人的銀行帳戶裡必須有存款，才能使用「塑膠貨幣」時可以扣繳到款項，或是收到帳單後能依約繳交金額，所以個人的信用卡繳款狀況與還款能力，在「金融聯合徵信中心」都會有詳細資料可做追尋。若是你信用不佳（遲繳或欠繳）都將會影響你的信用額度，連帶影響到你日後要跟銀行打交道時的信用評比，進階到「信用貨幣」年代，你的信用好壞就成為重要指標。

之前「貨幣」有各式各樣的型態，直到現在「貨幣」樣子各國幾乎趨向一致性，你會不會跟我有一樣的疑問：「為什麼世界上不能使用『同一種』的貨幣呢？」媽咪告訴我是：

第一、各個國家都有自己使用很久的貨幣，而「貨幣」在發行印製前準備（印鈔票要儲備黃金），貨幣發行管控是攸關這個國家的經濟發展的實力，而每個國家實際的狀況都不相同，所以無法用「一樣」的貨幣。

第二、如果要世界各國都來使用同一種貨幣，那要選擇使用哪一種貨幣來代表，這要遴選的難度就非常高。有些國家的貨幣屬於「強勢貨幣」（或稱保值貨幣），它就會被許多國家所遵行使用。要成為「強勢貨幣」這就需要這國家在政治上需穩定發展，有「低通貨膨脹」而且有穩定的貨幣政策和財政，必須比其他貨幣有長期保持穩定或攀升的能力等因素，像是美元、歐元、英鎊、日圓、加拿大元、澳大利亞元與瑞士法朗，這些現在都是屬於國際間「強勢貨幣」，就可以成為彼此交換的基準貨幣。

國際八大主要貨幣

USD美元	EUR歐元	JPY日圓	GBP英鎊
CHF瑞士法朗	CAD加幣	AUD澳幣	NZD紐幣

認識其他國家貨幣

接下來就跟著艾倫我來認識其他國家的「貨幣」吧！我沒列出世界上所有的國家，是選擇平時比較常見的國家貨幣喔！

世界貨幣（依國家英文字母排序）

國家地區	貨幣名稱	國家地區	貨幣名稱	國家地區	貨幣名稱
 阿富汗 Afghanistan	 阿富汗尼 afghai	 阿爾巴尼亞 Albania	 列克 lek	 澳大利亞 Australia	 澳元 Australian dollar
 亞塞拜然 Azerbaijan	 馬納特 manat	 阿根廷 Argentine	 披索 peso	 奧地利 Austria	 歐元 Euro dollar
 阿爾及利亞 Algeria	 第納爾 dinar	 巴哈馬 Bahamas	 巴哈馬元 dollar	 孟加拉 Bangladesh	 塔卡 taka
 汶萊 Brunei	 汶萊元 dollar	 玻利維亞 Bolivia	 玻利維亞諾 boliviano	 不丹 Bhutan	 那倫特 naulrum
 巴西 Brazil	 里奧 reais	 保加利亞 Bulgaria	 列弗 lev	 加拿大 Canada	 加拿大元 Canada dollar
 柬埔寨 Cambodian	 柬埔寨幣 Cambodian riel	 開曼群島 Cayman Islands	 開曼群島幣 dollar	 智利 Chilean	 比索 Chilean peso

國家地區	貨幣名稱	國家地區	貨幣名稱	國家地區	貨幣名稱
 中國 China	 人民幣 renminbi	 古巴 Cuban	 古巴比索 Cuban peso	 捷克 Czech	 克朗 koruna
 哥倫比亞 Colombian	 比索 peso	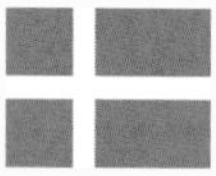 丹麥 Denmark	 克朗 krone	 埃及 Egypt	 埃及鎊 pound
 法國 France	 歐元 EURO dollar	 德國 Germany	 歐元 Euro dollar	 英國 United Kingdom	 英鎊 British pound
 義大利 Italy	 歐元 Euro dollar	 冰島 Iceland	 克朗 króna	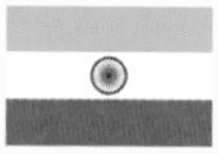 印度 India	 盧比 rupee
 伊朗 Iran	 里亞爾 rial	 伊拉克 Iraq	 第納爾 dinar	 印尼 Indonesia	 盾 rupiah
 日本 Japan	 圓 yen	 南韓 South Korea	 韓圜 won	 馬來西亞 Malaysia	 令吉 ringgit

國家地區	貨幣名稱	國家地區	貨幣名稱	國家地區	貨幣名稱
 墨西哥 Mexico	 披索 peso	 摩洛哥 Morocco	 迪拉姆 dirham	 挪威 Norway	 克朗 kroner
 巴基斯坦 Pakistan	 盧比 rupee	 菲律賓 Philippine	 披索 peso	 羅馬尼亞 Romania	 列伊 leu
 沙烏地阿拉伯 Saudi	 里亞爾 riyal	 南非 South Africa	 蘭特 rand	 瑞典 Sweden	 克朗 krona
 瑞士 Swiss	 法朗 franc	 蘇聯 Soviet Union	 盧布 ruble	 新加坡 Singapore	 新加坡元 Singapore dollar
 泰國 Thailand	 泰銖 baht	 台灣 Taiwan	 新台幣 New Taiwan dollar	 土耳其 Turkey	 里拉 lira
 烏克蘭 Ukraine	 格里夫納 hryvnia	 美國 United States	 美元 dollar	 越南 Vietnan	 盾 dong

什麼是外匯？各國家都有自己所使用的貨幣型式，那如果我們要去其他國家旅遊，我們該去哪裡更換他國的「錢幣」呢？答案就是「銀行」。大多數的銀行都有「外幣櫃檯」，方便交換該國的貨幣，而我們去銀行換購外國貨幣，就稱為「外匯」或買外幣。你可以直接在銀行櫃檯購買你需要的貨幣，像美元、歐元、日圓或很多國家貨幣你都可以買到它，但有些國家錢幣就很可能需要你到當地才能換購到。下列表格所列出國際八大主要貨幣幾乎在台灣就可以買到喔！

在買賣外幣時販售外幣的銀行機構則會另外收取一筆手續費（台灣大約收取新台幣一百元），有些銀行會有折扣優惠。每天各銀行的外匯看板上，就會秀出當天各國貨幣兌換彼此的金額是多少錢，這就叫做「匯率」，而「匯率」是每天都會變動的喔！提醒小朋友的要點：是要交換或購買外幣都必須要經過「銀行」才可以喔！如果是個人私下換匯或去銀樓去購買外幣都是屬於黑市交易，這些都是違法行為，要特別注意喔！而小朋友你還有看過哪些國家的錢幣呢？是日圓（日幣）、韓元（圜）、人民幣、美元還是加拿大幣？如果你可以看過其他國家的錢幣，那就真是太幸福了，這就表示你有機會去拜訪這許多不同的國家，除了增廣眼界外，還可以增加許多經驗喔！如果沒有那也沒關係，我們就從現在開始把暫時先把用不到的錢一塊一塊的儲蓄下來，到日後就會是一筆很可觀的金額，而「積沙成塔」就是這個意思。小朋友就從今天開始，我們就約定好開始把手邊的小零錢都存下來，利用「存錢筒」或「空罐子」都可以，試試看不要忽略小零錢的威力，因為100元少了一塊錢就不能算是100元喔！

理財小問答

1）人類貿易、交易發展過程有經歷過「以物易物」、「商品貨幣」、「金屬貨幣」與「信用貨幣」階段，你可以說出它們的差別嗎？

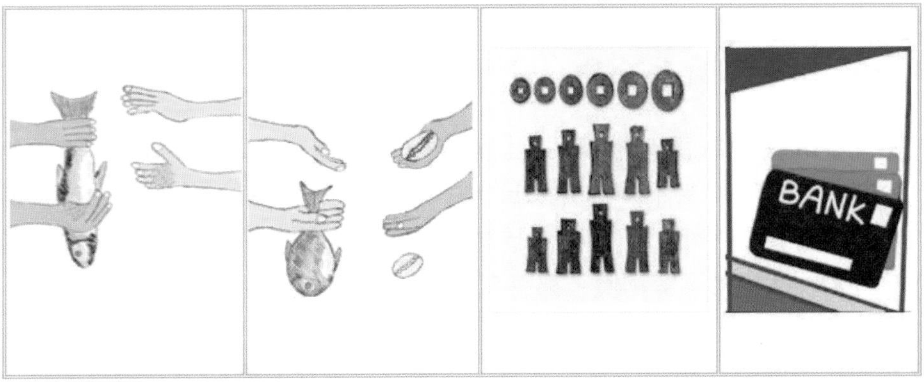

2）以下的貨幣你可以認識回答出幾種呢？

1	2	3	4

5	6	7	8

9	10	11	12

解答：

1）「以物易物」、「商品貨幣」、「金屬貨幣」、「信用貨幣」。

2）1.澳幣。2.歐元。3.日圓。4.美元。5.法郎。6.紐西蘭幣。7.英鎊。8.人民幣。9.韓圜。10.泰銖。11.新加坡元。12.加拿大元。

給父母親的提醒

1）現在家庭會有很多機會可以出國旅行，所以更有機會拿到國外不同錢幣。若你手邊有不同的外國貨幣，建議可以拿給家中小朋友做識別學習，不管是「紙鈔」還是「硬幣」都可以，讓孩子多加接觸了解外國的購物狀況與了解物價，都將有助於拓展孩子國際觀的視野。

2）教孩子區分外國的硬幣和紙幣，了解它們對比我們使用的錢幣的幣值為何？將國外的硬幣和紙幣分別展示給孩子看，看看硬幣是不是都是圓形造型？紙幣是用什麼特殊紙質材料製作而的？紙幣都是長方形的嗎？還是有尺寸長短的分別。讓孩子去看各種硬幣上有著不同圖案或是它們各自有著什麼的故事呢？（有些是英雄、科學家、歷史名人或著名地標等）如何認識硬幣上面的數字面額是多少元，讓孩子通過圖案、顏色、錢幣、紙鈔大小和面值數字大小做出比較、辨別、認識紙幣，會對此貨幣有更多了解，也能引發孩子探索世界的興趣。

3）讓孩子用「玩遊戲」方式來掌握貨幣之間的換算關係。認識錢幣紙鈔上的數字，就會知道錢的金額大小，父母有必要先教導孩子學習辨認錢幣數字，讓孩子理解錢的元、角、分的換算概念，可以找一些紙幣、硬幣的零錢，在家裡和孩子做「購物遊戲」，由父母親當商店售貨店員，而小朋友扮演顧客，爹地媽咪可以拿一些布娃娃、文具、水果的小物品作為要銷售商品，告訴孩子布娃娃一個5元，原子筆一支2元，小番茄元一顆0.5元或是其他物品分別標上價錢，讓孩子按價商品標價在購買後去付錢給父母，類似扮家家酒遊戲模式，這也可以角色互相調換，讓孩子藉著學習算錢找錢，訓練孩子對於硬幣單位去做元、角之間的換算關係。

4）學習拿過錢幣後養成清潔衛生習慣；進行錢幣交易後，或是拿取觸摸錢幣後要如何清潔雙手，保持衛生習慣是更重要的教導。錢幣上面附有很多肉眼看不見的骯髒細菌，所以教導孩子千萬不要把硬幣放在嘴裡（更是避免誤吞危險產生），拿錢後更要養成立即洗手的習慣。

在現在生活中除了使用錢幣、紙鈔外，還有許多方便的「付錢方式」喔！你記得有哪些可以說說看，嗯……你真棒！說得非常正確喔！
像我們搭乘捷運公車或去購物時，會使用「悠遊卡」或「一卡通」，出門在外餐廳用餐後會使用「信用卡」或「銀行金融卡」來付錢，另外還會使用我們手機內所綁定的「信用卡」來作付錢，大大縮短付帳找錢的時間，更讓我們不用帶一堆錢出門，這麼的方便……現在就讓我們來認識這些方便的支付工具吧！

1-3 錢幣電子化

你有「悠遊卡」或「一卡通」嗎？相信你如果跟我住在相同的區域裡，我們都是很熟悉這卡片的使用，像我們在便利商店買東西也可使用「悠遊卡」或「一卡通」來當「錢幣」，是不是非常的方便。即使身上沒有帶「現金」也一樣使用，但要使用這些方便的卡片時，你必須要先將真正的錢預先存入這張「悠遊卡」或「一卡通」卡片內後，你才可以享受使用它的便利，使用卡片之前先儲值，這跟大人用的「信用卡」比較不同喔！

我來說說「信用卡」相信你應該看過家人使用它，它是在消費後再做付款的動作，所以在消費後信用卡帳單上會出現這些日期：「入帳日」、「結帳日」與「繳款截止日」等三項，它們分別代表的意義是：

一、**消費日**：你消費買東西刷卡的當天日期。

二、**入帳日**：刷卡消費當天稱消費，接受你刷卡的店家（老闆）會去向你使用卡片的發卡銀行做請款那天日子，就稱為入帳日。

三、**結帳日**：銀行結算你應繳付帳單的金額總共是多少錢（包括新增加的消費金額，以及前期未繳清的卡費和利息等）的截止日，超過結帳日後的產生的帳款，就會被移到下期作計算。

四、**繳款截止日**：結帳日後約14～16天，就是繳付這期信用卡帳款的最後一天。如果在這天帳款全部全額繳清，銀行就不會跟你收「利息錢」，但是你沒有繳清金額，信用卡就會產生利息喔！衍生出的利息銀行會收取6%～10%的循環利率（有些銀行會收取約15%的利息），這利息是相當驚人耶！

你想想看你家如果有「房屋貸款」它利率大約是2%～3%左右就已經讓你的爸媽吃不消，所以這信用卡利息明顯就會多出許多，所以在使用「塑膠貨幣」時一定要量入為出，避免花錢卻無法付錢的慘劇。這些方便我們消費與交易的付款方式，都是「錢幣電子化」的好處，可以讓我們少帶許多現金在身上，對我們人身安全是多了一層的保護，另外像是買房子或是買車時，也可以不用帶個幾百萬在身上，徒增危險機率，這些都是「錢幣電子化」帶給現代人的方便。

那你有聽過「虛擬貨幣」嗎？「虛擬貨幣」跟「錢幣電子化」是不同的概念產品。「虛擬貨幣」就像字面上來說就是「看不見的錢」，是虛擬出來的一種「貨幣型態」，它不是由哪一個國家所發行印製，也不是「法定貨幣」，更沒有實體貨幣的形式。「虛擬貨幣」就是被一群人或團體所創造出來的「幻象虛擬產品」，現在你所聽到「虛擬貨幣」我就以比特幣（bitcoin）為例子說明。

「比特幣」是經過電腦運算，結合了「開源軟體」和「密碼學」解析密碼的工作模式，用戶透過自己所使用的電腦去進行數學難題的「密碼解析」就可以換到「比特幣」，而這個過程就稱為「挖礦」。全部的「比特幣」只能在網路上進行取得，儲放這種「虛擬貨幣」也透過電腦與手機進行，它標榜每個人都可以直接參與挖礦、管理與交易運用時都不需要銀行與金融機構的介入，可以用個人對個人方式直接將「比特幣」給予或使用。但是這種「比特幣」並沒有受到各個國家的認同與接納（這點很重要），以電腦去「挖礦」所獲得收益也不高（它卻要浪費許多電力），「比特幣」透過上網可以跨國界，不計名的收取付出與使用的一種數位資產（貨幣），它更不需要任何主權國家來背書保證。

換句簡單話：「就是每個人都可以自己『印鈔票與發行貨幣』」，但這種鈔票貨幣卻不會被一般大眾所採納，但這「虛擬貨幣」現在仍有許多人在每天在挖礦與生產（有時看新聞就有報導），有些人想以「比特幣」來換取商品或服務的成功案例其實並不多，但仍有人卻很努力在「挖礦」想致富，現在市面上有三千多種的數位「虛擬貨幣」在運行。比如說乙太幣、達世幣等，這種「虛擬貨幣」對比現在各個國家正使用的貨幣價格，相信你也會有興趣想知道：根據有兩位經濟學家在2018年計算出一個比特幣的實際價值大約是200美元（約台幣6,200元）左右，但有時它可以兌換到更多的金額（市場價格會浮動）。但在我們未來世界是否會盛行，現在只能以觀望看待。既然是「虛擬」也許會有可能在某一天就變成一文不值、全部歸零或是其他高額價值這都說不定，所以「風險」是極高的。我們現在可以努力就是以「能力」或「時間」去換取「有形貨幣」，以這種方式是比較有所保障，我只提供有這樣的虛擬貨幣情況是存在的，但我不是鼓勵要你去挖礦喔！小朋友你別誤會艾倫的意思，認真實際去工作獲取報酬才是實際的喔！

理財小問答

1）「信用卡」、「金融卡」、「悠遊卡」與「現金卡」它們之間的差別是甚麼嗎？

解答：「信用卡」是銀行先讓你享受購物與消費後，依帳單上所消費金額再做繳款。

「金融卡」是你存錢、取款所要使用到的卡片，你也可以做轉帳、繳納費用或是查詢你帳戶內有多少餘額的卡片。

「悠遊卡」是你目前在台北縣市可以用來搭乘捷運，或是租借自行車，或在便利店裡小額購物使用，但先決條件是你必須預存一筆金錢在卡片裡面。

「現金卡」是一種利率很高（約17%以上，各家銀行不同）的無擔保品的銀行借款卡片，只適合你短期金錢周轉用，使用卡片可以在提款機裡領錢，但你一有錢就必須儘快還款，因為循環利息非常高，長期還款不了就會成為你沉重壓力，除非必要千萬千萬不要輕易嘗試。

2）信用卡知識，你可以了解多少呢？

A. 使用信用卡消費銀行會向商店收取服務費用嗎？□會。□不會。

B. 每張信用卡有一定消費使用額度？□有消費額度。□沒有消費額度。

C. 在每一家商店我都可以使用信用卡？□是。□否。

D. 每一家商店我消費就一定要付錢，不能賒帳？□是。□否。

E. 使用信用卡每次只繳「最低應繳金額就好」不會有事？□是。□否。

F. 信用卡在「繳款期限截止」後才繳帳款不會有問題？□是。□否。

G. 申請信用卡的年齡限制一定要滿18歲以上即可？□是。□否。

解答：

A. ☑會。銀行會向商店收取某一百分比的服務費用。

B. ☑有消費額度。每張信用卡有一定使用額度，若你信用好額度會調升。

C. ☑否。在台灣並不是每家商店都可以刷卡，記得要先做詢問喔！

D. ☑是。每一家商店消費都採現金或刷卡方式結清，不能賒帳的。

E. ☑否。用信用卡最好付清「應繳金額」不讓欠款產生循環利息。

F. ☑否。每次應掌握信用卡在「繳款期限截止」前去繳清費用，延遲繳款怕會出現有利息產生，若延誤繳款時間時，一定要撥打該銀行服務專線去說明解釋，避免你信用受到打折。

G. ☑否。原則上要年滿20歲，小於70歲。申請信用卡的條件：

年齡：原則上需滿20歲，附卡需滿15歲。

年收入：各信用卡通常會規定年收入的低標，並要求有正當職業。

身分及還款能力證明：相關的文件如下列所標示：

・身分證或居留證；申請學生卡需另附學生證（必要）。

・最近三個月薪資證明或是前一年扣繳憑單等的證明（較佳）。

・存款證明，如活存帳戶或定存單等（非必要）。

・持有不動產的相關證明（非必要）。

給父母親的提醒

1）「信用卡」的便利的確為我們日常生活購物節省許多時間，但是更應小心使用它，否則一旦消費失控或做過度消費，則會為生活增添困擾與麻煩，不幸成為「卡奴」（俗稱用語）後反而受到金錢種種限制，「便利性」反成為枷鎖，這與「電子貨幣」原先用意背道而馳，成為生活不快樂的來源，所以父母在教導孩子對於「信用卡」在使用觀念上，更應特別注意與加強相關規定：繳款日期須注意，不隨意購買不必要的商品，繳款應儘量全額繳清，繳款額度應了解控制……才能使自己成為享受「便利性」的消費者。

2）信用卡的幾項「壞處」：

A. **容易盲目消費。**刷信用卡卡不像付現金要立刻支付現金，輕輕一刷，沒什麼感覺，於是便會導致盲目消費，花錢如流水。

B. **過度消費。**有許多大額消費都提供分期還款，比如電腦分期、手機分期、電器用品分期，在不經意間你的錢越花越多，因為倚賴可慢慢分期還款但是可以先享。

C. **有些信用卡要交年費。**為了刺激用卡人用卡，大部分銀行信用卡都有年費，要求用戶必須一年刷三次卡片就可以免年費，但還是有銀行的信用卡是必須繳年費。

D. **逾期影響個人信用記錄。**這是用卡人必須清楚，即使你無法全額付清卡費，至少必須繳納最低繳費金額，才不致使你信用受損，甚至被銀行打入黑名單，以後你要向銀行貸款買房買車就會出現問題了。

3）信用卡方便運用，但相對它所要你付出的自制與按期還款是必須的條件，「信用卡」就好像一把刀兩面刃，好好利用可以方便你的生活；增進便利，若不當使用，利刃那面將會割傷你的信用，造成你的損傷，對於收入較低、或控制不住自己消費慾望的人建議還是避免去使用信用卡。

相信大家都想要有棵「發財樹」吧！或是擁有一隻會下金蛋的雞或鵝吧！哈哈……我也好想擁有喔！因為這樣「錢」就會源源不絕的生出來，我們就會變成大富翁，一輩子都會很有錢很富有，想做什麼；想買什麼都可以「隨心所欲」那該有多好啊！

但如果真的有機會讓你得到一隻金鵝，你會怎麼做呢？你是否有能力可以辨別它呢？你怎麼能知道它能為你帶來財富呢？

這很有趣吧，小朋友你有想過嗎？

1-4 下金蛋的鵝

相信大家都有聽過「伊索寓言」中有個「下金蛋的鵝」的故事吧，這是我媽咪之前常跟我說的一個故事。

很久很久以前有一個農夫養了一隻母鵝在院子裡，有天母鵝誕下了一顆「金蛋」，當農夫看見這顆金蛋在剛開始是抱著懷疑眼神，仔細觀察手上這顆金蛋「它……果真是一顆金蛋」，金蛋在屋子裡投射出金光照射屋內每個角落，顯出金光閃閃的金蛋，讓人好喜歡。自從那天開始神奇的鵝每天都會生出一顆金蛋，而農夫也將金鵝蛋拿到市場拍賣，獲得許多的金錢後就改善了家中的生活。但是老天爺給了農夫一隻神奇的金鵝，卻沒有給農夫足夠的智慧，農夫在某一天有了個奇怪的念頭想著「一夜致富」，他認為：金鵝每一天才生一顆金蛋速度實在太慢了，農夫想在鵝的肚子內一定有塊更大的金子吧！所以農夫二話不說就把鵝宰殺掉，想要就把鵝肚子裡的金塊一次拿出來全賣掉。

當農夫殺死會產金蛋的金鵝後，剖開鵝的肚子竟然發現……鵝的肚子裡沒有金塊，連一顆金蛋都沒有了！這時候貪婪愚蠢的農夫既懊惱又悔恨，恨自己做了一件愚笨至極的蠢事，從那時農夫從那時他又回到之前貧窮的生活。

這故事是告訴我們：「做人不能貪心，不然就容易因小失大，得不償失。」

聽完故事後媽咪問我會有什麼想法？其實每一次聽完故事我都會說出不同的答案，讓媽咪好生驚喜，原來答案也不止只有一個呦！

6歲時候的我會問：「因為貪心農夫想拿到更多的金子，卻把每天會下金蛋的金鵝殺死，農夫真是太殘忍，居然殺死陪伴他的『朋友』，太不應該了。」

7歲時候我回答：「貪心愚蠢的農夫，殺死了每天產金蛋的鵝，結果他應該是非常後悔鵝肚子裡沒有許多金塊，他的判斷是錯誤的；活該。」

9歲時候我反問媽咪：「愚蠢的農夫要殺死會產金蛋的鵝時候，他的家人朋友為何沒有阻止他，農夫真是可憐，旁邊都沒有人可以作詢問，太可憐沒人幫忙他。」

10歲時的我問出：「如果農夫將鵝所產下的金蛋賣掉後，將錢存了起來，或是將金蛋的金子做成了其他物品賣出，農夫就會越來越富有了啊！但是先決條件就是農夫不能太貪心，將鵝殺死後就什麼也沒有了。」

原來在聽同樣一個故事，我在每個年齡都會想法不同而問出不同的問題，除了證明我長大了，更表示我對於「金錢」的概念與使用方式有了不同想法。而我現在對「錢」的概念也是由我的父母親來的，在與他們生活互動中慢慢累積，慢慢教導我學習來的。

我還記得一件發生在我6歲時的故事。那天我生病發高燒了，爹地媽咪就帶我去家附近的小兒科診所找醫生，給醫生阿姨看診完後走出診所，我發現診所外擺放一隻「投幣式」音樂搖搖木馬，我看著其他小朋友投入一枚硬幣後，音樂木馬開始輕輕搖晃，伴隨著音樂聲，有趣好玩極了。

那時我也好想要坐小馬，要求媽咪給我一枚「硬幣」也讓我玩，媽咪當時說：「艾倫我們就只玩一次喔！」她從錢包裡拿出1枚硬幣，讓我自己投入音樂木馬機投幣孔中，音樂木馬開始搖晃起來，伴隨音樂唱著「火車快飛，火車快飛，越過高山度過小溪……」大概過了兩三分鐘後音樂木馬就停止，也沒有了音樂聲，代表歡樂時間結束了。我兩眼看著媽咪，希望她能再投入另一枚硬幣讓音樂木馬再次搖起，媽咪對我說：「艾倫；時間到了，我們說過只玩一次，我們把音樂木馬讓給下一位小朋友。」

嘩的一聲，我大哭了起來，口裡喊著：「我還要坐木馬，還要坐木馬……」我大哭是希望媽咪可以再從錢包裡拿出「硬幣」讓木馬再次搖動起來。但我爹地卻冷靜地站在旁邊看著我，我耍賴的四處扭動身體大吵大叫，媽咪當時的表情尷尬極了，她想要從錢包內拿出硬幣投入，我想媽咪目的是讓我停止哭鬧吧！但當媽咪要投幣時卻被我爹地阻止，我看著爹地與媽咪就在音樂木馬旁吵了起來。後來他們聲音漸漸大聲起來，我被爹地媽咪吵架聲嚇到，我竟然忘記我為何要哭鬧了……。

牽手往家的路上走著，我看著爹地媽咪兩人都板著臉，什麼話也沒說，我知道是我不乖惹禍了，我不過只是想再坐一次「音樂木馬」而已。回家後爹地媽咪就在房間內「溝通」，最後媽咪告訴我：「艾倫，以後要求事情，記得要用『說』的方式，千萬不要用哭鬧耍賴的方式做要求，因為你用這樣方式溝通，爹地媽咪一定不會答應的。」「父母是孩子在生活態度和消費觀念的一面重要『鏡子』。」我的爹地媽咪也是在當了父母後才學習做父母的，為了管教我的態度與觀念不斷地溝通，當發生爭執與意見不同時，這時一人會扮黑臉（生氣教訓），另一位就要扮白臉（呵護安慰）。當父母親教我時，讓我漸漸知道「錢」可以營造出暫時快樂，也可以去購買所要的物品與服務。我的爹地媽咪每天去公司上班工作，就是用他們的「時間」與「專業度」去換取「金錢」，再拿「所得金錢」去換取每日我們家庭生活所需用品。

前面有談到「下金蛋的鵝」的故事，原來農夫他並不知道下金蛋的鵝肚子裡是沒有大金塊，愚昧無知下殺死金鵝，鵝死了後再也無法產金蛋，所以「金鵝」就是老農夫的「資產」，那什麼是「資產」呢？

「資產」可以為個人或公司企業帶來實際收入（收益）的東西。當持有這一項物品時，而這物品會自動使「現金」流向進入你的口袋。

「負債」指因為過去的交易消費，使得未來必須要犧牲掉的經濟利益。「負債」可能來自於向銀行或其他機構取得某些資產，這些現在獲得的資產，但在未來日子將做償還，而償還「負債」也將會造成你所擁有的資產逐漸減少，這就是「負債」的意思。故事中金鵝每天都會產下一顆「金蛋」，它會使農夫可以去購買許多物品，所以「金鵝」是老農夫的「資產」，牠每天都會固定給老農夫帶來固定的收入「金蛋」，老農夫應該好好照顧「金鵝」才對，卻無知殺死「金鵝」，把固定金錢來源給弄斷，真是太可惜了。所以我也整理幾項理財的小啟示跟你分享：

一、別誤信在鵝肚子裡真的有金塊。在你要賣掉「資產」或將「資產」兌換成現金前，你需要有專業的衡量能力再做決定；以免後悔（所以你要有分辨「負債」與「資產」的能力喔！）

二、會下金蛋的鵝（好資產）得來不易，擁有牠時候要好好保護它喔！千萬不要傷害牠。（保護好「資產」）

三、不要只靠「一隻鵝」所產下金蛋來維生。因為「鵝」也有可能會死掉，「資產」也不見得能長久保存，所以要找多種類似的「資產」，你個人的財富才能「安全」且穩定地累積喔！（懂得去「開發來源」）

四、老農夫拿到「金蛋」後只會把它帶到市場上去賣掉，老農夫從沒有想過「金蛋」是否還有其他的用途，可以增加「金蛋」的附加價值，讓一顆「金蛋」有更好的價格，這樣老農夫就可以有更多的收入。

這些有趣的討論都是跟媽咪聊天後我才慢慢了解，你也可以跟你的爸爸媽媽去討論分享，就可以知道錢要怎麼賺；要如何賺，也包含有哪些方式途徑。

理財小問答

1）「資產」是什麼的意思呢？

2）我家住在很昂貴的地段，這是我很棒的「資產」？

3）我家把多餘的房屋店面租給陳老闆當早餐店使用，所以這「店面」是我們家的「資產」。

4）隔壁叔叔買了一部非常昂貴的紅色跑車，聽說要八百萬元左右，叔叔每個月都要繳好多的「車貸」，但是叔叔說：「這跑車是我最棒的資產！」請問這句話說的對嗎？

5）阿姨的工廠因為要擴廠，所以必須要跟銀行做貸款，但阿姨告訴我；投資工廠廠房擴建是一項投資喔！請問：這句話是正確的嗎？

6）如果你有一隻每天會下金蛋的鵝，請問你會怎麼做？

解答：

1）「資產」是可以為個人或公司帶來實際收入的東西，當你持有這物品後自動會使「現金」流向你的口袋，就被稱為「資產」。「負債」是指因為過去的交易或事件，使得未來必須要犧牲的經濟利益。這些負債來自於向銀行或其他機構借貸或取得某些資產，這些現在獲得的資產，在未來都必須做出償還的動作，償還負債將會造成資產的減少。

資產：就是能把錢放入你口袋的東西，讓你有錢。
負債：就是把錢從你口袋拿走的東西，讓你損失金錢。

2）住在很昂貴地段的房子，若仍在付貸款就不能是「資產」而是「負債」（貸款流出去），若不需要付任何「貸款」而屬於自己居住，這房子仍不屬於「資產」喔！（房子不能幫你賺錢）
3）如果將你房子出租給他人，你會收到租金時，這房子才能屬於是你的「資產」，因為它會幫你帶入現金收入。（租金會流入你的口袋）
4）購買跑車還在支付「貸款」，你每個月的錢都會流出至銀行或它處，而跑車只是滿足你開車的慾望，卻是無法幫你帶入任何收入，所以跑車是「負債」（很多人都有這樣誤解）。
5）阿姨的工廠要擴廠，所以必須向銀行做貸款，才能整修工廠增加生產線，營利規模才會逐漸加大。所以工廠在擴廠後不久仍屬於「負債」狀態，待工廠開始機器產線動作後，可以製造出商品，就可以銷售至市場上，就可以有現金流入，所以投資廠房是一項「資產」投資喔！
6）自由發揮。

給父母親的提醒

1）一般在教導培養小朋友能力都以「智商」與「情緒商數」為主要培養指標，但到現今許多教育專家已將「財商」加入。財商（Financial Quotient）一詞最早由美國作家兼企業家羅伯特.T.清崎（Robert T. Kiyosaki）在《富爸爸窮爸爸》一書提出。「財商」本意是指「金融智商」英文縮寫為FQ（Financial Quotient）。「財商」指個人團體在認識、創造和管理財富的能力，這其中包括觀念、知識、行為三個方面。「財商」包括兩方面的能力：一是創造財富及認識財富「倍增規律」的能力（即價值觀）。二是駕馭財富及應用財富的能力。所以「財商」與「智商」、「情商」並列現代社會能力三大不可缺素質。

2）「金錢」是對物質世界展現控制能力的數量化表現，金錢思想能具體表現一個人的智商、情商、財商、逆商（遇到逆境與挫敗時的承受力）等。而「財商」並不是天生具備來的，它是通過對商業活動的認識接觸、薰陶和歷練出來。「財商」能力是後天養成，目的是樹立正確的金錢觀、價值觀與人生觀。在人的一生中在財商、智商、情商形成的最佳時間段是「青少年階段」，所以父母親要多加注意，並隨時補充我們對周遭環境認識了解與關心，才能與孩子一同成長。

3）俗語說：「3歲看大，7歲看老」講的就是這道理，當小朋友還小父母要和孩子談的不是「錢」，而是生活態度、消費用錢與做正確的選擇等觀念。而父母的社會經濟地位（父母親學歷、社會階層、職業和收入）與孩子未來的教育、選擇職業與成就，其實關係緊密並呈現正向相關的關係。原因在於：父母親所從事工作，孩子在耳濡目染下都會進行學習，對於職業選擇很容易受到父母親本身職業的影響。之前有個有趣地研究就指出：最容易「世襲」的職業是建築工人、公務員、律師、醫生、廚師糕餅師傅等職業，雖然這不是一定結果，但卻顯示出父母對子女在選擇職業時所產生影響力。家庭物資與生活條件越好，就能支付獲取越好的服務、產品提供給孩子，這些物質較優裕富足的家庭，給孩子未來在就業選擇上都有影響（但此非絕對性的因果關係）。

4）人不能一輩子學習而不工作，而「學習」只是手段、不是目的。父母要教導孩子獨自面對社會的激烈競爭，預備面對應戰的能力與知識部分，應該是教導孩子如何創業、生存並如何將自己生活素質品質做提昇，如何擁有正確地、獨特的、全面的理財教育，在國外許多國家理財教育在孩子3歲時就開始進行。它們首先認識錢幣，漸漸去了解信用卡的使用，了解金錢如何去交換物資、學會金錢做累積、與如何加值「金錢」的方式。所以理財教育等到孩子進入社會才做教導，時間上是會有些晚了。

5）關於「資產」的認定每個人都有自己的標準，但是真正的「資產」是可以幫你帶來更多的財富。分享一個故事：「曾經有一個很有錢的富人，擔心自己的黃金會被歹徒偷走，於是就在家附近一塊石頭底下挖了一個大洞，把自己的『黃金』埋在石頭洞裡，富人還每隔兩三天就來看一下，深怕『黃金』不見了。突然有一天『黃金』被人偷走了，富人非常傷心。剛好這時有位老人路過他身邊，看見富人難過哭泣著，也了解情況後便說：『我有辦法幫你把黃金找回來！』然後老人用金色油漆，把埋藏黃金的這顆大石頭塗成黃金色，然後在石頭上面寫下「一千兩黃金」。老人說：『從今天起你又可以天天來這裡看你的黃金了，而且從此以後你再也不必擔心這塊大黃金被人偷走囉！』」其實這則故事告訴我們：我們如果擁有的金銀財寶都沒有使用或者善用，那跟擁有塗成黃金色的大石頭又有什麼兩樣呢！因為「資產」是要讓你學習擁有的金錢去變多，不是要你去「死守財富」只是將金錢存在銀行而已，資金要學會充分利用，做些投資來讓金錢賺更多錢，造福自己並回饋社會，就更能不要流於形式的死守看顧它。

6）存款在台灣的銀行裡面，銀行是會多多少少給你一些些「利息」當作回饋，但在國外銀行中存錢你反而需要付出一筆「銀行帳戶管理費」給銀行喔！原來是部分銀行會針對金額未達標準的帳戶，扣取每月最高新台幣約1,000元的保管費，等於一年要付出超過萬元的「管理費」。另外；銀行給你利息方式也是要注意，如果你多年未有交易記錄或金錢餘額過低時，就會通通賺不到利息喔！所以把錢存在銀行還是有些要點要注意，不是擺在銀行就一定穩賺的喔！

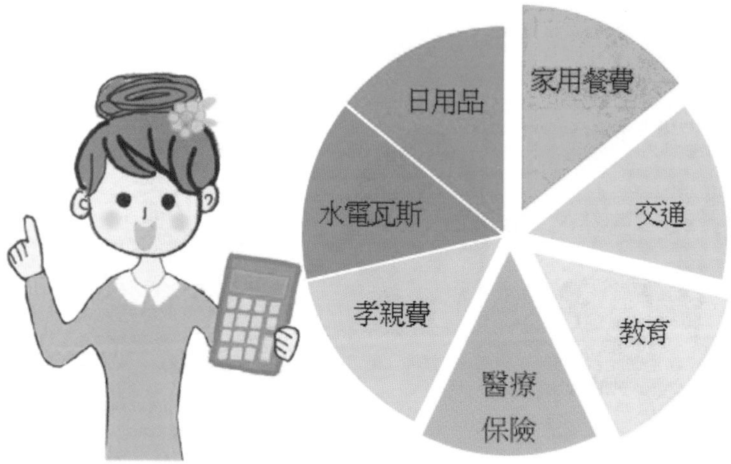

你知道家裡的錢是從哪裡來的嗎？

大概都是爸爸媽媽工作的所得薪資，或是自己家店面經營生意所得。

那你的「零用錢」大概都是怎麼使用的（如果你有零用錢）？你會有多餘的錢留下來嗎？還是每個月都會花光光呢？花完錢之後會跟爸爸媽媽開口再多要些錢嗎？

你想想看，如果爸爸媽媽也沒有多餘的錢，沒有辦法去付家裡的生活固定開銷費用（水電瓦斯等），那他們又該怎麼辦呢？

現在我們就一起來看看我的「錢」會從哪裡來？

1-5 我的「錢」會從哪裡來？

小朋友你平常的「零用錢」怎麼來的呢？我想應該都是父母親或家人給的吧！那你爸爸媽媽的錢又是從哪裡來的呢？談到「錢」的來源每個家庭都是不同的，像我們的爸爸媽媽的錢可能是工作所得薪資或業績獎金，它也可能來自股票、基金的投資獲利，或是出租房子的租金所得，還是來自其他管道的所得等等，我想這都是一般家庭金錢的來源，透過「時間」與「專業能力」去交換金錢的方式。另外；有些家庭會也會透過購買樂透或刮刮樂方式獲取一筆「意外之財」（機率較低），這就需要極佳的運氣，因為這種即使有投入金錢，但是卻不一定或有回報的方式喲！

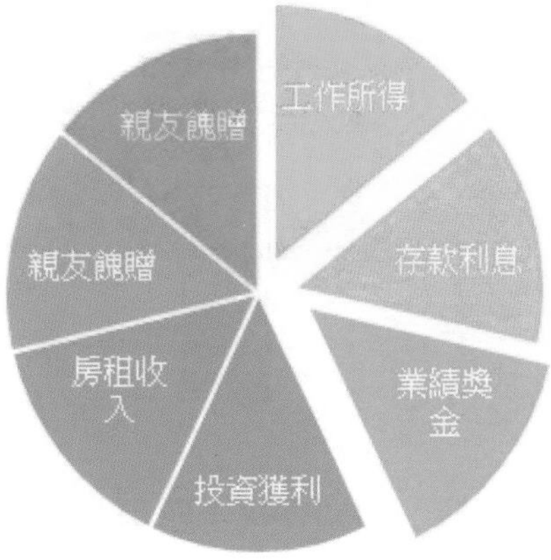

我們一般生活支出項目很多，像是食衣住行、教育、醫療、休閒旅遊或人際關係都是要花錢支出，所以家裡「管錢」理財能力就要非常重要。

你家管理財務是誰呢？是爹地還是媽咪呢？這個人就非常的重要，因為要將家裡「收入」與「支出」做好管控，不能超支多花錢，另外還要分出小部分的錢做成投資或者去儲蓄起來，這就非常的厲害了吧！

不管是爸爸或是媽媽做家裡金錢掌管者，都必須要「量入為出」的錙銖必較，讓錢財處在收支平衡的狀況，對家人未來規劃與理想還要想辦法去給支持，這樣的理財能力實在需要學習管理，否則賺的錢不夠花，支出金額超過時，家庭經濟一定會出現危機，爸媽也會為錢常爭執不休，嚴重時就影響到家庭和諧的氣氛。我們雖然是小孩子，現在還無法幫忙家裡去賺錢；增加收入，但是我們自己可以學習去管理自己的「零用錢」，珍惜自己使用的物品，不可隨意浪費破壞，這些是我們小朋友可以做到的。

如果某天你中樂透突然有一筆「意外之財」，那真是讓人非常開心的，但是你在高興之餘你還會做哪些事情嗎？大約有99%的人「中獎」後意味著自己的生活會發生翻天覆地的變化：有錢買房子，可以不用再上班工作，靠中獎的錢就夠自己花費好久。如果中了頭獎，除了幸運至極外，就可以吃吃喝喝一輩子；衣食無憂，不用再去賺錢，可以用力去花錢，這真的是一件好事嗎？而且錢也會有花光的一天啊！

根據一項調查報告顯示，許多歐美的頭獎中獎得主，在中獎後不到5年內，都會因「揮霍無度」的原因變成窮困潦倒，並且無一人可以倖免，這就表示這些得到意外之財的人，在短時間獲得大量可使用的金錢後，就迷失自己；得意忘形，反而這些得到錢並不會讓你生活過得更好，反而推你向破產深淵，那如果你獲得一筆紅包意外之財，你該如何去運用呢？

其實紅包內所包的金額多少不是重點，重要的是裡面包含長輩對你的關心與祝福，你收到這些祝福後都應該表示感恩感謝喔！有些小朋友會將錢交給父母代為管理，或是存入銀行帳戶或是繳交下學期的學費，或請父母代買優良股票存下來，或做其他用途來使用，不管何種使用都是學習理財的能力培養，重要是要將錢花在刀口上，而不是隨意去花掉金錢（亂買玩具或大吃一頓）。你現在口袋中的錢（現金），銀行內的存款或是樸滿中的硬幣，還是其他值錢的東西，通通都是你的「資產」，資產構成你的財務價值，也可以稱為是你的「淨值」（資產扣掉負債稱為淨值）。當你的年紀越大時，個人「淨值」就變得越加重要，因為你「個人淨值」會幫你取得銀行就學貸款或購屋貸款的優惠利率喔！小朋友你認為「意外之財」中獎容易嗎？我想大家一定會異口同聲說：「太困難，難如登天。」哈哈……中獎並不會常態性會出現的好運喔！

但你有「零用錢」嗎？在平日可以在一段時間後得到一筆來自父母給的錢，如果你有「零用錢」的話，你真的是太幸福的小朋友，因為你可以學習到簡單的收入支出，理解到「錢」的進出是流動的，雖然這些「零用錢」會有一些固定的使用模式，例如：早餐費、零食費或文具費，這些費用都有固定的使用，或許也會有多出的錢，這些剩餘的零錢就是你可以管理，你也可以花掉或選擇將多出的錢存下來，這就是你理財能力的培養。單獨的一塊錢，看起來真的很微薄，但是長時間存下來，就會積少成多，你想想每天都存下一塊錢，一年就會有365元，如果你存下的金額越多，你就會越來越有「成就感」。

你有將自己的「零用錢」定時定額存下來嗎？從今天開始，你也可以試著將自己多出來的錢「儲蓄」下來。「儲蓄」是培養自己理財能力的第一步，養成「儲蓄」的習慣必須日積月累，才能為自己累積一筆為數不少的金錢，當自己需要用錢的時候，就不會擔心到四處要找人借錢。其實我們小朋友的錢大多來自於父母親給予，我們就可以選擇以「儲蓄」方式將錢留下來，搭配以「記帳」記下每一筆收支出的做成記錄，我們就可以了解「我的錢」來自於何處，又會流向哪裡去。

理財小問答

1）小朋友可以想一想家裡的錢收入來源是來自何處？請在下列打勾「✓」表示。

爸爸薪資	媽媽薪資	哥哥薪資	姊姊薪資	存款利息	股票獲利	基金獲利	民間跟會	三節獎金	業績獎金	房租收入	親友贈送	兼差收入

2）小朋友你的零用錢通常會用在哪裡？請在下列打勾「✓」表示。

買零食	買文具	買書籍	買電腦周邊	買玩具	買遊戲卡帶	存下付學費	銀行儲蓄	存在樸滿	捐贈愛心團體樸滿	捐贈慈善機構	沒有計畫亂使用	多的錢退給媽媽

給父母親的提醒

1）不是想要的都能買，父母親要從小養成孩子正確的用錢態度。根據實驗在孩子三歲時的孩子其實已經可以理解到花錢跟存錢等簡單的概念。有一份劍橋大學的研究報告指出：孩子用錢習慣大約在七歲時就會習慣養成，所以父母及早利用機會去教導孩子，給孩子零錢像是10元或50元的小額硬幣，讓孩子決定今天要買什麼水果，就能使孩子熟悉買賣交易，學習錢的支付與找零錢的商業行為模式，這些對孩子日後都是很重要的消費學習。

2）一般孩子認為「錢」都是父母親努力工作賺來的，不管是領薪水或是自己做生意獲取錢的來源都只有一處。而像其他的金錢來源：股票獲利、收租、存款利息或是額外業績獎金等來源有必要讓孩子知道，也讓孩子了解可以多方去「開源節流」。目前斜槓人生的就職人數數量頗多，除正職工作外也額外兼職工作去獲取薪資報報酬，增加金錢來源累積自己財富，可以獲得更多的成就感。（「斜槓」指擁有多重職業和身分的多元生活）

3）獲取金錢的方式除了用自己的能力與專才去取得外，也可以讓小朋友去幫忙協助家庭事務的處理，藉此換取一些零用錢，雖然許多父母親認為不需要如此，但盡早讓孩子了解用工作去交換薪資報酬，是對生活實際體驗與了解，並非要辛苦孩子，而及早讓孩子在金錢觀念上去建立正確觀念，了解賺錢是辛苦而非可以是「理所當然」的獲得，更能培養出體貼正確觀念的孩子。

人常常是很矛盾，明知道自己的金錢是非常有限的，但卻常常難以去控制自己的慾望，對於高價商品有著好多的奢望與幻想，卻超過自己的購買能力。真的去購買以後就要開始煩惱要如何付錢，而痛苦就開始產生。

小朋友有沒有想過，你的家庭或是你本身平時有沒有在掌握「金錢」的流向呢？知道把錢都花在那些地方，像一餐飯我家媽咪花了多少錢去準備？我身上的制服與書包，我的爹地媽咪花了多少錢去購買？冰箱裡好喝的果汁與新鮮多汁的水果，媽咪是花了多少錢才把它們購買回家的呢？你知道「錢」都流到哪裡去了？

現在就聽艾倫來說說～我的「錢」為什麼不見了！！

1-6 是誰搬走我的「乳酪」？我的錢不見了

你的爹地媽咪所賺到的錢（薪資），大都會花在家裡的各項開支上，這些花費的項目有哪些呢？像是飲食、日常用品與水電瓦斯、服飾採買、教育費用或交通費用上面。你有沒有注意到這些項目各自需要花多少錢呢？或許你聽家人說過「收支平衡」的話，我們可從字面上知道是父母親的收入與當月支出（花費）是相互抵消，意思就是沒有多花錢，但也是沒有多出錢可以儲蓄。要「財務自由」就一定要能有「可運用」的「金錢」，也才不會每個月都被「錢」追著跑。

我想起媽咪說過的方法：試著製作一份「預算表」或你也可以稱為它是「記帳表」，它的用途是將每月份出收入項目與支出在每一天都詳細寫下記錄，讓你可以清楚知道每一個項目的狀況。「預算表」以每月為單位一年為期限，有幾個步驟要注意喔！計算列出收入的總和（爸爸媽媽每月的收入總和，或是給你的每月零用錢）。

一、每一項支出的項目都要詳細做記錄，分類不要遺漏。在你睡覺前順手寫下，因為當天印象會比較清楚，如果每天去記帳你覺得很困難，你也要一週至少記錄兩次（習慣是可以慢慢養成）。

二、你要立下可以達成的目標，最好可以跟「財務計畫」做結合。像是碰到一些節日或需要慶祝特別時間，像過生日、父親節、母親節等日子，你就需要去提前做計劃，例如你想買一條漂亮手帕或帽子給媽咪當生日禮物，就必須每個月去計劃它，你需要「儲蓄」多少錢才能達成你購買手帕或帽子給媽咪的禮物計畫。

三、「記帳本」上你每月的盈餘（多出的錢）與赤字（就是超支，你的錢不夠用），讓它可以慢慢做到平衡，這樣你就不需要跟你的爹地媽咪要求多給你零用錢了，聰明的用錢就是能做到「花錢」

在預算內，不會多花錢，讓自己有負債。

四、如果帳本上標記是「正數」表示收支平衡，甚至於還有多的錢可以做儲蓄。若如果上出現有「負數」，表示要調整自己花錢的項目與數目，檢視看看那些項目是可以不去買，讓自己有警覺，不要再做浪費的購買花費（以下有張記錄是艾倫我3月份的記帳筆記）。

當我在記帳時有不清楚時我就會馬上問媽咪，這樣我記帳起來就會很順手。我也問媽咪家裡面的記帳是不是也跟我記的一樣啊！嗯……做法是相同但是家庭帳目記錄還會更詳細一些。

而記帳除了可用紙本做記錄，還可以利用電腦幫忙記錄，可讓家庭各個項目更加清楚。我的爹地媽咪在工作上都是非常努力的人，他們也希望能在工作與日常生活都能維持和諧，所以他們對於收入與支出都非常用心去計劃，懂得以「量入為出」的方式就能多儲備一些錢來做儲蓄，或是提供緊急支出使用。爹地常說：「一旦家庭經濟產生危機時，生活也會陷入困境，家人也會為錢而起爭執，這樣一定會讓家庭生活品質降低，所以對於家庭經濟一定要小心謹慎的維持。」

日期	項目	收入	項目	類別	支出	餘額	說明
3/1	本月零用錢	500					
	上月結餘	90					
3/1			礦泉水	飲食	18	572	臨時買，忘了帶水壺
3/2			公車費	交通	30	542	坐公車去同學家
3/2			烏龍茶	飲食	30	512	不在預算內，臨時買
3/4			筆記本	文具	32	480	筆記本用完，換新
3/9	獎勵金	200				680	第一次段考成績有進步
3/12			肉包	飲食	18	662	不在預算內，放學肚子餓購買
3/14			原子筆	文具	8	654	黑色原子筆
3/18			卡片	禮物	23	631	同學過生日，寫卡片祝福
3/18			筆盒	禮物	140	491	送同學生日禮物
3/20			熱狗	飲食	28	463	不在預算內，放學肚子餓購買
3/22			可樂	飲食	25	438	不在預算內，臨時買
3/26			認養費	其他	200	238	流浪動物之家捐款
3/28			勞作課	文具	67	171	買西卡紙膠水，勞作課用
3/31	3 月結餘	171					3 月份有剩餘金額 171 元

雖然我還是小朋友年紀小，還無法了解管理家庭收入與支出是怎麼辦到，但我可以跟著旁邊學習了解，我自己是可以管裡我的零用錢，學習做好錢的分配使用，也可以避免當錢不夠用時的狀況，到時反而要向爹地媽咪伸手要錢，這樣就太丟臉了。爸爸媽媽也要我記住：「避免向別人伸手借錢，或是做錢的奴隸，讓錢危害到自己喔！」

理財小問答

1）請你想一想家裡的錢大都支出在何處？請在下列打勾「✓」表示。

家裡飲食	治裝費	居住家具	電器用品	水電瓦斯	加油費	教育費	交通費	休閒娛樂	孝親費	醫療費	繳稅金	保險費

2）請檢視自己零用錢花費記錄，看看自己的錢有哪些地方可以做調整。

我一周的零用錢有多少元？________元。

我上一周零用錢有剩餘多少元？________元。

我最近想買一樣________________________，它是________元。

它如果在________________時間買，價格會變成________元。

解答：

1）自行回答。

2）自行回答。

給父母親的提醒

1）「記帳」這件事需要有幾個重點。

A. 孩子必須要有零用錢可以自由支配。

B. 孩子必須具備基本的加減算數的能力，這樣才能理解記帳的功能與操作方式。

C. 記帳雖然有好處，但是在操作過程是繁瑣且煩心，大人操作幾乎都很吃力，更何況要小朋友去執行，所以小朋友需要父母的陪伴教導和鼓勵，才能使記帳成為生活的一部分。

2）身為父母要協助孩子去檢討帳本記錄；檢視花費所在，等要下一筆零用錢前可和孩子討論一下這個月的花費狀況，剛開始時孩子很難做得好，很可能隨意記字跡潦草或不知所云，或是零零落落的亂記，也請記得不要去責備孩子，因為他們也正在學習金錢管理概念與做法，這是需要時間做累積的，孩子在一步步的學習過程中，親自去實踐後才能了解每一塊錢都是得來不易，花錢時才會更加注意小心。

3）孩子在花費的項目中會有一些價錢高昂的商品，父母親要教會孩子去分辨「需要」與「想要」的差別，孩子的花費背後反應的是他的需求。當孩子用零用錢購買想要的東西，若無違法狀況（買違禁品）就隨孩子吧！父母要堅守的原則是不讓孩子預支，如果可能，幫助孩子去做預算規劃，完成他的夢想。

你有零用錢嗎？你都是如何運用它？

是買東西吃掉；還是買文具？還是努力存下來，為了想買更高價的東西，還是預備計畫要出國旅遊呢？

要記得……能存下來的錢才是你自己的錢，一定要「量入為出」的運用喔！

現在就跟著艾倫來說說：我該如何規劃我的「零用錢」。

1-7 如何規劃我的「零用錢」？

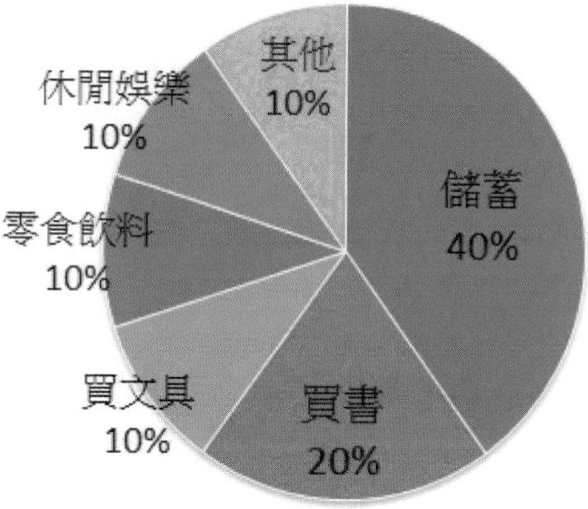

你現在有「零用錢」嗎？大約一個月有多少錢？如果你已經有零用錢，那你真的很幸福，因為你可以開始做簡單「財務管理」，了解「錢」來是不容易，所以在使用「錢」時你會更用心更小心的。目前你的「零用錢」都是跟你爹地媽咪討論後得到的，你就會在固定時間後你就會獲得一筆「固定收入」，所以你會在下一筆「零用錢」進來前，就可以開始去規劃該如何使用你的「零用錢」。

給你多少「零用錢」是你和爹地媽咪做出決定，而這些「零用錢」也都是爹地媽咪辛苦賺來，不管多少錢我們都應該要心存感謝他們喔！如何來規劃「零用錢」，之前我們有說到了「記帳」方式，透過「記帳」就知道自己的錢花到哪裡去。另外；還可以檢視那些是不必要的花費項目。（例如：有帶水壺就可以不用外買飲料）

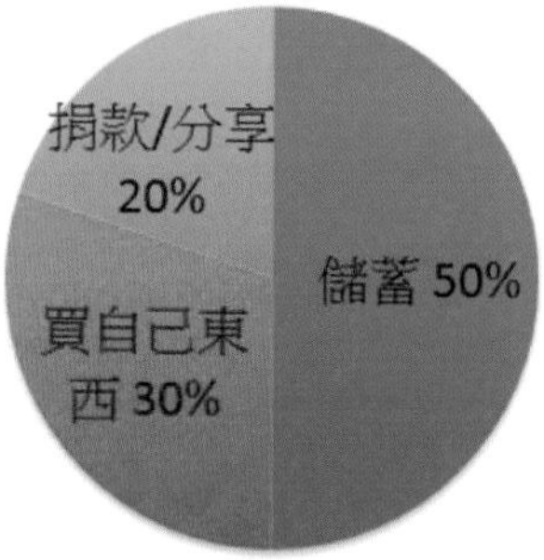

你是如何花你的「零用錢」呢？如果你不知道該如何進行規劃，或許可以試試看分成「五三二」的方式。舉例來說：你一個月零用錢有500元，就將零用錢其中五分（一半）250元先儲蓄起來，另外的250元要分成五等分（每一等分是50元），將其中兩等分（100元）規劃作為慈善或分享的用途，像同學生日購買小禮物等或是捐贈慈善團體小額捐款使用，另外三等分（共150元）規劃自己使用，先以這樣分配比率做錢的使用，再依照實際部分去做調整，這樣你花錢就有方向，最重要是不要花錢過量，萬一不小心超支了，還要去向爸媽要求多要錢，這樣就失去自己管理「零用錢」的用意。

我們雖然是小朋友但在用錢部分也要做學習，父母親雖然是我們最好的後盾，但也不能讓爸爸媽媽擔心呦！我們要訓練自己先列出這個月用錢的「優先次序」，不能憑我自己感覺去花錢，或是先花錢再說，因為沒有規劃的用錢，容易讓人成為錢的奴隸，反被金錢所控制。像有些大人會常常控制不住自己想花錢的慾望，隨便去借錢或是花了預算之外的錢購買一些滿足「想要」（名車、名表、名牌包包等）物品，之後面臨一堆債務還款的問題，反而攪亂自己應有的生活，甚至鋌而走險，做出傷天害理的壞事，這樣無法做好管理「金錢」的工作，「金錢」反會成為你困擾與痛苦的來源了。

我想起媽咪跟我說過一個故事：「小男孩要糖果。」有天一位媽媽帶著一個小男孩到雜貨店去買東西，老闆看到這個可愛的小男孩，馬上就打開一罐糖果玻璃罐子，老闆要小男孩自己伸手拿取一把糖果，但是這個男孩卻沒有任何動作。「沒關係，小朋友你可以自己伸手去抓一把糖果，就當是老闆叔叔送給你的。」老闆問了小男孩幾次之後，他就親自抓了一大把糖果放進小男孩的口袋裡，回到家中媽咪好奇地問小男孩：「為什麼你沒有自己去抓糖果，而是要老闆幫忙你來抓呢？」小男孩回答說：「因為我的手比較小，而老闆的手比較大，所以老闆他拿的糖果一定比我拿的多很多啊！」我們該佩服小男孩的小聰明嗎？其實就是可以借助大人的能力可以「事半功倍」，像我們在做記帳計時也可以多跟爸爸媽媽學習去記帳，聽聽他們對於自己在零用錢支出的建議，因為有大人在旁邊幫忙可以省下很多不理解的問題，畢竟；父母親總是會幫我們做出更長遠的計畫，當然會讓我們收益更多囉！

理財小問答

1）請根據自己每月花費零用錢的狀況，試著去畫出一張圓餅圖。

□買零食點心	□買飲料	□買書籍	□買文具用品	□買禮物
□交通費	□儲蓄　　元	□買遊戲軟體	□買遊戲點數	□逛街購物
□慈善捐款	□休閒娛樂	□買玩具	□儲蓄（購買理想中物品）	

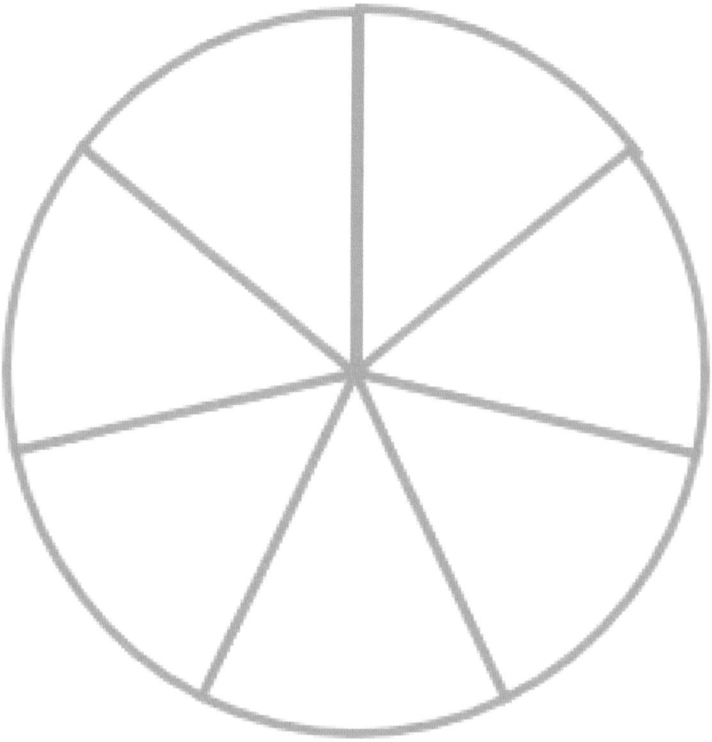

2）下面是小美與小明的財務規劃圓餅圖，你認為哪一個人花錢是有規劃的，為什麼呢？

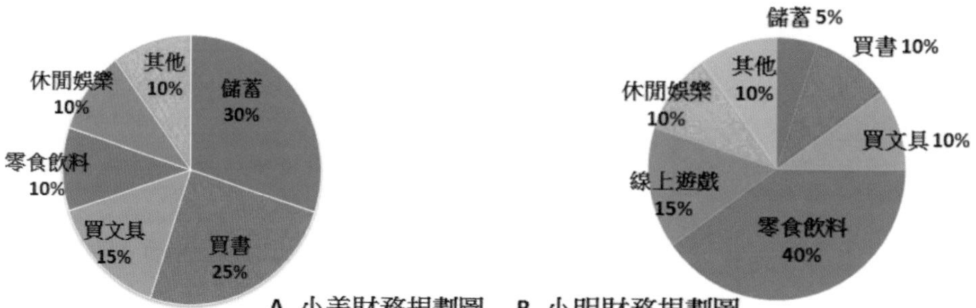

A. 小美財務規劃圖　**B.** 小明財務規劃圖

給父母親的提醒

1）父母到底要給孩子多少零用錢呢？許多親子學者都有提出適當的建議：有些學者建議可以按照孩子年齡給予（一年級一周給10元，六年級一周給60元），或是分一周或一個月給予固定金額100元，零用錢金額給予視父母親考量不同而有所分別，相信爸爸媽媽們都會有自己的意見，但請父母親需要協助孩子，除了學習記帳習慣養成外，更應該協助他規劃支出項目的管理，畢竟花錢花在刀口上的技巧，也是需要時間的培養。對於孩子在自己可以運用的範圍，父母親是處於「協助」的角色，千萬不要成為「主導者」，抹殺孩子學習的機會。儘管孩子在花錢部分可能對於「需要」與「想要」之間的差別並不是清楚的，父母親需要協助孩子做釐清，當然身為爸媽的我們自己也需要學習了解：「需要」與「想要」的分別。

2）「需要」與「想要」簡單分別：
吃三餐是生活上的「需要」，但上高級餐廳吃飯則是「想要」。孩子上體育課要穿球鞋是「需要」，但要求穿「名牌球鞋」則是「想要」喔！手機可能是「需要」，但要求「名牌手機」一定就是「想要」。或許某些家庭物質條件較為優渥，也可以提供給孩子較好的環境，但未來的日子裡，我們的孩子仍需要具備單獨面對培養獨立生活的能力，與其給予優厚的物質，倒不如給予孩子面對與適應大環境的能力與抗壓性，相信未來的孩子會更感謝父母親的教導與帶領。

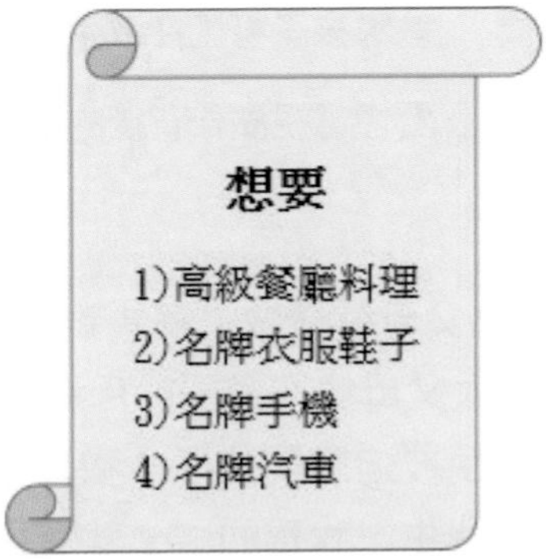

3）有的爸爸媽媽會問：「孩子幫忙做家事，可以獲得報酬嗎？」其實只要跟孩子做好約定就可以，而在孩子協助家務過程中，也必須隨時去給予正確的觀念「家務幫忙是身為家庭裡每成員的責任。」若幫忙不給予報酬，也是理所當然的，避免將孩子引導到「唯利是圖」的錯誤觀念上。畢竟在學校與社會的適應上，協助公共事務的推行是團體內每一位參與者的責任與義務，沒有不勞而獲的事，所以父母在觀念上的帶領是非常重要的。

4）猶太人是世界上特別智慧的一個族群，特別對於金錢似乎有天生超凡的敏銳，他們是最富有、「財商」最高的民族。猶太人自稱：「我們是上帝的管家，人類的金錢應由我們來掌管。」像：拉里・埃里森（甲骨文創始人）、麥可・布隆伯格（前紐約市長）、馬克・扎克伯格（臉書創始人）、拉里・佩奇和謝爾蓋・布林（Google谷歌的兩位創始人）、喬治・索羅斯（有名的外匯操作者）、洛克斐勒（第一位億萬富翁/石油大王）、麥可・戴爾（戴爾電腦創始人）等人都是猶太人，在「富士比雜誌」四百位大富豪，最富有的四十大富豪中有45%都是猶太人，其實猶太人從小對於孩子金錢與理財的訓練就非常扎實。例如：

0歲	送孩子股票。
3歲	教導孩子認識鈔票與硬幣。
5歲	讓孩子知道錢幣的功能與如何賺進來（獲利途徑與方式）。
7歲	教導孩子看懂商品標籤與標示價格。
8歲	教導孩子打工換取金錢的概念，並知道將錢存入銀行。
11歲	看懂電視廣告背後的用意，讓孩子了解銀行術語。

5）「猶太父母這樣做」解決親子衝突的六個智慧，提供給父母做參考。

A. 猶太父母絕不懲罰或斥責孩子，也盡量避免使用言詞警告。

B. 即使被迫懲罰孩子，猶太父母也絕不諷刺挖苦，更不會自恃「孩子是我生、我養的」，就隨意用不留餘地的語言指責孩子。

C. 火氣上來時，猶太父母採取退避或保持沉默的對策。退避；可使孩子意識到事態嚴重，避開親子的正面衝突，還可避免在氣頭上說出過頭的話，傷害孩子。

D. 當孩子惹你生氣，你發現自己的憤怒在膨脹時，可分三個層次說出自己的情緒狀態：「我對你這樣的做法很不高興！」「我真的很生氣！」「我馬上就要發火了！」這些說法都比莫名其妙的爆發有效許多。

E. 父母千萬不要當著眾人面前發火，這會讓孩子沒有面子，從而產生叛逆心態。選擇適當的場合，會讓孩子覺得父母即使發火，也會顧及他的面子，因而減少對立情緒。

F. 發生不愉快的事後，父母、孩子都需要盡快恢復情緒。對小一點的孩子，有時一個親吻、一個擁抱或一句「媽媽、爸爸愛你」都是很管用的語言，對大一點孩子進行「對話溝通」是很有必要的，可以讓彼此之間的誤解可以得到解釋。

孩子幫忙做家事要給報酬嗎?

孩子做家事應不應該給錢當作報酬呢？

在孩子上小學之前就慢慢教導他們家庭事務是很理想的，因為這時期的孩子們容易接受父母「家人互助合作」的概念灌輸，也較容易去凝聚家人的情感。

至於是否該給予幫忙做家事的孩子們獎賞，甚至去增加「零用錢」的作法，儘管每個家庭的做法不同，但只要把握好要點：一個幸福的家庭，常常不是由「有錢」、「沒錢」決定，最重要是家人彼此有愛、相互體貼、不計較付出，是因為「愛」讓家人能凝聚在一起。

1-8 幫忙做家事可以獲得「報酬」嗎？

「艾倫，可以來幫媽咪把家裡的寶特瓶、玻璃瓶拿去資源回收區嗎？謝謝你喔！」「喔！好的，媽咪我馬上來。」小朋友你也會跟艾倫我一樣會幫忙分擔做家事嗎？你會主動去幫忙去掃地，或是拿抹布幫忙擦桌子、擦玻璃，還是會幫媽咪把要洗的衣服放進洗衣機內，甚至你會幫忙媽咪去洗碗，把家中垃圾協助拿出去丟，當你在做這些事情時，你自己覺得這些家事是自己「應該做的」，還是幫忙爸爸媽媽做的呢？做這些家事時你的爸媽會給你一些報酬獎勵，還是會多給你一些零用錢呢？

如果我們幫忙做些家事，父母就必須要給我們「錢」，那父母就好像是我們小朋友們的「老闆」，小孩子像是「員工」，家人關係就會變成很陌生也很現實，只是用時間去換取金錢的關係而已，這樣的關係應該就不是家人了。現在我們幫忙家務多學習一些做家事的能力，除了自己訓練自己獨立自主的能力，也是因為我們是住在同一個屋簷下的家人，彼此會關心對方外，父母親更會教導我們許多事，讓我們學會更多面對多變社會的能力並給予我們做大的支持。所以家事是身為家人為共同生活而做的事，由所有家人來共同承擔與分擔，就不是誰要幫誰去做的。

當我們年紀小時，我們的爹地媽咪幫我們承擔所有的事務，支付生活上所有的開銷支出，因為父母親是愛我們的，為我們所做的所有事都是心甘情願。而當我們慢慢長大後也開始懂事了，會開始體貼父母的辛苦，主動去分擔簡單家事，就不能有為了要賺錢的而去做家事的念頭。但有時我們的爹地媽咪會站在一個「獎勵」角度，或是我們預期想購買一樣物品，就會去跟爹地媽咪要求，他們就會額外去安排做一些家事，以便得到獎賞就可以獲得我們想要的東西時，爹地媽咪就會答應我們讓我們多幫忙，這是因為爹地媽咪希望我們有個概念「有付出才有收穫」，希望我們小朋友知道沒有「不勞而獲」的好事，所以才會跟我們做約定，多給我們一些獎賞或零用錢喔！

年齡	項目	每月估計費用	總額
0-6 歲	保母費、奶粉、尿布、醫療費、幼稚園學費、保險費	30,000	30000 X 12 月 X 6 年 =210 萬
公立小學	學雜費、補習費、書籍費、食衣住行	25,000	25000 X 12 月 X 6 年 =180 萬
公立國中	學雜費、補習費、書籍費、食衣住行樂、保險費	25,000	25000 X 12 月 X 3 年 =90 萬
公立高中	學雜費、補習費、食衣住行樂、3C 產品與手機費、保險費	25,000	25000 X 12 月 X 3 年 =90 萬
公立大學	學雜費、補習費、食衣住行樂、3C 產品與手機費、保險費	30,000	30000 X 12 月 X 4 年 =150 萬
總計	720 萬		

△此表以公立學校為計算，若就讀私立學校花費則高於此

但是小朋友你如果是想用幫忙做家事去換取金錢的概念，事事都要求父母親要給予金錢當作獎賞，這樣的心態就是不對的喔！因為家事是屬於家中每一個人的事，如果只談到錢沒有情感，這樣的情感太過於勢利，也不是家人相處應該有的態度，如果我們的爹地媽咪凡事都跟我們計較金錢，那我們小朋友有什麼能力去償還父母對我們付出的「無私的愛」呢？所以家人的相互體貼與愛，是無法用金錢來衡量也無法用錢購買的。

想想是誰每天會送我們上下學，會幫我們做三餐或送午晚餐，會幫我們洗衣服，會幫我們整理房間或幫我們收拾玩具，會陪我們做功課，會幫我們買好吃的東西或零食，會在我生病時帶我們去給醫生看，會幫我們做所有的事但卻不要求我們回報呢？這就是我們的父母親，我們的爸爸媽媽才會如此「不求回饋」為我們做，不是嗎？我們的父母不會詳細去計算花在我們身上的時間與金錢，他們愛我們希望能給予最好的資源與環境，讓我們可以平安健康的長大，可以去接受最好的教育與學習最新的事物，所以爹地媽咪不會跟我們去計較任何金錢花費。有一項有趣的資料：在英國一對父母做了計算表要把孩子養到大學畢業需要花費22萬2500英鎊（約新台幣800萬元），在美國需要花費30萬美元（約為新台幣900萬元），在台灣則需要900萬元以上，這些花費數字都是大約概算的數字，但我們可以知道父母親都很努力工作，希望給孩子有安定的生活與無憂無慮的學習，所以我們小朋友在家幫忙做些家事，是不是要以幫忙家庭氣氛融洽，幫忙爹地媽咪的想法來做家事，這樣我們家人的情感才會緊密連結在一起。

你會主動幫忙做家事嗎？你是一位真正棒的人，艾倫為你拍拍手。體貼家人的辛苦主動去平均分攤家務家事，是身為家人一分子應該做的，也由於如此才對「我的家庭」有更深的一層「愛」喔！

理財小問答

1）當你做了那些家事，你的爸爸媽媽會給你什麼要的獎勵或物品呢？

例如：當我（幫忙猜桌子時）爸爸媽媽會給我（一張貼紙），因為（有收集到十張貼紙後我可以買一樣新台幣100元的文具），我的感覺是（非常開心）。

當我（　　　　　　　　）爸爸媽媽會給我（　　　　　　　　），因為（　　　　　　　　）我的感覺是（　　　　　　　　）。

當我沒有做到（　　　　　　　　　　　）時候，我的爸爸媽媽會（　　　　　　　　）因為他們會感到（　　　　　　　　）。

2）我的爸爸媽媽會給我零用錢，我的零用錢大都花在（　　　　　　）上，我覺得（　　　　　　　　），我希望能將錢花在（　　　　　　　　）。

我的爸爸媽媽沒有給我零用錢，原因是因為（　　　　　　　　），我並不因此而難過，因為（　　　　　　　　）。

3）我家庭每月的支出知道多少，可以試著完成以下表格。

總收入金額			
每月支出項目	**金額**	**每月支出項目**	**金額**
房屋貸款／租金		補習、才藝班費用	
食物費		娛樂費	
交通費		孝親費	
水費		加油費	
瓦斯		修繕費	
電費		保險費	
學費		紅包白包費用	
總支出費用			
可儲蓄費用			

解答：

1）自行回答。

2）自行回答。

3）自行回答。

給父母親的提醒

1）給父母的小分享：

A.「家事」是家裡人一起做的事，不要和金錢掛鉤或畫上等號。

B. 讓孩子從小學習自主理財，培養金錢觀念並瞭解人生現實。

C. 教孩子存錢也要教孩子用錢（如何精準將錢花在「需要」的地方，而非「想要」的地方）。

D. 收入的金錢需要有計畫地做規劃：1/3的錢存下來，1/3錢財讓生活更有樂趣，1/3的錢拿來幫助別人，這樣會讓人生過得精采與有意義。

2）父母親獎勵孩子的方式有許多，購買物品或是給予金錢是現在的父母親常使用的方式，但「口頭讚美」與「擁抱肯定」也不失為好方法。因孩子在成長過程中被父母「擁抱」與「口頭稱讚」仍是建立自信心的最佳來源。另外；循序漸進的獎勵：利用記點、收集貼紙的方式也是極佳的獎勵方式。孩子透過這樣的集點方式，可以獲得更多的榮耀感與自我肯定，在實施這樣的獎勵方式前必須要明白告訴孩子：做那些事可以獲得幾點數，收集到多少點數後可兌換什麼東西，這都要清楚告訴孩子像是「遊戲規則」。當然有獎勵就會有處罰，當孩子犯錯時或是忘記做功課、上課不守秩序等違規時，父母親也可以適狀況給予收回集點貼紙或集點；以示懲罰，也讓孩子清楚知道，所有的規矩都必須要學習遵守。對於孩子不喜歡、沒興趣的事物，利用獎勵方式可以發揮激勵的作用與效果，等到孩子開始產生興趣後在慢慢將獎勵方式替換成其他，讓孩子隨之適應即使在沒有實質物品獎勵下仍能繼續做家事，這才是父母親所要達到目的，孩子也可以學習到不同事物經驗。

3）讓孩子去區分可以獎勵事項與應該負責的事務，例如：協助家事部分像是做功課、自己折被子、整理自己書桌等，這些屬於自我的工作就是自己應負責。像掃地、協助倒垃圾、拖地、擦玻璃窗、協助洗碗、清潔浴室、洗衣服、曬衣服等，這些就可以歸納可以加分記點的家事部分。多讓孩子去學習家庭事務，分擔家裡責任與融入，可以孩子更能適應團體生活與未來社會。

4）讓孩子了解家裡經濟狀況與認清事實是協助成長。現代有許多父母親都希望孩子擁用最好的環境與物質狀況，反而養成孩子養尊處優的錯誤心態：認為我想要的，爹地媽咪就會努力或是應該要盡量滿足我；買給我，這並不是孩子的錯，是父母親想將最好的給孩子，卻不讓孩子了解家庭實際開銷狀況與目前經濟情況，這樣反讓孩子處於一種優裕的假象中，認為所有物品都得之容易，卻毫不珍惜。要實際讓孩子了解家中每月實際開銷，例如：房貸需要多少錢？每月食物要花多少錢？水電瓦斯費用、交通費多少錢？汽車機車加油一次需要多少錢？每月家庭繳保險費要多少錢？每月要給多少孝親費用？（孝親費是給爺爺奶奶或長輩的錢）。每月全家出去遊玩大約要花多少錢等等，這些家庭花費可以給孩子一個概念，讓孩子了解家庭一個月的開銷需要花費多少，哪些部分是可以做節約，可協助孩子對於「花錢」會有更完整的觀念，也達到讓孩子及早去學習理財計畫。

5）對孩子想要的物品，父母也可以提供一些機會給孩子去獲得它。

A. 幫忙親戚或鄰居照顧寵物，或帶牠們出門散步。或是看顧較小年紀的小朋友陪伴他們做功課或遊戲（鐘點保姆）。

B. 買賣家中的二手書或二手商品，在市集市場或利用網路銷售。

C. 幫忙整理花園或花圃，或是幫忙除草、種植物花卉。

D. 兼職販賣知識或才藝，可以擔任家教或去教語言或教電腦技能。

E. 分送報紙或是分送傳單、廣告單。製作些小飾品或手工藝品或設計一些手工製品，可以拿到市場或小販賣市集去做銷售。

F. 協助父母親經營店面生意、攤位或擺攤生意，銷售話術與技巧學習。

G. 讓孩子學習經營部落格，獲得賺取廣告收入。

H. 讓孩子試著製作手機貼圖或插畫，透過網路方式進行銷售。

透過這些方式並不是真正需要孩子去協助賺錢，但是必須讓孩子了解賺錢的辛苦，也知道賺錢的途徑多樣化，並不是只有「念書」一條路而已，思考不同的賺錢模式與將來自己的興趣所在，都是很好的經驗學習。但是要注意時間控制，不要花太多時間在打工賺錢上，反而忽略自己課業功課學習，變成只知道要賺錢卻不知道要充實自己，這反而就不是學習理財的好方式了。

6）根據許多親子雜誌歸納出重點：孩子可在三歲時就已經開始模仿父母親做些家事，希望成為和父母親相同的樣子。孩子在三歲時了解父母親說話意思，也喜歡最喜歡凡事自己做自己來，想變得和大人一樣。

A. 培養自信心：透過「做家事」，讓孩子培養出自信心，雖然孩子的能力很小，做起家事有時過於勉強，但是先讓小朋友做容易上手的工作，就可以漸進式培養出孩子的自信心。

B. 訓練獨立性：獨立來自於可以照顧自己，訓練自己去面對問題思考解決方法。訓練孩子的獨立性，就讓孩子可以從日常生活中學習，如何照顧好自己、處理好身邊的小事情，孩子自然而然就會變得獨立。

C. 培養責任感：小朋友讀書學習是一種無形、去累積自己能力的過程，而學習做家事是培養孩子負責任的習慣，透過雙手參與家庭工作，在日常生活中讓孩子學習做完、做好一件家事，讓孩子學會「負責」，這樣讓「責任感」深植孩子想法中，雖然這過程需要花一點時間，透過孩子慢慢地動手做，習慣才會慢慢養成。

D. 培養肢體協調度：孩子透過動作細部操作，學會如何有效地控制肢體，做家事就有這樣相同的功能。例如：「掃地」需要孩子雙手協調去使用掃帚，可以培養孩子的肩膀與手眼協調穩定度。「擦桌子」透過孩子做出左右前後揮動動作去擦拭桌面，讓孩子可以調整速度韻律感。在生活當中可讓孩子多多參與做家事的活動，培養出孩子的動作協調度。當我們要讓孩子負責某些家事時，要請記得「多讚美」與「感謝」話語進行獎勵，這會讓孩子願意做家事，千萬不要使用「命令」的口氣，命令要求孩子要做家事，那反倒成為孩子不想服從的負擔了。

2

我家有哪些生活開支？

我家有哪些生活開支？

「錢」有哪幾種「運動」呢？

當你有錢的時候會有三種運動：

一、花掉它；二、存起來；三、送出去。

「錢」的透過這三種運動後，你到底最後會有怎樣的理財狀態？

其實這非常的有趣，因為第一種運動——花掉它，但是結果就是越來越「沒錢」，所以讓我們來看一看屬於「錢」的運動吧！

2-1 「錢」是如何「做運動」？

你今天有用到錢了嗎？

我們每天都會使用到錢來買東西，透過錢的使用可以讓生活更加方便，而金錢的實際價值有時不是由鈔票的面值來決定。同樣多的金錢如何花用，最終產生的結果會很不一樣喔！會花錢；錢能給你帶來幾倍、幾十倍甚至幾百倍的收入，而不會花錢，錢花了以後不但會沒有任何收益，甚至還會賠錢。有錢人或是富人雖然是花1元錢就要有1元錢的作用，花10萬就要有10萬的價值，他們會儘量去規劃控制，很少會花冤枉錢。而一般人或是窮人每天花很多時間去賺錢，但是拿到薪水後扣除生活必需支出外，如果沒有理財正確觀念，就會將剩餘的錢以犒賞自己辛苦的名義，又隨便浪費掉，到頭來只是窮忙一場，結果……口袋裡沒有剩餘錢留下來。所以你會把錢存進銀行，可以強迫將錢不會隨便被花掉，但並不能讓你富有喔！

「以錢賺錢」才能使你富裕起來，台灣諺語會有一句：「人兩腳，錢四腳。（台語）」四隻腳一定跑得比兩隻腳快，兩隻腳的人自然追不到四隻腳的錢！既然錢跑得比人快，人追錢很困難，但是錢去追人或是錢去追錢，那不是就容易得多了呢！我們要如何讓錢來追人，其實就是人要有能力或方法，這其中也包括理財方式與使用金錢的正確觀念，錢就會主動追上來喔！

一、花掉它

對於喜歡花錢的人來說，花錢買東西對他們來說真是一件快樂無比的事。但是沒計劃、亂買東西的後果就是「買完後沒錢」。雖然花錢是一件令人感到開心愉快的事，但我們常常為了「開心」去購買物品，卻不知道這件物品對我是「需要」還是「想要」，在購買後往往心理就產生罪惡感，而且這樣的過程好像會循環，讓我感覺不舒服。像我喜歡玩「樂高」玩具，之前我會一直去存錢要買樂高，結果一組樂高當我拼裝完畢後，我就對它沒興趣，接著我計畫存錢想買另一組新的玩具，久而久之我的樂高玩具就越來越多，我知道這樣不好，但我就一直在「期待、存錢、購買、又期待」中度過，我不喜歡這樣的感覺，當媽咪發現我的玩具越來越多後，給我一些建議要我將不玩的玩具可以跟同學做交換，或去放到網路上做二手貨品賣掉出清，還是將玩具整理可以捐贈出去，給經濟能力不好的小朋友們一同分享，這也是玩具另一種的用途去處。另外媽咪還要我去思考，可以將我存款做出不一樣的運用，可以讓存下來的錢更有意義喔！所以當我想要花錢買這樣玩具時，媽咪就要我一定要讓自己「說出」要買下它的三個理由：

1）要我好好想想，是不是一定要擁有它（玩具）？
2）這玩具是「需要」，還是「想要」？
3）它的價錢我有沒有貨比三家做出比價動作呢？是不是可以用較便宜方式去買到一樣的東西呢？（貨比三家不吃虧喔）。所以我就必須要把我知道不同地方的價格做出比價：玩具店、量販店、百貨公司、網路商店或其他地方，把它不同價錢記錄下來。

二、存起來

有些人是有理財觀念的，對於金錢的花用也花在該用的地方，儘量不去浪費，他們會把每一塊錢都點滴的存下來，會存在樸滿、存錢筒或是銀行帳戶裡，他們會看著存款簿的存款數字增加而感到開心。而存錢說來很簡單，把必需要開支的金額先扣除，再挪一部分當零用金，剩餘的金錢就存入銀行帳戶。如果是一些硬幣，就將它存入樸滿，等到一定數額再將它存入銀行裡，而這樣定期會獲得一小筆額外的收入，所謂的「存款利息」，這也是艾倫我現在常做理財喔！存下來的錢放在銀行裡，它是安全的嗎？所以你在選擇銀行時就要特別注意，一定要選擇有加入中央存保的銀行，這些銀行的門口你會發現有掛這個牌子（右側）「參加存款保險金融機構」，這樣你存在銀行裡的錢就會有些保障，有最高保障300萬元（不含投資股票、基金、債券……等），你就可以比較放心的喔！但是存放在銀行裡的錢它也不會變大與增值，還是要運用方法讓「錢」可以加值，這個有些複雜我們留到後面再來說。

三、送出去

社會上還是有許多人即使再努力工作也賺不了更多的錢，他們的生活狀況或許就只能維持不會太好（因為領薪資是固定）。你的收入或零用錢在規劃或許可以撥出一小部分來做捐款，讓那些需要救助的家庭因此而多一些金錢幫助，你也是直接幫助了一些人的生活或學習上的困境，這是「愛的分享」。或許每周在社會慈善捐款箱中放入幾枚硬幣，你的順手就會幫助一些人與團體，他們也因此而受惠。有時你看新聞或閱讀書報上的報導，你會了解平安活著又衣食無慮的生活，已經就是非常地幸福。許多生活在貧窮城市、國家或戰亂地區的人們，他們也是努力認真的生活著，相較之下我們是多麼幸福。如果你願意多關心你周遭的事與人，多發揮同理心與關懷，願意幫助比自己不好的人，並不是要顯示我們比他們優越，而是因為自己願意付出，今天在某個地方的人就會因你的善心而過得好一些！這時候的「錢」帶給你的就不單單只是購買物質上的滿足，它也可以發揮它另外一項的功能，帶給其他人「幸福」，讓你內心也充滿歡樂與富足。

在富有人的觀念裡：「只有捨得花錢才能賺到大錢，對該花的錢，絕不能計較。」所以富人知道「金錢」願意會為了解它，與會運用它的人來工作，他們會將「錢」放在穩當的生利投資上，錢將會源源不斷地創造出財富，所以我們一定要學習富人的用錢與投資智慧，讓我們手中的錢「滾動」起來，理財觀念必須從舊有的「存錢」改為「以錢養錢」，透過「投資」達到長期複利效果，讓四隻腳的錢去賺錢，為自己「生」出更多的財富。你有自己的撲滿嗎？相信你也有自己的「存錢筒」，前面我們說到「錢」的運動方式有「存起來」與「花掉它」，當我們選擇「存起來」時，你知道「儲蓄」有哪些好處嗎？

1）「積沙成塔、積少成多」大錢是由小錢一點一滴累積起來的，有一筆足額的大錢你就可以做一些自己想做的事情。例如：出國旅行或留學，或買下自己的房子、車子，都是透過儲蓄可以達成。
2）預防不時之需。在我們日常生活中或許會出現不在計畫中的意外，有時它則需要一筆為數不少的金錢，若是沒有儲蓄的習慣，在臨時可能就會面臨拿不出錢的窘境，所以個人與家庭通常都會預備一些錢，以備不時之需。
3）為將來計畫與生活而做準備。我們小朋友會慢慢長大，爹地媽咪會慢慢變老，從現在起就要有計畫去為未來的生活做存錢儲蓄的計畫。
4）擁有投資的本錢。要做任何投資都需要有資金，所以從小錢開始做儲蓄，將來要才有較充裕資金做投資。
5）擁有購買資產的本錢。要買進資產你就必須要有些本錢，這樣規劃才有較充裕的購買能力喔！

既然大家跟我都知道「儲蓄」的好處，那你有沒有自己的撲滿呢？像我在三歲的時候媽咪就送我一隻可愛的豬寶寶撲滿，告訴我可以將零用錢與小零錢投入，等到豬寶寶都吃飽（沉甸甸）就可以把錢存入銀行，我就會有一個專屬於自己的銀行帳戶了。

我問媽咪：「為什麼撲滿大都是豬寶寶樣子呢？」

媽咪就跟我說一個有趣的故事：在中世紀歐洲，當時人們會使用一種橘色黏土去製作各種器皿，而這些器皿就稱為「pygg」。當時很多人在下班回家後會順手把口袋裡的錢幣丟到「pygg」裡，這樣零錢就不會四處散落，之後慢慢的就養成了用這些「pygg」做儲放零錢的器皿。演變到後來英語因為「pygg」與「pig」（豬）的英文發音相似，所以很多人就做出豬寶寶樣子的陶瓷器皿用來存錢，變成我們今天看到的「存錢筒」的形狀了，很有趣吧！豬寶寶渾圓的身體也意味著滾滾而來的財富，所以撲滿才會剛開始都是以「豬」形狀為主的設計，一直到現在才會有各種動物造型或是顏色鮮豔，甚至有唱歌說話的撲滿出現喔！

我在六歲時我抱著我吃飽飽的「豬樸滿」，跟著爹地媽咪去銀行開戶，我就擁有一本屬於自己的銀行帳戶，看著存款簿上有我自己的名字，我真是開心極了，我告訴自己我從今天起也要像爹地媽咪一樣小心去使用金錢，並將每一塊錢多出的錢儲蓄下來，這樣未來的我就可以有本錢做好多事了。

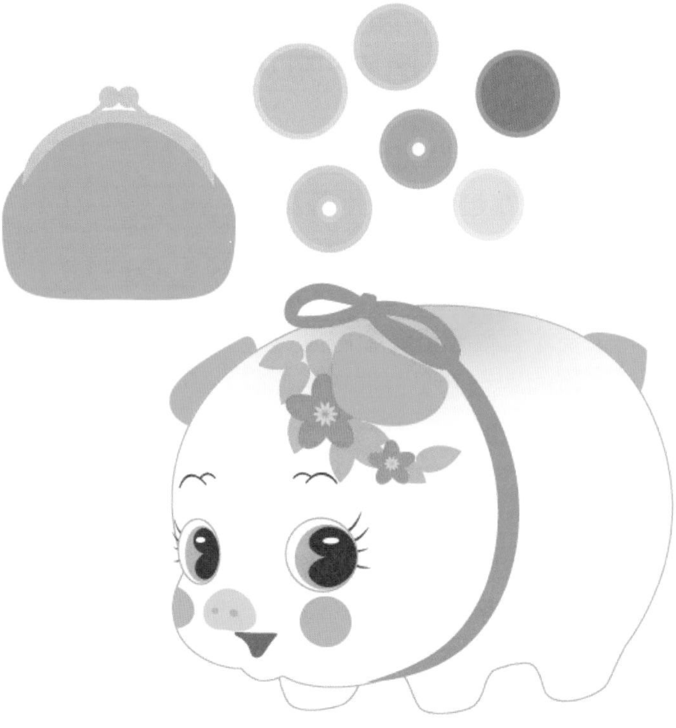

理財小問答

1）下列物品你可以區分哪些是「需要」哪些是「想要」的嗎？
將你自己答案畫上「✓」或其他符號表示，並且將自己的看法寫下。

物品	需要	想要	理由
鉛筆盒			
原子筆			
制服			
背包			
名牌球鞋			
手機			
飲料			
書本			
衛生紙			
遊戲卡帶			
公仔			
餐具			
襪子			
零錢			

2）你可以說「錢」可以哪些運動嗎？

解答：
1）自行回答。
2）自行回答。

給父母親的提醒

1）父母親給孩子零用錢其實包含有許多意義，有的是要孩子做完某些特定的家事才能領零用錢，有的家庭則不用做家事就能領零用錢。孩子是可以靠完成外快工作賺取額外零用錢。我們要孩子去明白一點，身為家中的一份子，就該為家裡付出心力與幫忙家務。教會孩子去理財；不要亂花錢，為孩子未來奠基理財基礎，而許多價值觀是需要從小培養的，尤其是身為父母親的我們，更要隨時提醒自己，注意用錢的方式與對待錢財的看法，養成每日記帳的習慣與儲蓄零錢的習慣，讓孩子在生活中「潛移默化」而隨時調整對待金錢與理財的看法。幫助我們的孩童在生活中去學習控制日常的花費，作好財務規劃，並養成定時儲蓄、投資和捐獻的習慣，對於理財的書籍與知識常識部分也要多方攝取，養成自己閱讀與實際理財常識的運用，做為孩子一個學習目標，這應是送給孩子最棒的禮物。

2）有個有趣的實驗「棉花糖實驗」在一個房間內留下一位4歲的小孩，在孩子面前放上一個「棉花糖」，告訴孩子當大人離開房間後15分鐘內孩子可以「忍住」不把「棉花糖」吃掉，之後會有另一個獎賞：獲得另一個「棉花糖」。但是如果4歲孩子吃掉「棉花糖」就什麼都沒有了喔！但依據研究顯示：約有2/3的孩子會忍不住慾望就吃掉「棉花糖」，但1/3的孩子卻能自我克制自己想吃的念頭。從這實驗可以知道「自制力強」的人能存得住較多的錢。能夠把錢省下來、避免衝動的購物動作，能夠累積金錢的能力，這些其實跟「棉花糖實驗」是有「異曲同工」效果，能夠忍住衝動；不急著去吃美味棉花糖的能力，其實在基因中或許就帶有先天的優勢，但也是可以透過後天學習一樣有其成效。「善於等待」不代表自我否定，多數孩子都有想要的東西，在「慾望」這點真的非常正常的。但是對於「想要」的東西太多，身為父母的責任是不能依照孩子提出就照單全買，畢竟經濟上有時不能允許，但協助孩子去等待；儲蓄存錢，靠自己努力存款去得到「想要」東西。身為父母的我們需要保持耐心，抱持務實的期待，我們的孩子都會隨時間成長、改變，也讓我們協助孩子進步的支柱吧！

3）大人的我們之前是從我們的長輩與父母親去模仿學習相關理財，在學校學習過程中學習相關金錢的觀念。「理財」觀念是需要日積月累去累積，花錢與省錢的訣竅就在每日生活慢慢體驗抓到訣竅，而現在很多父母親都會幫孩子從小就做好理財規劃：幫他（她）買保險，買基金，開定存帳戶，甚至做更多理財規劃，為的是讓孩子有安穩順遂的未來生活。但與其把未來一切都幫孩子安排好，直接給孩子大筆金錢，不如從小教他們如何管理錢，這才是孩子一生受用不盡、價值千金的財富。

每個人都喜歡花錢，但是沒有目的與節制情況下，常常會面臨「無錢可用」的壓力。有些人選擇存錢，當一位理性消費者，會將小零錢都存下來，積少成多的儲蓄下來。也有些人會因為怕花錢、怕沒錢，所以「錙銖必較」當個小氣財神或吝嗇鬼，只喜歡存錢；不喜歡花錢，搞到最後親戚朋友的關係都不好了，這樣反而就不太好了，畢竟辛苦賺來的錢就是要讓生活開心快樂。

如果賺錢後你反而不開心，就讓生活失去意義重心，這樣反倒是「本末倒置」，也不是「錢」的益處，倒像是壞處了；你說是不是。

2-2 把「錢」做儲蓄好嗎？

你有想過「錢」也會做運動嗎？「花掉它」或「存下它」，如果花掉它可以讓我們更快樂，或是幫我們賺進更多的錢與財富，這不是很值得呢？比如說買進「資產」會使我們財富累進增加。（簡單說「資產」就是能把錢放入口袋的東西。「負債」就是把錢從口袋拿走東西）。「資產」一詞我們前面有說到：「資產」是由企業擁有或控制、預期會給公司企業帶來經濟利益的資源。比如：貨幣資金、廠房場地、機器設備、原材料等，這些都是企業公司從事經營生產的基礎，都屬於企業的資產），是可以幫我們帶來更多的財富的東西。

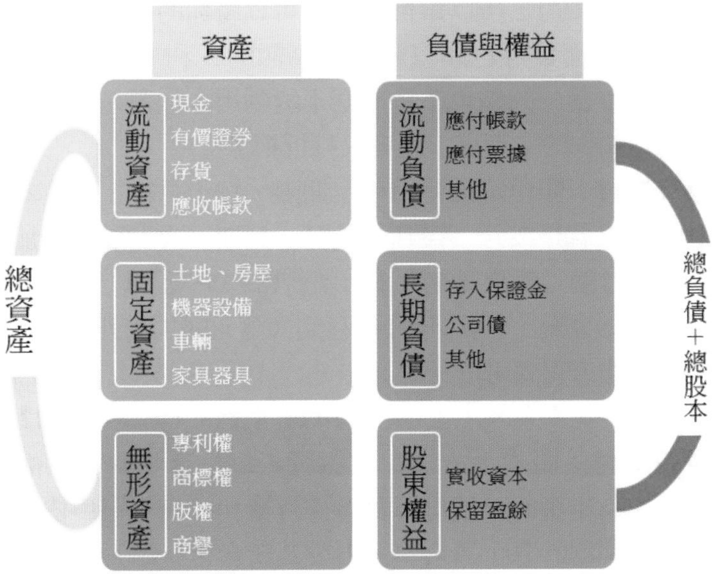

如果我們把「錢」花掉，錢就會越來越少。如果把「錢」存下來，存在我的豬寶寶樸滿中，存滿一隻樸滿後；再換存另一隻樸滿，雖然把「錢」節省下儲蓄，但樸滿中的錢是「睡著」狀況，我們把錢留住了，但是一天天日子過去，物價會慢慢上漲，而「錢」實際價值會逐漸減少喔！但如果把「錢」從樸滿中拿出來存入銀行，你存入的金額會額外收到一些

「利息」作為報酬喔！這時候你的「錢」就不是在睡覺，而是在流動的狀態喔！當我們把「錢」存入銀行裡，就是把「錢」先借給銀行，而銀行將資金再做投資運用。而你把「錢」放在銀行中你會拿到一張金融卡、一個可以存放現金的地方與活期存款本子，目前最常見的存款種類有：

一、**活期存款**：是存入銀行的錢「隨時」你都可以提出來使用，方便性增加，當然機動性高銀行比較不能拿你的錢去借給他人或轉做其他投資，所以也只能給你微薄的「利息」喔！

二、**定期存款**：當你把「錢」存入銀行裡，就會有一段時間你不能隨時提出來使用，它是「有期限性」的提領，你的錢會有固定時間不能隨意動用，所以銀行方面就可以將你的「錢」暫時提取做其他投資，而銀行也願意給你較高額的「利息」當作報酬。（但「定期存款」的錢也不是完全不能動用，你還是可以提前解約，但銀行給你的「利息」就會大打折扣了。

三、**零存整付**：開戶時由存戶約定期限，按「月繳」存入本金，它的利息計算就是按月「複利」計算，到期一次提取本金加利息。比如說：每個月都需要存入銀行新台幣4,856元，以定儲利率1.15%來計算月付金額，存款5年後能存到30萬元囉！（外面有許多可以計算複利的方程式可以利用）。

零存整付：本金×（（1＋利率12）期數－1）/ 利率 / 12

四、**整存整付**：將本金一次存入銀行，每月產生的利息都會滾入本金，成為本金的一部份，利息採月複利計算，存戶依約定以固定或機動利率計息，通常本金最少為新台幣一萬元，這是一般民眾最熟知的定存方式。計算公式：整存整付的本利和＝本金*（1+月利率）^期數，月利率＝年利率/12。假設存款一百萬元，年利率為1.15%，

一年利息＝100萬×（ 1 ＋1.15%（利率）÷12（期））^12–100萬＝11,561元

五、**存本取息**：你在期初存入一筆本金，每月領取固定利息，利息可以提領現金，也可以在開戶時就指定利息存入活期帳戶，到期後在領回本金，利息就以「**單利**」來計算。

以上這些都是我們將「錢」存入銀行的存款方式，希望我們存入的「錢」可以滾動出較高的利息，我們的「錢」就不會睡著。

什麼是「利息」及「利率」呢？

「利息」就是借錢給別人經過一段時間後，對方還錢給你時額外會再給你一筆小錢，作為借錢的代價，這小筆錢就是「利息」。「利率」把利息除以借錢金額的百分比，這百分比就是「利率」。要有較好的投資效果，最重要就是「複利」與「時間」，「複利」之所以具有如此強大的力量，主要是經過「時間」加乘作用，「時間」越長「複利」力量越強大。

媽咪跟我說關於「複利」的故事，故事主角是智者阿基米德與國王下棋，結果阿基米德贏過國王，這位國王信也守承諾，願意給予他一些獎勵。而阿基米德哥和國王說：「我只要在棋盤上第一格放1粒米，第二格放2粒米，第三格放4粒米，第四格放8粒米⋯⋯，每一格都放兩倍的米，把棋盤全放滿米粒這樣就好。」國王一口答應心中開心極了，這樣的獎勵要求不困難：「這個阿基米德不要珍珠寶石，居然只要米粒！實在太容易達成了，也知道阿基米德是不懂生意只懂念書的傻子。」原本國王認為付出約一牛車的米就夠應付這賭輸的承諾。但⋯⋯出乎國王意料之外，64格的棋盤時看起來不多，但國王大概放到第35格就破產了，最後只能跪著和阿基米德求饒，這是什麼原因呢？

答案：是因為「**複利**」的關係。**「複利」指的前一期的利息加入本金後，再一起計算下一期的利息。相對的「單利」計算利息時只算本金，不會把前期的利息滾入本金一起計算。**

格數	米粒	格數	米粒	格數	米粒
1格	1	22格	2097152	43格	4398046511104
2格	2	23格	4194304	44格	8796093022208
3格	4	24格	8388608	45格	17592186044416
4格	8	25格	16777216	46格	35184372088832
5格	16	26格	33554432	47格	70368744177664
6格	32	27格	67108864	48格	140737488355328
7格	64	28格	134217728	49格	281474976710656
8格	128	29格	268435456	50格	562949953421312
9格	256	30格	536870912	51格	1125899906842620
10格	512	31格	1073741824	52格	2251799813685250
11格	1024	32格	2147483648	53格	4503599627370500
12格	2048	33格	4294967296	54格	9007199254740990
13格	4096	34格	8589934592	55格	18014398509482000
14格	8192	35格	17179869184	56格	36028797018964000
15格	16384	36格	34359738368	57格	72057594037927900
16格	32768	37格	68719476736	58格	144115188075856000
17格	65536	38格	137438953472	59格	288230376151712000
18格	131072	39格	274877906944	60格	576460752303423000
19格	262144	40格	549755813888	61格	1152921504606850000
20格	524288	41格	1099511627776	62格	2305843009213690000
21格	1048576	42格	2199023255552	63格	4611686018427390000
				64格	9223372036854780000

阿基米德要求放米在圍棋格上當作獎賞

既然我們把錢存在銀行後，銀行就會給我一小部分的利潤當作獎勵，那我們該如何知道這「利息」是多少呢？其實我們可以跟著爸爸媽媽去銀行或查看銀行網站都會有明顯的牌告顯示喔！在牌告上你會發現「機動利率」與「固定利率」，它是什麼意思呢？

「機動利率」表示利息會隨著外在經濟環境而變動，而銀行有權去更改利率。對我們身為存款戶（存戶）而言：「利息」給予是有不確定性，但「機動利率」會比「固定利率」高一些喔！

「固定利率」利率不會變動，表示你決定要多久時間的定存，銀行就會給你確定利率是多少錢，只要你「定期存款」不要中途解約，到期時銀行就會依照約定利率支付給你利息喔！

理財小問答

1）請告訴我在右圖中「活期存款利率」是多少嗎？

臺灣銀行
BANK OF TAIWAN

類別	期別	金額	機動利率	固定利率
定期儲蓄存款	三年	一般	1.165	1.115
		五百萬元(含)以上	0.290	0.280
	二年～未滿三年	一般	1.115	1.075
		五百萬元(含)以上	0.260	0.250
	一年～未滿二年	一般	1.090	1.070
		五百萬元(含)以上	0.240	0.230
定期存款	三年	一般	1.115	1.065
		五百萬元(含)以上	0.290	0.280
	二年～未滿三年	一般	1.090	1.040
		五百萬元(含)以上	0.260	0.250
	一年～未滿二年	一般	1.065	1.035
		五百萬元(含)以上	0.240	0.230
	九個月～未滿十二個月	一般	0.950	0.910
		五百萬元(含)以上	0.200	0.190
	六個月～未滿九個月	一般	0.835	0.795
		五百萬元(含)以上	0.170	0.160
	三個月～未滿六個月	一般	0.660	0.630
		五百萬元(含)以上	0.140	0.130
	一個月～未滿三個月	一般	0.600	0.600
		五百萬元(含)以上	0.110	0.110

類別	利率(年息%)				
活期存款利率			0.080		
活期儲蓄存款利率			0.200		
薪資轉帳活期儲蓄存款			0.250		
證券戶活期儲蓄存款			0.030		
信用卡循環信用差別利率	5.339	7.339	8.339	9.339	11.339
基準利率(按月)			2.616		
基準利率(按季)			2.616		
定儲利率指數(按月)			1.089		
定儲利率指數(按季)			1.089		
中華郵政一年期定期儲金機動利率(未達五百萬元)			1.060		
中華郵政二年期定期儲金機動利率(未達五百萬元)			1.095		

請注意：
1. 本行配合中央銀行規定，自98年2月13日起停止受理舊資戶申請定儲利率指數調整週期之轉換事宜。
2.「中央信託局定儲利率指數（按月）」= 1.070%，「中央信託局定儲利率指數（按季）」= 1.070%，適用於合併前中央信託局舊客戶。

2）請告訴我定存一年（一般）「機動利率」與「固定利率」各是多少？

3）你可以簡單說明什麼是「複利」嗎？

4）你認為儲蓄在銀行優缺點是什麼？

5）我們把錢存入樸滿，錢就會變成沉睡的錢，如果我要叫醒錢，可以怎麼做呢？

6）你可以簡單說明什麼是「資產」？什麼是「負債」？

解答：

1）「活期存款利率」為0.080。

2）一年一般「機動利率」為1.065。「固定利率」為1.035。

3）「複利」指前一期的利息加入本金後，再一起計算下一期的利息。

4）自行回答。

5）可將「樸滿」的錢存入銀行帳戶，或是投資股票或基金。（建議的做法）

6）簡單來說「資產」就是能把「錢」放入你口袋的東西，而「負債」就是把錢從你口袋拿走的東西，這是最簡單的定義。

給父母親的提醒

1）「儲蓄」算是所有理財動作的第一步。我們除了教育孩子正確的儲蓄觀念外，更應該更早讓孩子養成良好儲蓄習慣。鼓勵孩子儲蓄存錢，可從「發零用錢」開始。有些爸爸媽媽認為零用錢是讓孩子日常花掉的，因為給出的金額不多，即使孩子全部花光也沒關係。重點不是在與金錢給予孩子的多少，而是孩子對於「錢」使用的觀念與正確使用，儘管給「零用錢」不多，父母也要「半強迫」要求孩子把多餘的錢想辦法存下來，讓孩子知道「儲蓄」的習慣是對於「錢」的對待方式，並不是大錢才要想法子存，小錢就不用花精神去注意喔！

2）給孩子的零用錢也可以讓孩子去體會沒錢之苦，或是去體驗亂花零用錢後所帶來的不便。例如：當孩子拿到零用錢後，全部拿去買零食吃（父母暫時不要去阻止孩子），到了真的需要用錢的時候，孩子便會苦苦哀求向爸媽撒嬌求救時，爸媽再趁機會選擇不出手幫忙孩子，讓小孩處在困難或需要預支未來零用錢時，讓孩子知道當他（她）拿到錢後去亂花，將會讓自己帶來困擾與麻煩，去學會去控制「想要」的慾望，學習「需要」與「想要」該如何去做出決定，才不會讓自己「缺錢」的麻煩。

3）建議父母可以為孩子先挑選使用透明撲滿，可以讓孩子看到投下存入的每一塊錢，而每次小孩將零錢投入餵入豬撲滿時，每一塊錢都能讓孩子獲得成就感。同時；還可以運用多個小容量的小撲滿讓孩子去存錢，因為小樸滿存滿需要時間較短，可以讓孩子在儲蓄功課學習上充滿更大成就，讓孩子保持存錢的意願。

小朋友你知道家裡日常有哪些生活開支？花在飲食、服裝、固定花費到底有多少錢呢？或許你會聽爹地媽咪提到過，要維持一個小家庭的生活很不容易，凡是處處都要「精打細算」，生活才能維持一定的品質與安心。

現在我們來了解我們的爸爸媽媽在生活中，是如何進行各項的安排與花費計算後，才能讓我們每天的日常生活「衣食無憂」！

2-3 爹地媽咪為什麼要做「家庭預算」？

我們每個人的家庭生活在食衣住行育樂項目中，每一項目都是需要用到錢，所以父母在生活中有大部分的溝通可能都在對這些細節在做討論，當你越來越大時會發現，有些討論時你的爸媽也會徵詢你的意見，問問看你的想法與喜愛等，這些都在在顯示父母親重視你，你也越來越能了解家庭生活實際的樣貌。

你會有疑問：「在家裡爸媽為什麼要這麼重視、計較錢呢？」原因很簡單：「『錢』幾乎能解決家庭中所產生任何問題。」想要有個良好的生活品質或氣氛，「錢」的因素影響非常大，當然也可以讓家庭內做更多的事，完全更多「想要」做的事。而家中的錢的來源來自於何處呢？幾乎來自爹地、媽咪出去上班工作換去金錢，爸媽必須每天有一定的工作時間在工作場合貢獻，利用專業能力去交換金錢。有些父母自己本身或原先家庭就有自己的店面、工廠，或是有些父母會各自接案件在家裡完成，儘量在雇主要求的時間內去完成交辦事務。而這些雇主或是老闆就會付出「薪水」或「工資」，這些錢也是我們每個家庭收入的來源之一。

爹地媽咪收到每個月的收入後，就必須針對家裡的各項開銷做出計畫，將「錢」分別分配在各項支出，當然還必須做出一些投資理財或儲蓄的動作，滿足家庭中「需要」與「想要」等支出。而這些家庭計畫可能是由媽咪做或是爹地來規劃它，而他們會針對每個月不同節日或家裡計畫會有所調整，所以很多時候都是父母親雙方必須要共同參與；達成共識，有時爸媽會為此而脾氣不太好，彼此也會大聲爭執著，這時的我就會看臉色乖乖坐好，或是在房間做自己的功課，騰出空間讓爸媽可以做討論。家裡各項物品都需要錢，當然有時也會遇到「入不敷出」的狀況，這時候爸媽就會要找銀行做貸款的動作。當我們年紀越來越大時，就必須要開始了解家裡的支出情況，開始要幫父母去注意平時開支，學習去做節省。例如：沒人在房間內就可以順手關電燈，也不要隨時要求父母幫我們買「想要」的東西（「想要」只是滿足個人的慾望），也不需要隨時要求父母出門逛街買東西，或經常在外面餐廳吃飯等等，這些都是體貼父母親的方式。

我們長大後要表現出關心家裡經濟狀況，試著去了解家中每月實際支出（水電、瓦斯、電話、房屋貸款、醫療費、交通費、學費補習費、娛樂費等），雖然不要求每筆支出清楚知道，但至少要知道大約費用是多少錢，每個月支出占所得的比重為何？另外我們也可以學習了解家庭資產（房屋現值與負債，每月需要付多少貸款），家庭每月需要付出多少保險費用是多少錢等，試著跟著爹地媽咪了解家庭資產的負債情況，這可以讓我們了解自己家庭最真實的情況，因為我們是屬於家中的一分子。

理財小問答

1）你知道家中的各項花費是多少錢嗎？如果不知道可以跟爹地媽咪詢問喔！試著完成這份家庭支出記錄表。

月支出項目	金額	年支出項目	金額
房屋貸款/租金		學費/學雜費	
水費		所得稅	
電費		汽車燃料稅	
電話費		汽車牌照稅	
瓦斯費		房屋稅	
有線電視費		地價稅	
車子加油費		房屋保險	
租車位		全家保險費	
健保費(全家)		汽車維修/保養費	
食物費		旅遊費	
補習費		紅白帖應酬	
才藝班費用		孝親費	
外食餐費		投資(股票基金)	
娛樂費		其他(　　　)	
孝親費			
其他(　　　)			

2）請你寫下你要如何變富有的五種方式？

3）在家庭生活中你可以分辨哪些是生活中的「需要」哪些是「想要」？以下物品你可以區分「需要」與「想要」，你認為的欄位做記號。

項目	需要	想要	項目	需要	想要
食物			高級餐廳用餐		
車子			名牌汽車		
名牌手錶			手錶		
背包			名牌皮包		
名牌服飾			衣服		
白開水			罐裝啤酒		
感冒藥			靈芝燕窩		
床			按摩椅		
運動鞋			名牌運動鞋		
書籍			平板電腦		
手機			名牌手機		

解答：

1）自由發揮。

2）自由發揮。

3）自由發揮。

給父母親的提醒

1）現在父母親對孩子有極高的期待，會安排各種才藝課程，而這些費用該如何安排。才藝費用在教養費用中並不是「必要支出」，尤其當父母親的經濟條件有所改變時，才藝費用往往是被先被刪除的費用。所以父母在安排孩子學習才藝時，應該要考慮讓孩子學習這才藝的目的是什麼？這才藝要學習多久時間，如果父母親希望培養孩子這「才藝」變成「專長」時，就要有長期投資的財力準備。如果只是培養孩子多元興趣，那就不要計算「投資報酬率」。依照簡單的「比率法則」一般家庭的收支有3～4成的收入用來支付房貸或房租，3成用於日常開銷，還要預留1成當作家庭緊急備用金，扣除各種支出，在子女教

養費占家庭收支的3成為支出上限，才能避免支出超過。而現在夫妻在相處時也常為孩子學習「才藝」而常發生口角，原因在於希望孩子學習這項「才藝」能變成他「專長」，往往忽略孩子的「意願」與「天賦所在」，反而造成家庭額外經濟支出，間接也造成夫妻的爭執點，所以在此項目考量也要讓父母多思考討論。

2）每一位父母都是生了孩子後，才開始學習當父母。當然；希望我們的孩子能接受好的教育，但好的不代表是貴的喔！當我們每天省下100塊，靠著穩定投資的複利，在18年後就會變成100萬元，可以讓我們的孩子在上大學前擁有一筆教育費用。而身為父母的我們若能提前幫孩子準備教育基金，或是能從小讓他一起參與理財儲蓄計畫，讓孩子從旁去學習儲蓄理財，這在孩子成長的過程是一項極佳的學習，父母會盡心的以身作則，教導我們的孩子如何運用金錢，如何有效地花費使用，以及投資等的觀念。

3）根據FINLEA財金智慧教育推廣協會「2018台灣中小學生理財現況調查」顯示，台灣小孩最愛存錢，但學習理財知識管道是靠「上網」，從網路散佈的訊息來學習理財觀念。有3成的中小學生幾乎沒有理財知識的自學管道（沒有上網機會），而且他們的父母也幾乎不會和小孩們去討論怎麼跟銀行借錢、還錢或是進行投資，這反映台灣父母根本不理解如何理財，或是該將「金錢」做何種的投資管道，所以無法教導孩子進行理財。問小朋友會儲蓄存錢的原因，小學生回答45%表示「存錢是個好習慣」（因為學校有安排相關課程學習），中學生則是36%因為「想買想要的東西」，顯示我們儲蓄觀念已從小培養已經習慣成自然了。在調查中顯示青少年、兒童的理財觀受家人影響非常大，而台灣父母相當務實保守，父母們幾乎不和孩子去討論信用問題如怎麼借錢或還錢、投資以及保險等相關問題。其實這是值得我們關心，原來台灣父母親在理財觀念中，不但對理財知識不足夠（缺乏知識），並且也無法在工作生活空閒時間去吸收理財新資訊（沒時間閱讀理財資訊），所以在理財觀念完全是以「人云亦云」或道聽塗説方式進行理財，這樣不但盲從而且危險，在理財書籍與專業理財節目的製播傳播上，現在都是非常需要的。

你有沒有想過……家裡為何要有「儲蓄」呢？

如果沒有錢，家裡會遇到什麼樣的困難呢？

你有看見爹地媽咪有曾經為了「錢」而愁眉苦臉或是大聲爭執嗎？最後是如何解決的呢？

或是你現在家裡是金錢預算是足夠的，所以父母親都可以讓你去學習你所想學的、想看的、想知道事務或課程呢？那他們是如何規劃的呢？

2-4 為什麼家裡要「存錢」？

俗話說：「天有不測風雲，人有旦夕禍福。」意思就是每一個家庭與人都將會面臨到「突發意外」，所以都必須做足準備或對策，以便於面臨意外時可以不慌不亂；從容處理危機。例如遇到父母親突然失業、家中突然遭逢天災地震、房屋失火或受鄰居失火所波及，或是家中成員突然生重病重傷時需長期住院就醫或死亡，或家中遭逢偷竊案等等，這些意外是即使你已經處處小心再三，但它仍是無法去避免，所以每個家庭與每個人就需要身邊都有一些金錢可隨時運用的錢，以便因應不時之需，這就是家裡為何要「存錢」的最主要用途：因應意外的使用。

對於一些在預料中花費，父母親們可能會在平日收入進來後就會妥善去規劃用途，自然而然「必要性用途」的錢會被預留下來，至於有多出一小部分的錢，爹地媽咪可能會花在「娛樂」或「儲蓄」上，而「儲蓄」這部分也是因應「意外」用途的規劃喔！在「儲蓄」部分爹地媽咪也會保持一種想法：不到危急時，決不輕易動用。這也是一種家庭秩序的維持，因為不能因為這個月錢不夠支付卡費或其他開銷，就輕易將儲蓄下來的錢用掉，如果沒有這點清楚認知，家裡很可能「隨時」都是沒錢的狀況，反而被「錢」牽制而犧牲應有生活品質了。

另外；我們是不是能清楚知道「節儉」與「吝嗇」的分別？像我年紀小一些時，我們班上有些淘氣討厭的同學會欺侮我，對著我喊「小氣鬼」，起初我也很生氣，不知道同學們為何要叫我「小氣鬼」，我就去報告老師，之後老師要同學跟我道歉，我才原諒了他們。那時我才知道原來我的同學們覺得我不吃零食；也不花錢買飲料喝，就是個「小氣鬼」表現，哈哈……我告訴他們我不吃零食是因為我有自己愛吃的零食種類，我

媽咪都會幫我在家準備好，所以我在外面不會買零食。不買飲料是因為我很會流汗，所以要補充大量水分，水也是最好的解渴飲料，我就不會想買飲料喝了。我從小媽咪就告訴我許多聰明花錢的方法，所以我要更聰明來使用我的每一塊零用錢。

媽咪告訴我「節儉」與「吝嗇」的差別在哪？除了是字面上不同外，裡面意義也明顯不同呦！像「節儉」是屬於當用則用；當省則省。而「吝嗇」就是指該用的不用；不該省的也拼命省。舉個例子來說：在家裡做功課時，廁所、廚房若沒有人在使用就可以關電燈，避免不必要的電力浪費，這就是「節儉」。而我們在做作業時也需要充足燈光才不會損傷視力，如果看書寫作業卻只開夜燈或點蠟燭，這樣雖然省錢但會嚴重損害視力；影響健康，這是不聰明作法就是「吝嗇」了。

所以我們常常會嘲笑別人「鐵公雞」、「一毛不拔」都是說對方當用不用，反而變本加厲的苛刻節省，這樣的金錢觀念就是被扭曲，絲毫不知道「錢」可以創造出美好回憶，與提高生活品質的真正意義。像在台灣有許多慈善團體，它們會針對不同的群體進行關心或實際的募捐扶助行動，除了跟社會大眾去募集資金，可以利用這些資源去關懷社會福利照護不到的角落，這時候的「錢」就會產生它的效應，使更多人過得更好或是困境獲得改善，這就是「錢」可以做好事的地方。（雖然仍有些團體善款會被有心人濫用，但畢竟是少數。）

「節儉」與「吝嗇」是對金錢使用的一種態度，而非是一種標籤。不管這個人是否是非常吝嗇小氣，但總是會將錢花費在他認為正確的用途上，我們就不該隨便去評斷他人，別人要如何去使用他自己的錢財，旁人們沒有資格去干涉他，除非他的行為已經讓你受到干擾，否則我們應該學習去尊重每一個人使用金錢的權利。媽咪就說過一個故事給我聽：在以前媽咪住的眷村裡有一位伯伯，身上的衣服都是一塊塊的補丁，而腳上的鞋子也是修了又補；都捨不得換新鞋。平時伯伯會用麵糰做一些饅頭、包子或煎餅讓附近孩子在放學後可以吃點點心，都是免費供應的。而這位終身未娶妻的伯伯就被媽咪的那輩孩子戲稱「小氣伯伯」，這「小氣」意思是

說伯伯對自己太小氣，但對周遭孩子們卻大方極了。直到伯伯年紀大了；病了，還會掛心鄰居的孩子們有沒有東西吃，有沒有認真念書做功課。等到伯伯去世後還將所有的身家財產都捐出，足足有台幣一千多萬元，分別捐給孤兒院與當地小學圖書館，都是小氣伯伯平時「省吃儉用」省出來的。即使「吝嗇」也是伯伯吝嗇對待自己，並沒有傷害到其他人，而周遭的人都會記住這一位好伯伯。

知道每個家庭都需要儲備一些應急的金錢外，最好的方式就是將錢存入銀行中，既安全也有保障。而當我們將錢存入銀行中，就會希望這一筆錢除了安全被保管外，如果能多出一些些「利息」，那就太棒了。而「利息」也是銀行獎勵存款人的利益與報酬，有了「利息」存款人就會有更大動力把錢借出去或去存款的念頭。我們前面有提到計算利息的方式，其中一項簡單的叫做「單利」，它指在約定期間內（通常是一年或12個月）讓原始存款金額「固定增加」一定比率的利息。

以下是一個簡單的例子：以原始金額1000元存入，年利息為10%，而「本利和」指投資金額加上所獲利息的總和，所以本利和通常會大於本金。

年數	投資本金金額	每一年增加利息 <假如設定10%>	每年年底本利和
1	1000元	10%	1100元
2		10%	1200元
3		10%	1300元
4		10%	1400元
5		10%	1400元

當然把錢做儲蓄是好方法，但目前銀行「利息」並不像我舉例子「利息」有10%這麼的優渥，要靠銀行來賺錢可能是不會如預期的好喔！但沒關係，我在後面會提到其他可以讓「錢」可以為我們「工作」的方法，就讓我們慢慢地說下去囉！

理財小問答

1）請你說出「節儉」與「吝嗇」的差別（在後面空格中打「✓」）。

No.	項目	節儉	吝嗇
1	隨手關閉水龍頭		
2	隨手關燈		
3	食物不願意跟別人分享		
4	玩具不借同學玩；避免損壞		
5	以走路代替坐公車上學		
6	到圖書館借書替代買書		
7	可以多去超商或公園使用廁所，自己家可以省水電		
8	去超商順便買多東西時，多凹一些餐巾紙或面紙回家		
9	可以多使用一些折價券來購物		
10	可將辦公室或學校的紙張與筆帶回家，可避免物品浪費		
11	購買二手書或二手物品可以多省錢		
12	可以將公園種植的花，拔回家種植，家庭景觀也會變好		
13	購買打折商品可多省錢		
14	可以拗好朋友多請客，這樣自己可以不用出錢買		
15	不和兄弟姊妹輪流使用物品（我要有自己專屬的）		

2）計算銀行「單利」利息。以金額5000元存入，年利息為10%，在4年後「本利和」金額是多少錢？

年數	投資本金金額	每一年增加利息 < 假如設定10% >	每年年底本利和
1	5000元	10%	5500元
2		10%	元
3		10%	元
4		10%	元

解答：

1）號碼：3、4、7、8、10、12、14、15是吝嗇，其餘是節儉。

2）第2年本利和6000元，第3年本利和6500元，第4年本利和7000元。

給父母親的提醒

1）在古籍聖訓《雙節堂庸訓》中有提到：「儉，美德也，俗以吝嗇當之，誤矣。省所當省為儉，不宜省而省，謂之吝嗇。」又說「儉之為弊，雖或流於吝，然於其奢也，寧儉。治家者不可不知。」這段文句的意思告訴我們：節儉是美德，不可把它與吝嗇混為一談，該節省的就要節省，這是儉。而不該省的錢，在生活使用或人際關係處理上必須花的錢，也不願花，硬要去節省，這叫吝嗇。成功管理金錢的要點：在花錢與儲蓄之間找到平衡點。若是孩子在金錢上有浪費當然不可以，但過於吝嗇，也容易造成孩子較為「自私」的性格，在日後人際關係相處上則不容易與他人共處合作，所以在教導孩子學習分辨「節儉」與「吝嗇」上也需要多一份心思去帶領喔！

2）學習理財教育過程中，遇到孩子有不對或不明瞭的地方，一定要即時教育，它的成效勝於日後補強教育。尤其是「分享」這部分一定要讓孩子很清楚「施比受更加有福」，讓孩子學習分享的意義，了解分享可以讓周遭的人更加融洽相處。像孩子在外面看見攤販車在販賣雞蛋糕，當孩子要求父母親幫他買，而父母同意付錢後，便請求孩子可以分出一口給父母親時，有時孩子卻大哭說「不要」，這時有些父母親便放棄要求，是避免孩子繼續哭鬧。但是我則建議該讓孩子清楚：「這雞蛋糕是父母親付錢才有的，怎麼可以不分享給出錢的父母呢？」慢慢去導正孩子的觀念與態度，因為分享才能讓家人感情更親密，因為分享才能將「愛」藉行為做出表達。

3）當看見國內發生天災損害或需要援助的弱勢團體或個人時，我們也要給孩子「機會教育」，讓孩子了解這些人在失去家園或財務，甚至於身體受到傷害時，心靈精神與物質上是急需外界給予援助，可以讓他們能度過急難危機，所以我們若有「行有餘力」時該有懷抱「同理心」給予援助，不管力量大小與否都是一份心意。將家中多餘物資捐出，也可以讓遭遇苦難的人們可以暫時有份支持援助，可以有勇氣繼續面對明天。這樣「分享」的教育對於孩子人格的養成是非常重要的，可讓孩子在積極創造財富、管理資源學習下，還能理解不斷地幫助那些比我們不如的人，才能使社會走向積極正面；互助互惠下更加美好。

每天我回家後，媽咪就會準備一頓美味的晚餐，有時是清淡可口；有時會豐盛無比，有時也會吃便當或披薩，這都是媽咪與家人為我們準備晚餐的心意。

你知道每一頓菜餚早午晚餐的費用，媽咪爹地大約是花費需要多少錢（去除有些時候家裡有賓客會準備極其豐盛以外），一般的家庭在餐費使用上會花上多少錢呢？

現在讓我們來看看這有趣的統計吧！

2-5 餐桌上餐點要花多少錢？

在好久好久以前的我們的祖先們，對於家中餐桌上的菜餚，大都是採取自行耕作，畜牧或是打漁取得，就是以務農為主的社會型態，除了自家可以食用外，更可將多餘的農作漁獲拿去市場變換現金，甚至交換、購買家中生活上其他必需品，所以在餐費的拿捏上很大一部分都必須看「天氣」來吃飯，這怎麼說呢？

如果在一年當中的天氣都是風調雨順，雨水豐盛的狀況下，自然農作收成自然無虞。但如果雨水多（水災）或是缺水（旱災），或是颱大風下大雪對農作收成就會有非常大的影響，而對漁牧業也是會有相同影響，所以靠天吃飯就得要看天臉色，才會知道今年收成如何？有幾成收穫？

每家桌上的菜色大都看各家經濟富貧狀況也有所不同，富裕家庭自然菜色準備很豐盛，每餐大魚大肉的上桌，若是家境小康自然準備一般家常菜色。但若家境更為貧脊，桌上菜餚的花費就會更加是有限。現在爸媽會為了讓孩子們營養均衡；可以長高長壯，盡可能在菜餚食材準備上營養兼具，或是挑選也選擇「有機蔬菜」（價格較貴）或室內植栽蔬菜，這些在價格上就會比一般蔬果有一截的價差，在選購食材上如何「精打細算」就是每個家的媽咪很重要的生活與經濟大挑戰了。

我有問過媽咪；我們家裡每個月花在飲食上需要多少錢呢？媽咪拿起記帳本說：「家裡餐費並沒有一個固定的數字，但是它會佔用當月份收入的1/4或1/5的比率，都會儘量將費用控制在一萬以下，如果當月份餐費（買菜與日用品）支出金額變多，自然會把家中其他項目花費做些節省，避免家裡發生缺錢的危機。」媽咪常常會收到各家大賣場的商品DM目錄，就會知道那些日常用品或蔬菜水果目前銷售優惠價格是多少錢，這樣注意市場的價格，對費用節省上也是好方法，那下次有空媽咪再帶我一起去走走喔！

有時我問媽咪有些便利商店離我們家很近，為何不去那裡買就好，距離很近很方便？媽咪說：「大型量販店離家距離稍遠，但相較一般超市或便利店在品牌選擇上更多樣化，而且價格也會較為優惠一些，所以精算起來大量購物當然選擇量販店採購，才能經濟實惠。而便利店比較圖的是方便性，但價格則較高些，所以在商品購買上各有各的優點，就看你如何選擇。」

商品名稱	連鎖便利商店 7-11、全家	中型賣場 全聯、美聯社	大型賣場 好事多、家樂福
舒X衛生紙	★★★	★★	★
XX品牌即溶咖啡	★★★	★★	★
XX品牌飲料	★★★	★★	★
XX品牌零食	★★★	★★★	★

（星星代表價格高低，三星表示價格高，一星表示價格低、數量多）

由上圖就知道：到大賣場購買價格可能便宜些，但是單一包裝數量分量就會很多，一般小家庭在購買上就會多加考慮。而便利商店商品數量少；選擇性也少但是緊鄰我們住家附近，很方便就可以買到，可以節省時間，所以價格可以就會偏高囉！卻沒有大賣場的缺點（包裝數量少），很適合居家小量補充採買。

至於家裡餐桌上的菜色，媽咪為了讓每天餐桌上不要一成不變的菜餚重複出現，她總是絞盡腦汁；不斷地去變換菜色，為的是讓家人可以有不同的菜色視覺與口感，又要兼顧營養均衡，所以每家的媽咪真是太萬能太厲害了。既然菜色每天都要有不同，自然食材買入準備每次價格就會不同，所以每位媽咪都會精打細算在每天的菜錢上，因為每家庭每天都要吃飯，若不好好計算，則容易造成餐費會超過預算，而每月也幾乎存不到錢的窘境。像我們家目前有三個人，媽咪都會小心掌控菜錢，儘量不要讓每月超過1.5萬元（因為家住在台北），媽咪說買菜有一些小技巧，雖然我是小男生，但是媽咪還是希望我也能學習省錢小技巧喔！

一、**煮一鍋咖哩是白飯的好搭配。**我就非常喜歡吃咖哩，咖哩裡面可以加入牛肉、雞肉或其他食材。燉煮一鍋咖哩可以分成多餐來享用，對餐費會節省又美味。

二、**買菜前先列好購買清單。**媽咪在每次採買前都會打開冰箱，看看冰箱還有剩餘那些食材，以免買到「重複食材」，她會列出採買清單後按需要購買菜色去買菜。

三、**貨比三家不吃虧。**媽咪會參考超市賣場所寄來的DM商品目錄，了解目前各種商品價格價差，她說多比價不吃虧，也會有助於省錢。

四、**內行人會知道的超市「打折時間」。**每家超市在打烊前的倒數1～2小時，就會將某些商品做促銷（海鮮、熟食或麵包），所以在這時候也可以買到價格便宜的好商品，可以省下一筆小錢。

五、**採買當季節的蔬菜水果。**在每次颱風過後葉菜類的價格就會上漲，所以在這時間就以會根莖類蔬菜為採購對象，採購的數量也會看這食材能保存時間長久做出調整，不易保存蔬果就少買些，可以存放久的根莖類蔬果就可以列入考慮。

六、**食材小包分裝就不浪費。**家中冰箱一個月就會清理一次，避免食物堆積讓冰箱耗電，又顯得不新鮮。而每次採買食材如果量較多時，媽咪就會處理將它分成小包裝，方便之後再分袋使用。

七、**媽咪自己製作簡單糕點滿足家人的胃。**為了讓我可以參與幫忙家事，媽咪盡量利用假日去製作一些包子、饅頭、水餃或蔥油餅等麵食類點心主食，一方面讓我培養做家事能力，一方面也能節省下餐費，除了享受到不同食物口味，更能凝聚家人對家的情感喔！

八、**餐桌上多增加一些涼拌菜，開胃又清淡。**尤其到夏季時天氣炎熱，有時吃飯時胃口都不太好，媽咪就會買些涼拌小菜（分成小袋冰存），就可以在每餐餐桌上有些酸酸甜甜的菜餚可以開胃。

所以小朋友你吃飯時，可以注意看看今天桌上的菜餚大概要花多少錢，就知道我們每天吃的一碗白飯要多少錢，一片吐司麵包大約要多少錢，可以知道我們生活中「餐費」的部分，它在每天的花費中占有多麼重要的比率喔！

理財小問答

1）你可以知道自己家中每月餐費需要支出多少錢？

2）你可以説出一包衛生紙與沐浴乳（或肥皂）的價格約莫是多少錢？

3）你有去過大型賣場嗎？它都賣哪些東西嗎？令你印象深刻大型賣場的東西都是如何包裝銷售的？

4）你有去過家裡附近的便利店（7-11、全家、OK），你大都是去購買什麼商品？常去購買嗎？商品在其他賣場價格會更便宜嗎？

5）喜歡陪家人去賣場買東西嗎？

6）喜歡的理由？不是很喜歡的理由？

7）你有看過哪些超市賣場的商品目錄 DM？你通常會先看哪些商品呢？媽咪會先看哪些商品呢？家裡其他成員會看哪些商品呢？

解答：

1）自行回答。

2）自行回答。

3）自行回答。

4）自行回答。

5）自行回答。
6）自行回答。
7）自行回答。

給父母親的提醒

1）「有錢，是教出來的」很多富人都很注重孩子的理財教育。而父母就是孩子最好的理財教練，原因在於孩子會模仿父母親的行為，當然在消費與儲蓄習慣也是一樣。孩子在年紀小時父母親會讓孩子理解「錢，是父母辛苦賺來的」，在花錢買東西時會要孩子珍惜物品，不是想要孩子隨時都可以索取。當孩子上國中後，就開始有自己的「零用錢」開始訓練孩子對於「錢」的支配能力與花錢消費的項目，父母親要孩子知道：每一分錢都要盡量花在刀口上，不要認為小錢就隨意浪費掉。到高中時孩子已有自己消費觀念與模式，父母親就必須更注意孩子的「金錢觀」，避免孩子為了要有朋友同儕認同而用「錢」去維護友誼，如果交朋友需要花錢，當你沒有錢的時候，也就沒有朋友了。等到了大學的階段就必須灌輸孩子投資理財的觀念，讓孩子確實去了解把金錢放在「投資」上的重要，並真正去了解「需要」與「想要」的區別，學會了解將金錢投資在會增加資產的項目上，才能讓錢去賺錢才能有較佳的效果。

2）帶小朋友上菜市場也是一種社會課程學習。傳統菜市場的每一個攤位都緊鄰著，除了濃濃人情味還有許多商業上買賣的小技巧，除賣菜的吆喝聲此起彼落，砍價聲招呼聲也不絕於耳，使得菜市場是很棒商業行為的學習好場所。雖然地面環境有時會有髒亂外，更是實際社會與生活的縮影。帶孩子來菜市場最能看清生活最本真的樣子，柴米油鹽醬醋茶的世俗就是平日你我的真實，雖然小小的菜市場卻是能給孩子一個提前去認識社會好機會。

3）市場教會孩子如何做出取捨選擇，在物品與價格間如何快速做出考量決定，也可以看出孩子是否有猶豫不決的性格，是否知道做出取捨。學習與人交流，從孩子練習去詢價到議價，可以觀察到孩子如何與陌生人去做交流，讓孩子藉由互動模式去消除孩子膽怯感，是有助於人際關係的學習。學會惜福與分享，在市場的買賣模式，除了可以了解物價波動，可以比較出A家與B店家價錢差別，更可以讓孩子知道餐桌上的每一道佳餚都來之不易，除了感謝許多人的工作貢獻，更要懂得知福惜福，不要輕易浪費食物。也幫忙孩子建立起正確價值觀，以一把青菜為例子：從小種子的培育，中期的種植、呵護，到最後收割、運輸、進入買賣市場攤位上，這中間環節太多，要耗費的人力物力無法細算，但是這青菜的最終標價可能是我們當下知道的幾塊錢售價而已，因此；一米一菜都是來之不易，應該多加珍惜，每一塊錢也必需學習爭取去珍惜，不應該隨意去揮霍浪費喔！

4）孩子在長大學習過程中，接觸的人事物很多都是父母選擇好社會，想給予孩子的都是最好的物資條件與環境（視家中經濟條件有異），當下的孩子並不了解人情世故與社會原貌。到了菜市場孩子會有完全不一樣的體驗，在孩子眼中有賣菜的年邁老人或青年人，或是跪在路旁乞討的乞丐，有大聲討價還價的媽媽婆婆消費者，有時還會聽到大聲爭吵的交談聲，有拖拉著大小購物袋購物車的客人，更有邊走邊試吃的消費顧客，菜市場充滿人情世故與生活真實樣貌，是孩子親身體驗的真實，雖然這是生活一點一滴的瑣碎事，卻讓孩子見識形形色色的人間百態，建立多元化視角與體驗都有正面助益。

你的爹地媽咪的衣櫃有幾個？很大嗎，還是有獨立的更衣間呢？

他們衣櫥內有多少件衣服？搭配衣服的鞋子、配件（帽子、項鍊、耳環）都有各自儲放的位置嗎？

那我問你：你衣櫃有多少件衣服呢？它們購買自何處，是百貨公司、暢貨中心（outlet）、一般商店還是購買從網路上呢？它們來源是從國內還是國外呢？

這些或許你視為稀鬆平常的事物，可能都可以從中去學習掌握一些理財小訣竅喔！現在我們來聊聊衣櫥吧！

2-6 我的衣櫃有多少衣服？有多少玩具？

「艾倫，剛剛玩的玩具你要自己收回收納箱裡面喔！」「艾倫寶貝，你去把昨天穿過的黃色T恤找出來，放進洗衣籃，快點。」「艾倫，可以幫忙媽咪去把大衣櫥內裡面的藍色Polo衫找出來給我嗎？謝謝你喔！」

相信你的媽咪或爹地應該也會常請你去幫忙，在衣櫃衣櫥內找出某件衣服，幫忙家人去做些事情是位好幫手的表現喔！你有沒有發現你家人穿衣的風格，大都是什麼樣的衣服款式呢？你的爹地媽咪是否常常會幫自己或幫你去買一些新衣服，而新衣服通常都是來自哪裡呢？是國外設計的款式嗎？還是來自國內的設計師的品牌？是透過網路上去購買的，還是去百貨公司、暢貨中心、街邊門市商店、大賣場還是購買自夜市路邊攤位呢？

你穿衣風格（除制服外）是簡單風格，還是會跟著流行款式去穿著搭配，衣服不一定是要最流行或最新潮款式，至少衣服要美觀整潔、感覺舒適、輕鬆，有些衣服還要看它的功能性不同，比如說運動服或是泳裝。如果你要參加親戚朋友們的婚禮或喪事，你所穿著衣服也會有所不同。「人要衣裝，佛要金裝」有些場合要穿著得體大方並符合禮儀要求，這是很重要的社會人際關係學習的一環。衣服不一定要「昂貴」才是好衣服，也不一定購買自百貨公司的衣服才能顯得高貴典雅，要注意的是「人穿衣，而非衣穿人」，意思就是衣服的質感是透過穿著人而顯示出它的氣質，而非穿著「昂貴」的衣服就能讓你顯出好教養或高貴氣質喔！有些設計款或有品牌的服飾也會在暢貨中心（outlet）或大買場做打折銷售，有些連鎖的成衣商店也會提供「物美價廉」好服飾，就會讓家庭裡在「購衣成本」可以節省，更可以省下不少的錢。你可以看看自己與家人的衣櫥，是爆滿到關不上，還是可以輕輕鬆鬆的滑動衣架。家人是否會定期時間或一年去整理一下衣櫃裡的衣服，就不會發生同一款衣服會重複購買，或是買了衣服後根本不知道它在哪裡的問題。

另外還有些是跟家人購買衣服的習慣有關係，有些家庭的女性（媽媽或是姊姊）會對新款衣服特別喜愛，甚至會將薪水一半以上用在購買新衣服上面，但是新衣服穿過一兩次就不再去穿它，對於儲放空間與錢的部分都是比較不好的消費習慣，自然也就無法做儲蓄或投資的動作，漸漸地也就容易加入「月光族」（月光族是指月初有錢但到月底，發現戶頭裡已經所剩無幾，必須硬撐著直到發薪水的日子來臨），對理財是不好的觀念。

以下是我自己整理服裝購買地點的分類，可以知道服裝的價格的高低與品質多少都會有所關係。

地點 項目	百貨公司	暢貨中心	街邊門市	市場攤位
服裝價格	較高	一般	一般	便宜
服裝品質	品質佳	品質佳	品質佳	一般
服裝款式	較多	較多	多	一般
售後服務	有	有	有	可能有
流行感	有	有	有	可能有

像我平時所玩的玩具通常是爹地媽咪買給我，在得到新玩具前幾天我都會經常拿出來玩，還會帶去班上跟我的同學們分享，等到玩了一兩個月後，我就會慢慢失去興趣，轉向玩其他的玩具了，媽咪說我是「喜新厭舊」，我不是不喜歡我就的玩具，但如果有其他新玩具可以做選擇，我會更加開心，至於舊的玩具我只是比較少玩它而已。所以每隔一段時間，媽咪會跟我一起討論，哪些玩具是可以整理後跟其他小朋友交換分享，或是可以分送到偏鄉或孤兒院，媽咪就會跟社區內其他媽咪一起做玩具分類，將它做更有效的利用。媽咪也在學習將「需要」與「想要」分類運用在購買新衣服上面，對於購買衣服的用途會多加思考後才買，避免家裡的衣櫥面臨大爆滿的狀況，更可以避免不必要金錢的花用。媽咪針對衣服有自己的購物想法，媽咪常說買衣不是為了撿便宜，購物前會先訂出「清單」才會有效控制購買慾望。挑選新衣部分會先以「品質佳」為挑衣服原則，而一件衣服（單品）是否具備有三套以上的搭配方式也會列入購衣考量喔！因為有媽咪理智的購買，才讓我明白「聰明花錢」與「努力儲蓄」對於理財都是非常重要的做法與觀念喔！

從今天起我也開始去注意我的衣櫥，不要讓衣服去擠爆我的衣櫥，才能讓每件漂亮有型的衣服，可以被我穿上讓它帥氣的亮相。我也發現媽咪買衣服有些原則喔！像媽咪她不會挑選亂七八糟的「剪裁」，或有著很雜亂的「蕾絲邊」衣服款式，若是衣服是奇怪色彩的組合形式（搭配不易），因為這些衣服通常都不容易與其他服裝做搭配，流行性強的服裝也有「時間性」限制（流行壽命只有一季），都不是選擇服裝的好條件喔！媽咪幫我選擇衣服時也會注意衣服的質材，儘量挑選純棉衣服，也不會挑選剛好合身衣服，因為我還再長大呀，當然色彩的挑選也會幫我選擇比較明亮顏色，讓我穿起來很有精神喔！

理財小問答

1）你知道家裡每個月花__________元買衣服？__________元買玩具嗎？

2）自己的舊玩具與舊衣服，媽咪爹地都是如何處理的？（放舊衣回收箱、二手售賣掉、贈送親戚朋友或不整理玩具等）

3）問問自己：每個月是否會要爹地媽咪幫忙買玩具嗎？
每月會要求父母買玩具，原是________________________________。
有時會要求父母買玩具，理由是______________________________。

4）我為何一定要玩新玩具？理由是______________________________。
我會把玩具跟同學朋友做交換分享嗎？
理由是____。

5）自己平時穿衣的風格大多是走__________風格，會嘗試做不同造型的穿著？若是參加親戚朋友的婚禮或喪禮，媽咪會幫我準備不同服裝或鞋子、配件嗎？

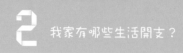

6）我喜歡______顏色的衣服，所以我衣櫥內______的顏色衣服最多。
我媽咪喜歡______顏色的衣服，媽咪衣櫥內的______顏色衣服最多。
媽咪喜歡穿______風格（輕鬆、有設計款、顏色鮮豔、自然風）款式的服裝。

我爹地喜歡______顏色的衣服，爹地衣櫥內的______顏色衣服最多。

解答：

1）自行回答。

2）自行回答。

3）自行回答。

4）自行回答。

5）自行回答。

6）自行回答。

給父母親的提醒

1）在教導孩子在節省金錢外，對於消費與如何花錢上也必須同樣重視。及早跟孩子談「錢」讓他們知道「錢」的用處和價值，更能幫助孩子在未來人生中可以成為錢好的「使用者」。父母親在錢的觀念與態度上，也必須不斷地去學習、調整，若父母親對「金錢」表現極為重視或是多有鄙視，都將給孩子留下「錯誤」的觀念。「君子愛財，取之有道」金錢在每一個人的生活中都是占有極重要的地位，為了要讓生活更加和樂與舒心，就要對「錢」的進出更加重視。

2）有些女生對於新衣服是沒有抵擋力，每月會將一大部分的錢花在買新衣服上，為的是滿足「想要」的渴望，這是個人使用金錢的方式；無關對錯，但對於理財觀念上卻是一項錯誤的金錢用法喔！或許購買新衣服可以讓你穿上新衣服時去享受眾人一兩秒的稱讚與注視，但過後就不了了之，許多衣服在穿著1～3次後就會收在衣櫥內（打入冷宮）形成佔據衣櫥的東西，所以在此也提供幾項可讓家中衣櫥更清爽乾淨的小技巧：

A. **具有紀念性的衣服，將它放在心底記憶。**有些衣服對人具有特別的意義：如校服系服、結婚禮服、公司制服等，這些衣服具紀念意義但它早已不合身、泛黃或些許破損，你還是不會想要丟掉它，因為它能勾勒起你的回憶。但很現實一點：它的確會佔據你的衣櫥位置，卻是無太大實用功能啊！

建議：或許可以將這些「紀念性」衣服以「拍照」方式做影像保存，讓美好記憶可以永遠保存，更不會佔據你的衣櫥空間。

B. **你根本不會再穿上的衣服。**有些衣服是你當時衝動購買下，或是之前身形消瘦時所採購的衣服，目前卻無法穿上或有時機可以穿，於是它就乖乖躺在衣櫥內；不見天日，若是連續兩年都不會穿上它，那它「實用性」效能就大大降低。若你衣櫥內在半年的大清理下都是有重覆看見，而它你卻不穿，這表示這衣服你將不會穿了。對於這樣的衣服，就應該審慎去檢視它有無繼續存在的必要了。建議：若兩年內你都不會穿上它。就應該思考讓它進入回收或是贈送給他人，讓它剩餘價值可以再做利用。

C. **衣服已經明顯髒汙破損；別再穿了。**衣服穿久後難免會有油漬、發霉、泛黃、起毛球、退色、鬆垮、異味等狀況，這時你可能就不再繼續穿，但是這件衣服還是躺在衣櫃中不知所措，代表它準備要被淘汰掉時間到了。因為這件衣服已經無實用與美感，而對於這些衣服你可拿來當抹布（如果吸水性還可以），這樣才不會讓這些舊衣無所用處。

D. **華麗和專業款式服裝，一年穿不到一次時，就該思考它去留。**衣櫥中總是有幾件當初特別為了特別原因好重本購買的洋裝或套裝，甚至為搭配衣服還會有些配件或飾品一起購買，為了展現心意，但這種衣服不好穿也不實穿，很難讓人想再穿一次，也會讓你購買後有小小遺憾。

建議：無論你不再穿這件衣服的原因為何，它佔用你的衣櫥是事實，可以試著轉賣給其他朋友或親戚，或是上網去拍賣，把它做更好的運用，下次你想要穿類似的衣服，可以用租的方式，既可以滿足你穿衣需求，又可以不用去思考它的去處，應該是較好的方式喔！

E. **曾經喜愛過但衣服現在已退流行。**每一年穿衣風格都會有所改變，你只要出門看看街上行走的人群，相信你應該就看得出不同的風格所在。但如果你非常喜歡跟隨流行，也希望可以跟同儕有相同的話題，你衣櫃內流行服飾應該就很多，或許讓你獲得許多讚美，但也會讓你荷包大傷。隔一段時間後當流行退去，你所購置的服裝就會變成你要處理不掉的「負債」，如果做個聰明的消費者與穿著得體，這兩者是從來就不會相斥的觀念。

F. **對環境友善些可以控制不要買太多衣服。**服裝產業是世界第二大汙染產業（僅次於石油業），聽起來好像不可思議，其實服裝業涉及生產、原料，紡織、製造、設計、運輸、零售等多種環節，這樣繁瑣的過程其實讓環境承受更大的侵害，也需要使用更多的能源資源來製造。在服裝製造過程需要大量的「水」，如果是有機棉花，就需要超過5000加侖的水才能製成一件衣服與一件牛仔褲，而製造衣物的染料、化學藥劑都會造成生存環境的破壞。再者；製造衣服也需要大量的人力資源的協助，也造成某些成衣出口國家的人力、薪資被剝削，反而讓服裝製造矇上更多的煙霾與陰影，所以為了避免造成對環境的傷害，跟隨流行的腳步可以多思考一下喔！

你平常出門通常是搭乘什麼交通工具呢？是搭乘大眾交通工具還是家人開車載你呢？

如果是騎摩托車載你上下課，有方便的地方，而不方便的地方在哪？

如果是家人自己開車出門，是很方便也很自由，但不方便的點在哪呢？隨時找停車位容易嗎？

如果你是搭乘公車、捷運當作交通工具，它可以省下多少的錢呢？你有仔細計算過嗎？

你有想過這些交通工具的花費只有「油錢」外，還有其他必要的支出費用嗎？現在我們來談談一個有趣的話題「有錢人一定會買車呢？」

2-7 有錢人一定會買車子嗎？

你家裡有車嗎？它是腳踏車、機車還是汽車，或是貨卡車呢？擁有一部車還是擁有多部車子呢？如果沒有車子，你是搭乘大眾交通工具公車、捷運或是火車的嗎？這些車子除了要加油或使用電力外，還有哪些維修的費用呢？在談到買車話題前，你知道車子是屬於「資產」還是「負債」？

哇！你很厲害，答對了耶！車子是屬於「負債」，就是你口袋內的「錢」會跑到別人的口袋裡面去的，所以在理財觀念中要儘量買進「資產」，不要買進「負債」喔！（要不然你的錢都會去別人口袋中）。買車便宜嗎？你想要有一部車可以開，這可是一筆不小的開銷，汽車價格會視車子品牌不同、車輛配備與內裝不同，價格也會明顯不同，在台灣車價會從台幣50萬起至數百萬都有，就看你個人預算選擇。現在一般人可能無法一下子拿出一大筆錢去買下新車，就可能會朝向「二手車」去做挑選，但還是有人會「借錢」去購買車輛，只是為了滿足「想要」有車的念頭，約定在日後固定日期內按月償還「貸款」。以下是一張簡單的簡表可以讓你知道車貸的貸款資格與利率，但是艾倫我個人覺得要購買車子還是要看自己需求與還款能力，畢竟要花一筆大錢去買一筆「負債」，怎麼算好像都挺不划算的。

當你決定要跟車商購買一部車（新車）時，必須去各縣市的「監理所」去辦妥相關的購車過戶的手續，那時你就會有一些必要的費用要支出喔！除了車子本身付款外，還有要買保險（一定要兼買政府規定的強制責任險），還要繳付稅金（包括牌照稅、燃料稅，請領車牌的領牌手續費等）。如果你購車現金真的不足，就要辦汽車貸款，還要再加上動產擔保設定規費3,500元（包括動保規費、印花稅、信用徵信費、對保車馬費、行政費用等），所以在購買車前，不單只有車子價格而已，還要把規費和保險費列入你的考量範。

貸款資格	年滿 20 歲之本國國民，有固定職業無信用不良記錄
貸款利率	1. 貸款利率各家銀行皆不同 2. 固定計息、消費金融放款利率+固定加碼率 3. 利率 4%-19.50%
還款年限	3 年-7 年(各家銀行不同)
開辦手續費	新台幣 2600 元至 6000 元(各家銀行不同)
還款方式	1. 在貸款期間內，按月平均攤還本息 2. 得隨時償還部份或全部貸款本金
貸款金額	(各家銀行不同) *新車：新台幣 10 萬~500 萬元(最高可至 700 萬元) *中古車：新台幣 10 萬~300 萬元(最高可至 500 萬元)
貸款申請文件	(各家銀行不同) 以個人名義申貸者： 1. 借款人、保證人之雙重身分證明文件影本 2. 不動產資料 3. 個人收入資料 以企業名義申貸者： 1. 公司／商業登記證明文件。 2. 最近半年營業稅單或其他報稅資料影本 3. 負責人及保證人之雙重身分證明文件影本 4. 不動產資料

一、牌照稅與燃料稅

車子在路上奔馳就要有牌照，還要隨時注意油箱內有無汽油燃料，所以有車的車主每年都必須繳交「牌照稅」與「燃料稅」，而且稅金就會依據你車子的排氣量而有所不同（排氣量大的車稅金相較比較高）。假如你家的車子是由電池電力的油電混合車，收到的燃料稅就會便宜許多囉！

二、保養費用知多少？

每一輛車在行駛一定的里程數後，就必須進行適當的保養照顧，才能維持行車時安全。從輪胎、機油、濾芯、剎車零件與油路系統、冷氣風扇都有它一定的保養維護時間，車主都必須按時進車廠去保養，保養費用從幾千元至幾萬元不等，所以保養費用支出常是車主必須考量——是否有能力買車的重點，所謂「買車容易養車難」，原因就在這裡。

有錢人一定會買車子嗎？答案是：不一定。

因為有錢人會考慮評估下列要點：

1）買車的必要性（用途）？

2）養車的成本費用（油錢與保養費用）？

3）車輛每年的折舊為何？（折舊是指在一個期間使用的部分，致使該資產的價值減少）

4）買車後家裡是否有停車位等問題。

在仔細衡量各項要點後，可能你就會決定就不以「買車」方式而改以「承租車輛」，或用其他交通方式做替代吧！這樣可以將更多金錢留下來，以便在日後有更有利的投資，創造出更大的效益喔！所以有錢人「不一定」會買車子的，雖然有車某些時間是方便的，但面對車輛保險、保養、維修或停車位等問題時，就要仔細思考，是否要為了一下的便利而付出高額的費用嗎？

2019年政府「定期開徵稅款」	
時間	**項目**
2019年4月	汽機車牌照稅（自用/營業）
2019年5月	綜合所得稅／所得稅
2019年5月	房屋稅
2019年7月	燃料稅
2019年7月	地價稅自用住宅稅
2019年10月	汽機車牌照稅（營業）
2019年11月	地價稅

△2019年政府「定期開徵稅款」時間表

理財小問答

1）你每日搭公車、捷運的費用約為________元，因為不用負擔車輛保養費用，所以你覺得這是很棒的交運運輸工具嗎？理由______________。

2）若家中有車子，你有沒有跟父母去過汽車保養廠呢？
這些場所給你的感覺是________。一次維修要付出________元。
家裡的汽車是多少________cc的排氣量？大約一次加油要加________公升汽油。
平均一次加油都要付出________元。平均幾天加一次油________天。

3）牌照稅在________月開徵。燃料稅在________月開徵。

解答
1）自行回答。
2）自行回答。
3）牌照稅在4月開徵，燃料稅在7月開徵。

給父母親的提醒

1）當初要寫這個章節時，我試著問我自己：小朋友需要知道「買車、車貸」這個主題嗎？答案是：「需要」。原因在於理財的觀念既然是從小灌輸，對於金錢使用與相關銀行的借貸關係都可以當作是學習。孩子或許在年紀小時不需要面臨購買車子等問題，但是孩子18歲時可能就會對「機車」有需求，開始會想要「存錢」購買自己第一部機車，當然也必須通過駕照取得後才能上路。但我身邊有些父母告訴我：她家小孩在沒有存款卻要求父母幫忙購車，或是私下籌出幾千元的「頭期款」

後，就開始利用信用貸款或車貸方式，想憑自己的能力付出些許金錢後就想把「機車」騎回家。因為沒有對「車貸」有認知，往往在日後償還款項上就面臨許多難題，導致還款不能如約後，反而背上一身債務，最後還是要父母出面來解決，這都是孩子對「車貸」沒有概念所導致，所以動手寫此章節想告訴孩子一些理財觀念，要想貸款的先決條件：「審慎評估自己可以還款的能力。另外；要確認該項物品屬於『需要』還是『想要』，才不會讓小小年紀就讓負債上身。」

2）有些父母在考量家中交通因素下，會選擇用「貸款」方式做購車方式。雖然目前仍有許多車商會推「零利率」車貸方案，但也必須考量後續還款能力與自己每月基本開銷費用，從中間取得平衡。像有人問我他每月月薪5萬，最近看上一款車價約57.5萬的車，問我可不可以做購買？

我的建議是：不建議。原因是銀行在核定車貸額度時，會考量貸款人有無自用住宅或其他不動產資產等因素，像借「車貸」每月需要償還「車貸」1萬元，而你自家基本開銷4萬，實際上就是他每月薪資都會花得精光。另外；他忘記還要花一萬三千元的稅費、加油錢、保養費、保險費、停車費等，這些全部加總起來一年也要多花10多萬元，這是你要買車當時沒有考量到的。只是為了買一部車把存款都全部花光，這樣你要如何去面對家庭中突發狀況與花費呢？所以還是老話一句：除非你的存款有達到80萬以上再來考慮買車吧！車子只會性能越來越來好，配備越來越豐富，而且車子它一直就在那，不要怕它跑掉的，當車子購買後車子價格就開始下跌，除非你是以「車子」當做你生財工具（計程車司機）或其他重大考量，否則購車前要謹慎思考。

3）銀行車貸審核內容有哪些？會以「借款人」擁有房產狀況、收入、職業、信用記錄，甚至連行業別與學歷等都是銀行考核的重點。透這些數據銀行來判斷借款人的「還款能力」給出合適的貸款方案。這裡面包含了貸款利率、貸款期限、貸款額度等。銀行會根據用戶等級來決定，像一般被歸納做VIP用戶或是醫生、教師、政府公務員、律師、會計師、審計師等職業的人，或是銀行、證券、保險等金融的特殊族群的用戶，不僅申請車貸可優先，甚至還可以申請低利率的貸款。一般普通的消費者們，銀行只能是通過工作、家庭、收入等內容來審核，這要看個人提供的申請資料與抵押物，銀行依據此給出的貸款額度與期限。據了解一個人信用或連帶責任保證擔保最高可貸20萬元，所以選擇車型有限，而對於門檻較低的汽車金融貸款，儘管審核要求較低，但是貸款利率卻要高出銀行好多。從收入上來說，車貸、房貸總額度不能超過借款人總收入的50%，而各銀行規定最高貸款金額不得超過淨車價的80%，所以想要獲得八成的「貸款」基本是不可能，而首付金額若低於30%，基本上也能難獲得貸款。

你家有養寵物嗎？有養貓、養狗、養刺蝟或是養甲蟲、蜥蜴等，相信牠都是陪伴你的「好朋友」，甚至有人稱牠們為「家人」。

你為何想要想寵物，是因為牠很可愛、很忠心、可以陪伴，還是有其他因素呢？

想要飼養寵物通常會從哪個管道取得，是認養、是寵物店購買還是跟其他人家做寵物分養，那你有想過要養「寵物」需要花多少錢呢？你有認真去想過嗎？

現在就跟著艾倫來聊一聊養寵物的兩三事吧！

2-8 養寵物需要花費多少錢？

大多數人都喜歡飼養寵物（或許有些人不喜歡），寵物種類可說是包羅萬象：有狗、貓、鳥、魚、龜、鼠、白兔、守宮、刺蝟、蛇等，這些寵物不但陪伴主人外，更提供我們安撫心靈與安定的作用。我也想養寵物，可是媽咪說因為我家居住環境的限制，暫時無法飼養可愛的貓狗，但是我可以養一些魚類，所以我就有幾隻小魚與小龜當做寵物朋友。那你有養寵物嗎？牠們是什麼樣的動物呢？大部分的家庭大都會以狗與貓為寵物，雖然牠們的種類與身型大小各不相同，牠們的共同優點：忠心、可愛、陪伴等，有些家庭把寵物稱為家中的一份子，給予這些寵物最好的東西（從吃到住給予最好），可見對主人對寵物是多麼重視，還有一個有趣的稱呼叫「鏟屎官」（指養狗貓的主人），為了寵物們都提供最好的東西給牠們呢！

前一段時間我也希望爹地媽咪可以讓我養狗或養貓，他們並沒有反對，但是給我一些功課希望我可以好好去想想，等我想清楚後我就可以養牠們了，媽咪問我的問題是：

一、為什麼我想要養寵物？想要什麼種類的寵物？
二、我們現在居住的家（環境）適合養寵物嗎？
三、我有準備好了心態做好主人了嗎？
四、我是否有能力可以照顧牠嗎？餵食、洗澡或帶牠出門運動？
五、我知道養寵物的花費大約需要花多少錢？

收到媽咪問我的問題，開始認真問起自己，我真的可以是位負責有愛心的好主人嗎？其實有很多問題都是很實際的，只是我並沒有仔細想過，所以爹地媽咪希望我想清楚後把答案告訴他們，再來決定我們家是否可以養狗貓等寵物。其中有一個題目「養寵物的花費大約要花多少錢？」這是我從來沒有想過的問題耶！為了讓我清楚媽咪列了一張簡單表格，可以讓我清楚了解，假如我要養「寵物」，這些費用都是我要先準備好的喔！

項目	狗	貓
來源管道	「領養」或「購買」 「領養」相關規費：晶片植入手續費 250 元、狂犬病預防注射費 200 元 「購買」數千元至幾萬元以上不等（視寵物品種血統）	
飼料或新鮮食物	1000 元 X 12 個月=12,000 元/ 年	
晶片	300 元	
疫苗	(幼犬)三劑五合一疫苗(七合一、十合一)+狂犬病疫苗 3,000 元~4,000 元 (成犬)五合一疫苗(七合一、十合一)+狂犬病疫苗 3,000 元~4,000 元 (每月)心絲蟲藥 200~300 元	幼貓/成貓三合一疫苗 500 元~1000 元
健康檢查(5 歲以上)	3,000 元~10,000 元	
醫療費	A. 醫療費用不一定。一般掛號 200 元，急診費用 500~3,000 元 住院 500 元~3,000 元/天 手術費:動手術樣式不同；價格也不同從 2 萬元至 30 萬元左右 B. 感冒、氣喘咳嗽:500 元(次) C. 皮膚病治療:濕疹過敏：400 元~1400 元。黴菌感染:4,000 元~7,500 元 D. 腸胃道:誤食異物:8,000 元~20,000 元。嘔吐、腹瀉:500 元~600 元。 E. 洗腎:5,000 元~10,000 元(次) F. 心臟病、糖尿病:數千元~數萬元	
玩具衣服、提箱、牽繩、磨牙骨等	2,000 元~5,000 元以上/年	3,000 元~5,000 元以上/年
美容	6,000 元~15,000 元以上/年	
托養 / 臨時照顧	500 元~6,000 元/年	
喪葬費	3,000 元~50,000 元以上	

哇哇！我以為只要買一包狗貓的飼料，每天餵食牠們就好，讓寵物不餓就好，陪牠們玩就好，應該就沒有其他的花費了吧！媽咪很有耐心地告訴我其中的數字奧妙。「我的艾倫，養寵物不光只是餵食而已，還要幫寵物清潔洗澡、居住環境整理及醫療等費用需要支出。」「寵物的來源是要用「購買」或用「領養」的方式，這兩者之間費用差別就很大。當狗兒貓兒來家裡之前，先要帶去獸醫去植入晶片、打疫苗與做驅蟲的衛生醫療。回家後要安排狗兒貓兒睡覺的位置，給牠一個舒適的小窩。每日還要定時訓練牠上廁所，像狗兒就要帶出門去附近有青草處讓牠上廁所，貓兒則需要準備「貓砂」，每一兩個星期還要定時幫狗兒洗澡做衛生清潔。為了讓

寵物不無聊，要預備一些玩具讓牠們玩耍；陪牠一起玩，可以轉移牠咬啃家具。」「哇！原來養隻寵物還有這麼多的事要做，我都沒有注意到。」「嗯！還沒有結束喔！像寵物吃的食物，你也要準備充裕，以免牠們餓著。另外；寵物如果生病還要帶牠們去獸醫診所看病，讓牠們可以減少不舒服感。」

當媽咪告訴我會有這些費用時，其實我好驚訝，因為我之前想要養「寵物」時，只是覺得寵物們可愛，沒有想過「養寵物」的花費。媽咪說：「國外有一份有趣的統計喔！英國人平均花費17,000英鎊（約台幣80萬元以上）在一隻狗或貓的飼養上面，在日本一位飼主平均也要花費87萬元左右在一隻寵物身上，在台灣養隻寵物費用也需花90萬以上的花費喔！這確實是一筆花費不小的支出。但養寵物若只在乎金錢上支出花費，又忽略了寵物帶給我們的快樂與安慰，也漠視牠帶給我們心靈上的安慰與支持，這樣也不對的，如果你只是一時興起想養寵物，卻不理會飼養後你會遇到的問題與費用支出，就可能在飼養過程面臨經濟無法負擔，而造成「寵物棄養」的問題，反而造成社會問題，所以「養寵物」確實必須考慮好後再行動，養寵物的確是一筆「中長期」的固定支出，所以養寵物時必須要學習「開源節流」。

	飼養「寵物貓狗」總花費統計 以 13 年為一計算單位	折合台幣
英國	17,000 英鎊	80 萬元
美國	7,800 美金~13,000 美金	241,000 元~ 401,800 元
日本	3,120,000 日幣	86 萬元
台灣	---	46 萬元~75 萬元
大陸	6.5 萬人民幣~13 萬人民幣	30 萬元~80 萬元
備註	本表中舉例的貓狗寵物以正常餵養，接受一般疫苗為費用計算 若寵物有疾病或接受治療，則醫療費用則會大幅度增加	

理財小問答

1）你家有養寵物嗎？牠的名字是＿＿＿＿，牠是＿＿＿＿（狗／貓／其他）。每天都是誰＿＿＿＿餵牠吃飯，＿＿＿＿幫牠洗澡，＿＿＿＿帶牠出門運動。

2）你常跟家裡寵物玩＿＿＿＿遊戲（我丟你撿、握手、擁抱親親等）。會跟寵物一起吃飯、睡覺、遊戲，覺得你的快樂＿＿＿＿＿＿＿＿。

3）寵物每月都要買飼料、點心、玩具嗎？如果是要花錢＿＿＿＿元。通常家人都會在＿＿＿＿（大賣場、寵物店）購買飼料，它是否有會員優惠價或是買多少有折扣，才會讓家人選擇在＿＿＿＿購買飼料。

4）目前家裡寵物飼料一包是＿＿＿＿＿＿（公斤／公克），一包原價是＿＿＿＿元，優惠價＿＿＿＿元，大約是折扣是＿＿＿＿元。送去美容洗澡需要花費＿＿＿＿元，一個月需要洗澡美容＿＿＿＿次。每月要買點心或其他物品嗎？品項是＿＿＿＿，費用是＿＿＿＿元。

5）如何可以降低飼料的費用方法？方法是＿＿＿＿＿＿＿＿＿＿＿＿。

解答：

1）自行回答。

2）自行回答。

3）自行回答。

4）自行回答。

5）自行回答。

給父母親的提醒

1）寵物很可愛相信每個人都會喜歡牠，在孩子的成長過程中，許多的父母都會面臨到「孩子吵著要養寵物」，孩子會以撒嬌、霸道與哀求各種方式請求父母讓他可以「養寵物」，有些父母拗不過孩子苦苦的哀求，索性順應孩子的要求，卻落得最後寵物都是父母親處理，孩子只是偶而玩玩的旁觀者，也引起家裡些許的口角不悅，所以該如何讓孩子了解，飼養寵物不能一時興起，該有如何的建議呢？

A. **我家的環境適宜養寵物嗎？**

非常實際的環境考量，必須針對目前的狀況去考量養什麼類型的寵物？空間適合嗎？會引起周邊鄰居的關心困擾嗎？會造成家中環境的衛生汙染？會發出噪音聲響讓鄰居不悅嗎？這些問題都是父母親必須仔細思考的重點喔！

B. **有沒有時間可以陪伴？**

孩子要養寵物，家人要工作上班上課，平日有誰可以陪伴家中寵物呢？如果寵物沒有人可以陪伴照顧，在家裡會發出叫聲或製造聲響嗎？那有方法可以解決嗎？這些問題也必須要考量清楚。

C. **有沒有足夠耐心與愛心？**

孩子要養寵物的要求，通常都是一時興趣或受同學們的影響，認為有隻寵物在身邊時可以展現「叫之即來，揮之即去」很有優越感，但是對於飼養過程中的細節與辛苦完全忽略。飼養寵物其實訓練人有負責與耐心的好方式，知道該為另外生命做出照料的行為與愛心。但……這應該是訓練孩子而不是父母親的喔！

D. **養寵物的管教訓練方式我們是否一致？**

飼養寵物的方式會有些規矩需要教導，比如：吃飯要定時、定點、定量，不可以為了自己開心與否就隨意破壞規定（讓寵物隨意亂吃東西或隨意大小便），這樣對寵物的健康與命令接收都會產生混淆，所以家人在教導上必須統一。

E. **對於動物，我們該了解的資訊是什麼？**

對於所飼養的寵物必須了解她的身體狀態與容易感染的疾病，另外是寵物壽命大約為幾歲等，這些都是要迎接家中寵物到來前必須先做好的功課。

F. **照顧的責任是全家人一起，而非父母工作！**

這也是飼養寵物前必須跟孩子說明清楚；約定好，畢竟寵物是一條生命，需要全家人共同的重視，並非是某人的責任。但孩子養寵物一頭熱，忙與玩了幾天後就會將照顧責任撇下，就落到父母親的身上了，導致辛苦的父母親還要擠出時間分心照料寵物，徒增困擾，所以在養寵物前必須跟孩子將責任與義務解釋清楚，才不會讓一頭熱的孩子總認為父母親隨時在背後收拾殘局。

2）若是孩子與家人在飼養寵物已經達成共識，還有一些要點要注意：

A. 選擇適合的寵物。

B. 避免去飼養珍稀野生的動物。

C. 讓孩子了解飼養動物的習性。

D. 讓孩子參與養寵物各項工作，對費用有所概念。

E. 依照孩子年齡安排飼養差事。

F. 多跟孩子分享寵物相關訊息，讓他了解分擔責任與分享快樂。

3

追求美好富足的生活

這個月份（五月份）打開電視都會看見提醒「繳稅」的廣告，我問爹地媽咪為什麼人民要「繳稅」呢？可以不繳稅嗎？爹地告訴我：「『憲法規定身為國民應盡的義務，像是納稅、服兵役與受國民教育等，都是身為國民必須盡的義務。』政府藉由租稅的收入，透過預算，統籌運用做出對人民有益的公共國家建設，人民最後還是會受惠的。」

原來「繳稅」是國民應盡的義務，那政府會將稅金花在那些地方呢？

3-1 為何我們要「繳稅」？

到了五月份就看見爹地媽咪討論著「所得稅」的事，兩個人圍著電腦相互討論著。「媽咪，『報稅』是一件很困難嗎？」「不會的，艾倫，現在的報稅已經簡化很多程序，讓忙碌現代人可以更方便地在網路上就完成報稅動作。」「那我們為什麼要『繳所得稅』呢？而我們繳的錢都會花在什麼地方呢？」「艾倫，『所得稅』是每個人將一年的年度所得分出一部分繳納給政府，通常所得較高的人要繳的稅比較多，而所得較少的人要繳的稅就比較少，還有一些人年度所得連自己的基本開銷都不夠維持時候，可能就不需要繳稅了。比方說每月薪資不滿三萬元的人，或是一個家庭爹地媽咪兩人收入不超過八十一萬六千元的家庭也是不用繳稅的喔！

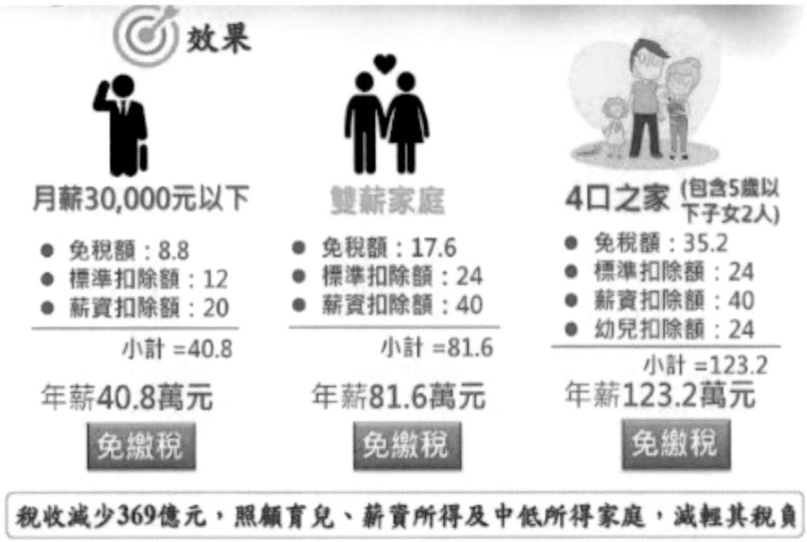

△圖片來源：財政部台北國稅局

其實國家運行與各項的公共建設都需要大量的錢來執行，生活在這國家的人民都必須為維持這國家的正常運作，負有繳稅的責任。像我們收入需要課稅，當我們消費娛樂時也同樣要繳稅喔！例如：我們去便利商店買東西，每一筆消費金額外還有內含5%的營業稅在內，政府透過每一筆開立的發票了解每一位店家的營業總額，簡單來說就是政府為了達到防止商家逃稅、控制稅源才有《統一發票給獎辦法》，就是我們現在手上拿的統一發票。

原來我們在外面買東西，店家都會開立發票給我們，我們每兩個月可以去兌獎發票一次，就像我有幫媽咪去兌獎就有中獎過，好開心的多了一筆小錢！所以我每次都會記得拿一張發票，媽咪你可以告訴我，我們繳稅的錢都用在什麼地方？

獎別	中獎金額	印花稅（千分之四）	所得稅（百分之二）	實領金額
特別獎	1,000萬元	4萬元	200萬元	796萬元
特獎	200萬元	8,000元	40萬元	159萬2,000元
頭獎	20萬元	800元	4萬元	15萬9,200元
二獎	4萬元	160元	8,000元	3萬1,840元
三獎	1萬元	40元	2,000元	7,960元
四獎	4千元	16元	800元	3,184元
五獎	1千元	4元	0元	996元
六獎	200元	0元	0元	200元

△統一發票中獎獎金分配與相關扣稅

「繳稅」就是要維持社會公共服務作有效運作，通常是有錢人多會繳交一些稅金，窮人則因收入少可以少繳一些稅。政府會從這稅收編成國家建設的各項預算，運用在國防、公共建設或社會福利上。就拿「國防」來說政府會運用我們繳的稅金向其他國家去購買軍艦、飛彈，或是防禦性的武器，或放在訓練軍人來保護國家。而在公共建設方面，政府會將稅收放在我們一般生活上的公共建設：博物館、運動中心、圖書館、老年安養、幼兒園或是學校、公園，或是造橋鋪路等交通改善建設，為了讓我們在生活環境；周遭的交通上更加方便，所以說稅收的收入對一個國家是非常重要的來源，更是支持一個國家富強安樂很重要的支持力量喔！我們若想要在一個強大的國家中成長，人民就應該要誠實的繳稅，也更別忘記在消費時向商家索取一張發票，協助把關國家稅收的保障，為了國家富強，大家應該誠實繳稅喔！

如果你的爹地媽咪真的想節稅，在網路上有許多合法節稅的方式可做參考，可以讓繳稅可省下不少的金錢。年所收入多的人自然就必須多繳納一些稅金，是使社會上較為若為弱勢的人與其他家庭也能公平生活。像我是小朋友，可以在學校裡受教育，明白許多的事理，比起其他國家的小朋友們，相較我是非常幸福的。而當我坐著車子在「高速公路」奔馳著，或是坐火車高鐵奔馳鐵軌上，我們付出合理的票價後就能享受優質的交通資源，媽咪說這都是政府使用人民繳納的稅金所建設的公共建設，目的是為了讓大家生活過得更好，生活更為便利。也因為國家有了足夠的稅收才能濟弱扶傾；規劃社會公共建設，或去資助老弱殘幼等社會福利政策，讓多家庭可以受惠，所以社會上許多事務都要倚賴繳納的稅金才能完成建設的。

理財小問答

1）你可以說出爸爸媽媽在一年裡有哪些稅單需要繳納？

2）你買東西有拿發票嗎？知道多久可以對獎一次嗎？（是一個月還是兩個月？）。你是如何進行「統一發票」的兌獎方式？（報紙、手機資訊或是其他）。

3）你爹地媽咪有「統一發票」中獎嗎？家人是如何兌換獎金的呢？

4）你可以說明國家收取納稅的稅金，大都會做哪些用途呢？

5）你家人都是如何報稅的呢？（網路報稅或到國稅局繳交）

解答：

1）自行回答。

2）自行回答。

3）自行回答。

4）自行回答。

5）自行回答。

給父母親的提醒

1）每到每年五月份就是報稅季節，各個家庭都會開始煩惱要如何進行節稅，現在資訊方便在網路上就有許多告訴你如何節稅，如何報稅等的經驗分享，讓你可以省下不少找尋資料的時間，不妨可以做為報稅時的參考喔！像2019年報稅有新政策都可以上網去查詢。個人所得「課稅級距」如何計算？以下所示的算法：
「綜合所得總額」減去「免稅額」與「扣除額」
＝「綜合所得淨額」。

2）「繳稅」是讓國家政府有足夠的稅金可以做事，相信大家都認同這觀點，不管每個家庭或個人各自有不同的情況需要面對，但只有國庫有充裕的稅收，公共建設才能一一推行建設，我們未來才能更加便利與幸福，所以才是要鼓勵國民要按實申報如期繳稅，才能使國家建設推動進步。

每個孩子心中或許都有個「迪士尼」的夢……那其中也包含艾倫我……

因為在這樂園地方感覺有好多有趣的人物與遊樂設施，有歡樂的笑聲充滿的地方，我也好想……好想……去迪士尼喔！我可以跟爹地媽咪要求想去旅遊嗎？我該如何開口呢？

我可以做哪些計畫，可以讓我們家人可以安排一趟旅遊呢？

我該怎麼做呢？現在跟我聊聊我可以去迪士尼嗎？

3-2 我想去「迪士尼」可以嗎？

平時休假如果沒有太忙時，爹地媽咪都會安排一些家庭娛樂或休閒活動，不是啦！不是全家一起玩電腦遊戲或看手機啦！是真正一起走出家門去做一些休閒活動，像是一起看電影、出門吃飯或是欣賞一些比賽運動賽事，或是逛逛大賣場等，都可以讓我們可以經歷不同的生活經驗喔！生活中的娛樂有些是免費；有些需要付費，都可以讓我們生活有喘息的機會。我雖然喜歡上學，也喜歡和同學們相處，但我還是希望可以有時間可以睡覺睡到自然醒，可以放鬆自己什麼都不做啊！但是媽咪說這樣不是放鬆自己的好方法，只會讓自己更懶散更疲累，反而達不到休息目的，所以爹地媽咪會帶著我在附近公園或河堤邊騎腳踏車、踢足球、玩飛盤，甚至於安排全家一起去郊外踏青、健行或找地方去野餐，我們可以遠離城市去接觸大自然吸收芬多精。

有時爹地媽咪也會安排去看電影，或是去一些有特色的餐廳品嚐美食，吃吃喝喝一樣讓家人可以達到放鬆休息，有時爹地媽咪也會安排聽音樂會或看球賽、參觀博物館、文物展覽等，雖然要付錢買門票進場，但卻可以吸收許多文化知識，讓我充滿藝術文化的氣息，不管我們選擇什麼娛樂項目，都是不錯的生活上調劑。有次家人安排去南部拜訪親戚，順便安排一趟家人一趟國內旅遊，這讓我好開心喔！因為可以去比較遠的地方，可以住在外面，那一定非常有趣的生活經驗。這次旅行我們選擇自己開車前往，一方面可以自己安排路線；一方面也可以去一些公車不能到達的地點。拜訪親戚除了聯絡感情，還可以去體驗不同家裡的生活模式，爹地媽咪準備一些水果禮盒當作拜訪親戚的「伴手禮」，親戚也回送給我們一些當地的特產，讓我品嚐不同地方的小點心與美食。國內旅遊爸爸媽媽選擇了住宿民宿，我很好奇問媽咪：「為何我們不住在飯店呢？」「我們可以選擇不同住宿地點，因為可以體驗不同的居住風格，我們可以依照預算去選擇合適的房型，體驗跟飯店住宿時不同的居住體驗，當然要試試看喔！」

項目	國內旅遊	國外旅遊
安排計畫時間	時間較短	時間較長
住宿交通費用	較低	高
總費用支出	較低	高

媽咪說在安排旅遊就會花費較多的家庭預算，並不是每個家庭都能夠負擔的起，所以安排「國內旅遊」與「國外旅遊」在預算上就必須要有更長遠的計畫。不過如果家庭裡有旅遊計畫，就必須提早開始儲蓄旅遊費用，才可以讓這計畫實現。因為旅遊計畫花費較為龐大，在家庭支出部分媽咪就要將家庭娛樂費用做節省，而家庭支出也可以多做節省，以便為旅遊基金可多存一些錢。決定旅遊要儲蓄之外，也要決定旅遊的目的地與旅遊方式，這些會決定費用的多寡，例如：計畫去歐美旅遊比鄰近國家的費用高，跟團旅遊與自助旅行費用也會不同，出發月份與旅遊淡旺季的機票費用也有所不同，這許多因素都必須在出發前好好規劃，畢竟「計畫旅行」是家庭中的一項大計畫，家人們可能要多方規劃與討論，才能規劃出一套適合家人的旅行。像我想去日本迪士尼樂園遊玩，便將想法告訴爸爸媽媽，想知道自己提出的計畫有沒有方式可以達成。爸爸媽媽聽完我的旅遊計畫後也給我一些建議，希望我也可以配合儲蓄，才能使旅遊計畫能實行。

一、**先確定自己想去旅遊地點。**想旅遊的國家與旅遊主題，旅遊的方式（自助旅遊、跟團），規劃旅遊自己可能想買的東西（特產）。

二、**蒐集旅遊地點相關資訊。**住宿地點、價格、交通方式與旅遊點附近景點、特色美食或是否有相關優惠活動。

三、**依照自己的存款能力做零用錢儲蓄的規劃**（不能一直要父母親出錢），因為這是自己想要達成的計畫。

四、**學習規劃支出、掌握預算或積極存錢。**規定自己可以省下的錢與不該花的錢要有效執行，絕對不能「半途而廢」。

在儲蓄的過程中會發現原先自己的規劃與實際上執行會不一樣，無法按照規定存到這麼多的錢，我就會跟父母親討論我的儲蓄方式，是不是有哪些地方需要做改變調整，或是想一想有沒有其他可以增加收入的方式（多幫忙做家事，或是賣掉用不到的物品等）。要是沒有辦法就必須「延後」實現旅行夢想的時間。當旅遊計畫有調整或延後其實不算失敗，而是檢視旅遊計畫的缺點，將存錢儲蓄做些修正，讓它更貼近可以實踐的階段喔！所以小朋友你也可以學我，將旅遊計畫列出來跟父母親相互討論，聽聽他們給你的建議，做出存錢的計畫，一步一步地朝旅遊計畫前進吧！

理財小問答

1）我有一個旅遊計畫想去＿＿＿＿＿＿（地點或國家），這地方吸引我的原因是＿＿＿＿＿＿＿＿＿＿＿＿＿＿＿＿＿＿＿＿＿＿＿＿。
我想去＿＿＿＿幾天，用＿＿＿＿（旅遊方式）去進行。

2）目前迪士尼樂園有＿＿＿＿個它位於＿＿＿＿（國家位置）。我有去過哪一個迪士尼樂園＿＿＿＿它給我印象是＿＿＿＿＿＿＿＿＿。

3）爹地媽咪在今年若有旅遊計畫，將計畫前往＿＿＿＿＿＿，旅遊參觀主題是＿＿＿＿＿＿（風景、城市、樂園）。我們預計＿＿＿＿＿＿月前往，當月氣溫是＿＿＿＿＿＿度我們將計畫（跟團、自助旅方式）前往，這旅遊計畫預計將花費＿＿＿＿＿＿元。他們預計如何準備這趟旅遊經費？（獎金、儲蓄、貸款、招待）

4）我的旅遊儲蓄計畫：

旅遊地點	日本迪士尼
旅遊天數	4天
預計總花費	20,000元
每月零用錢存入	月存500元
每年可存	元
每年壓歲錢提撥	4,000元
何時開始	2019年1月1日
何時達成目標	2020年＿＿月＿＿日

解答：

1）自行回答。

2）目前有6個迪士尼樂園。加州迪士尼（美國）、奧蘭多迪士尼（美國）、東京迪士尼（日本）、巴黎迪士尼（法國）、香港迪士尼（中國）、上海迪士尼（中國）。

3）可自行回答。

4）每年可存6,000元＋4,000元（壓歲錢）＝10,000元，可於2020年12月31日完成。

給父母親的提醒

1）現在許多父母因為孩子小，總覺得帶出門或去旅遊應該麻煩許多，於是都會以各種理由打退堂鼓，但是換個角度想：旅行對孩子們來說，不要在乎孩子能記著多少好山好水的畫面，而是要讓孩子去感受到不一樣的感受，去看到不一樣的人和事物，對孩子的成長都是有益的。為什麼很多父母不願意帶孩子去旅行。原因大概有幾種：

A. 孩子太小記不住，所以等孩子大一點再說。

B. 很麻煩的事情一堆，出去要帶很多孩子的東西，大人還要一邊照顧孩子一邊玩，大夥都玩得不開心。

C. 小孩子容易生病，旅遊出國萬一生病也容易造成危險。

D. 孩子情緒也容易受影響。孩子去旅行也容易水土不服，難免在身體上與情緒上都不容易控制，也比較鬧脾氣讓大人情緒受到影響，所以並不考慮帶孩子出去旅行。

2）但是會帶孩子出去旅行的父母會基於幾種考量，讓麻煩的心態也獲得些許平衡些。**（A）建立多元價值觀。**很多人會想讓孩子學習獨立性與自主性，學習多種文化的知識等，而這些都是帶孩子去旅行時可以建立的觀念，讓孩子有多元價值觀與國際觀，這是身為一位國際村居民的基礎涵養，要利用旅行才容易達成學習的機會喔！**（B）多樣世界觀感。**親身去旅行，是最直接的學習方式，讓自己放在世界各個地點，可以我們看到不同樣貌真實的生活，看見不同的居住房子與居住景觀，這是從課本上不容易學習的知識與生活體驗，所以帶孩子進行旅行可以讓孩子更具世界觀點。**（C）多重人生觀點。**旅行可以了解生命各種形態與多樣性，看見生命力的無窮無盡展現。而生命的可貴在於它的「多樣性」與「可能性」。人的生命雖然只有短短的幾十年歲月，也應該充滿著無限的可能。走出去旅行，正是知曉生命中這一秘密的最好途徑。很多人也在旅行中，發現了人生的真諦，尋找到了自己心靈所屬。所以可以打開自己狹隘的偏見，幫自己與孩子規劃一趟親子旅行。

3）討論帶孩子去旅行的網頁與書籍中，都有提到多方法讓父母可以放下擔心的心情，讓自己家中的孩子在經濟許可下也可以出門進行旅行。每個年紀的孩子在每個年齡對於旅行或玩都有自己的想法，但大方向都是要讓孩子有「參與感」，在家庭旅遊計畫擬定的同時，讓孩子有發言的機會，表達選擇享受假期的方式，因孩子年齡也會有所不同。

A. 嬰兒：2歲以下的寶寶也是容易帶出門旅行的，只要不打亂小寶貝的作息（吃飯睡覺），父母親幾乎可以帶寶寶去任何地方的喔！

B. 幼兒：2歲到5歲的孩子正是好奇心旺盛的時期，學習探索新環境、接觸新事物，帶著這個年齡的孩子去旅行，很重要就是將旅行行程不要排得太緊湊，要給孩子適當時間休息。

C. 兒童：計畫5歲以上的孩子出門旅行，要讓孩子有機會參與行程的安排規劃，讓他們選擇一兩件自己想做的事與分擔部分的責任，例如：收整好自己的行李箱、提出旅遊的地點。

D. 青少年：跟著青少年出遊讓他們負責部分的計畫，讓他們選擇部分景點，如果是兩天一夜的旅遊，可以讓他們安排其中一天的行程，也可以了解孩子對蒐集資料與安排事情的能力，是很棒的學習。

孩子對職業、工作的認識會透過父母所從事的工作去了解，或是生活周遭所遇見的人事物，營造他們對工作粗淺的理解。藉由工作孩子也會了解如何獲得「薪資」或「報酬」，這樣就可以將「錢」去交換其它的物資與生活所需用品。

當孩子需要錢；使用錢時，大多會透過跟父母索取，或是幫忙爹地媽咪做事，換取一些零用錢或額外報酬。在這些過程中都是要讓孩子了解「如何靠自己的力量」去賺錢，對孩子未來的價值觀與生活方式才是正確的教導。

3-3 讓孩子了解「賺錢」事

在我成長的過程中對於職業工作的類型，都是透過由我生活體驗接觸來的，比如：電視內看到的新聞主播與演員，看診醫生與護理人員，學校內的老師，路上開車的公車與計程車司機，店面經營的老闆與店員，餐廳內的廚師與服務人員，指揮交通的交通警察……等，這些「職業」都是我在生活中接觸所了解的，而這些不同職業的工作因「專業性」的不同，薪資收入也會有所不同。我跟其他小朋友一樣，在小時會認為「錢」是天上掉下來或是哪邊樹木長出來的，漸漸地長大我的父母才告訴我：要去工作、去上班，這樣公司老闆才會給我「薪水」，這樣才有錢買食物、買衣服與玩具，我的「金錢觀」才慢慢真實的被建立起來，我了解唯有靠努力工作才會有錢，才會有收入。

當小朋友你跟父母要求買玩具買東西時，有些父母親會告訴小朋友東西價格過高，目前可能買不起，要賺更多錢以後才有能力買，有些孩子會理解，有些孩子會任性哭鬧或是當場耍賴吵鬧，企圖用這種方式逼父母服從，這對於父母也是一種教養技巧的學習。「賺錢是一件很不容易的事」要靠自己的努力賺取，這是爹地媽咪「必須」要告訴小朋友的重要觀念，沒有不勞而獲的事，所有你「想要」的東西都必須要靠自己能力去獲得。像爹地與媽咪有時看見報紙新聞報導的消息：「有些成人年紀大不出門去工作，反而窩在家裡吃穿倚賴父母（啃老族）……。」「有些大人因為想要買車付不貸款，反而要父母親代付……」這些新聞聽起來真令人難過，但是媽咪說這些都是在錢「價值觀」錯誤所導致的悲劇，是這些人的父母親在理財與賺錢觀念上並沒有讓他的孩子知道，所以在正確的理財觀念的建立，爹地媽咪都要多花些心思讓小朋友了解的。父母親為孩子花錢買孩子想要的東西，都會看家裡的經濟狀況去「量力而為」，所以試著讓小朋友去了解父母賺錢的辛勞。媽咪說：在國外有許多公司會有父母日

（Parent's day），在這一天公司會允許員工們帶著孩子一起在公司上班，讓孩子可以親眼看看他的父母親工作實際狀況與辛苦，一方面讓父母親可以告訴孩子「工作換去錢財」觀念，一方面也是很棒的「理財教育」。透過這樣的工作展示讓小朋友知道：每天父母到公司或店面去工作，不是去玩耍，而是將所學的運用在工作上，幫忙公司解決問題換取薪資，當然也告訴孩子必須要準時上下班，因為這是工作場所的要求與規定，也不能隨時的請假不出席工作喔！透過這樣讓小朋友了解父母親工作的樣貌，相信對親子關係與對工作的認識會更加深印象與了解，當你又要求父母開口要求禮物玩具時，你就可以多一些想法：父母親賺錢辛苦，對於獲得的物品更要珍惜喔！

有一次，我去爹地與媽咪的公司看了他們工作的狀況與環境，才了解原來我的家人工作時是這樣的情形：

一、了解我父母親一天在公司內工作的時間與內容。
二、了解我家人工作的環境狀況。
三、知道要具備如何的專業技能才能勝任這份工作。
四、讓我知道父母親一天可以賺多少錢？
五、讓我知道父母親工作賺錢一點也不輕鬆。
六、發現在他們工作上可以學習到什麼有趣的事。

我問爹地媽咪，我什麼時候也可以開始賺錢呢？他們都先問我：想做些什麼工作呢？告訴我在工作上可能會面臨的風險與狀況，讓我了解原來在我18歲時就可以嘗試去找些工讀生的工作，但是在工作與求學上要取得平衡，畢竟完成基本學歷的要求也是為未來打下基礎。畢竟打工與學習在時間的掌控上必須學習管理，除了學習理財更要學習「時間管理」喔！俗話說：「一分耕耘，一分收獲」在付出努力後就應該得到相對應的報酬，工作上的報酬不光只有金錢的收穫，更會帶來成就感與自信心，這也是父母親教會我的事。媽咪有告訴我一些若要當工讀生找工作時，必須注意的要點：

一、未滿18歲時工作要有法定代理人同意書。
二、薪資不可以低於法定基本工資。
三、雇主要幫工讀生加保勞工保險、就業保險與提撥勞工退休金。
四、加班要給加班費。
五、掌握**「7不3要」**原則。
7不：不繳錢、不購買、不辦卡、不隨意簽約、證件不離身、不飲用酒類或來路不明的食物、不非法工作。
3要：要陪同、要確認、要存疑。要面試時找人陪同。
六、工作條件要再三確認。對雇主要求保持存疑的心；小心別吃虧上當！

雖然我年紀還小，但是跟父母親討論起工作與理財方面的事，讓我覺得好有成就感喔！原來長大就是這樣，可以做這麼多的事情，就會讓我好開心、好興奮喔，好想趕快長大喔！

理財小問答

1）你有沒有參觀你爹地媽咪的公司？知道父母親上班的地點或狀況嗎？

2）賺錢是一件辛苦的事，有聽過家人說工作上的辛勞、辛苦的事情嗎？你有給予什麼樣的安慰或建議嗎？

3）要幾歲才可以工作（工讀生）？你有想過可以一邊讀書一邊工作嗎？或你家人有這樣情況，他們會覺得辛苦的地方在哪裡？

4）你知道什麼是「7不3要」的原則嗎？可以說說看。

解答：

1）自行回答。

2）自行回答。

3）工讀生原則上必須年滿15歲才能打工，在法規中亦有明文規定例外情況：要主管機關同意的工作環境。主管機關指得是你必須取得家長同意、學校同意，以及居住地行政單位同意。最後需要你所住的地方的村里長協助你辦手續，或是學校的建教合作也是屬例外情況。

4）7不：不繳錢、不購買、不辦卡、不隨意簽約、證件不離身、不飲用酒類或來路不明的食物、不非法工作。

3要：要陪同、要確認、要存疑。要面試時找人「陪同」。工作條件要再三「確認」。對於雇主要求保持「存疑」的心；小心別吃虧上當！

給父母親的提醒

1）父母都希望把最好的東西都給孩子，希望孩子平安成長，能夠成為優秀的孩子，但是許多父母親卻不讓孩子知道，自己在工作上所付出的努力與辛苦，更不會把自己的「困難」說給孩子聽。但實際上父母這樣做不但不會使孩子理解，也會讓孩子「失去學習」回饋和感謝。當孩子買零食玩具，只在乎自己喜歡與否卻不看價錢，父母可能說：「這東西我們不要買；太貴了。」父母禁止是因為該物品可能是「想要東西」，並非是「需要」，結果孩子只看到「爸媽吝嗇不買給我」，卻沒有看到父母親希望孩子去學習管理金錢與合理使用的心，但話沒說清楚反成為親子心中的疙瘩，成為會彼此不諒解的原因，該如何讓孩子去了解：「工作賺錢辛苦，每一分錢都應該要謹慎地去使用。」

2）國小老師林晉如老師在臉書上有列出國小學習單，將報紙上分類廣告中的資訊節錄出，她希望小朋友可以將該求職工作的細項做補充，例如：工作內容、上班時間、上班地點、適合年齡與應具備的條件與專業要求等，透過求職資料填空補齊方式讓孩子了解，孩子對父母工作的認識並非只有幾項幾種，也並非是衣著光鮮亮麗的辦公室工作而已，而是包含食衣住行育樂等各種項目的職業別，每份工作都不是眼睛看的簡單，也不是每樣工作薪水一定很優厚，但要辛勤工作、貢獻專業技能，才能換取金錢，也才有錢可以讓孩子可以上學與購買家庭中生活的所有用品。所以不要害怕讓孩子知道你工作的辛苦，也不要讓孩子有錯覺～以為賺錢是輕鬆的，讓孩子了解社會工作的真實面貌，反倒是對孩子教導的好方式。

你有觀察你的爹地媽咪會為了什麼事情愁眉苦臉嗎？是為了工作，還是因為家裡支出的費用呢？

有看過你的爹地媽咪為了增加家裡收入在討論嗎？是要多加班還是減少家庭的花費的金額？

身為小朋友的我們，有沒有什麼方法可以幫父母親分擔憂慮呢？

我們該怎麼幫上忙呢？我們要怎麼做呢？

3-4 你可以幫父母分擔憂慮與責任嗎？

之前我有做過家庭支出費用的統計表，你還記得嗎？若是忘記沒關係以下這張圖表是艾倫自己列出來，在我家今年三月份的家庭支出記錄，從這張記錄就可以看見我爸媽在這月份花了多少錢，而錢花在什麼項目上，也知道還有剩下多少錢可以儲蓄投資。其實每個家庭的收入與支出都不一樣，相同的一點是：都會依照收入部分去計算支出額度（可以花多少錢）。像有些家庭收入比較高（爸媽薪資收入較多），當然在花錢上就可以多買一些或可儲蓄投資，相對地假如家裡收入必較屬於一般，花錢支出項目就要多節省，才不會透支或要去借錢，所以每個家庭的收入與支出都會影響到那個家庭的生活品質與氣氛。

家庭總收入金額	100,000 元 (父母或家裡其他收入總計)		
每月支出項目	金額	每月支出項目	金額
房屋貸款/租金	30,000	補習、才藝班費用	3,500
食物費	18,000	娛樂費	2,000
交通費	3,500	孝親費	10,000
水費	500	加油費	400
瓦斯	700	修繕費	0
電費	1,200	保險費	1,500
學費		紅包白包費用	2,000
總支出費用	73,300		
可儲蓄費用	26,700		

有些收入較多的家庭也是節省在支出的方面，或許他們為著一個預定目標在做儲蓄（買房、求學或旅遊），或為了節省更多錢放在投資方面（股票、基金），不管為了什麼樣的目標設定，都是必須做「錢的主人」，畢竟生活處處離不開錢的使用，所以有人才會說：「『財務危機』是僅次於『健康』，人一生中會面臨的第二大危機」，著重財務收入與管控支出費用，才能使生活更加自由與安心。

我們雖然是小朋友在經濟方面可不可以幫忙父母親的忙，讓他們不要這樣擔心、這樣疲累呢？我有幾個小建議，可以提供你做參考：

一、**跟著父母親學習記帳，知道每一塊的用法。**在每個月你的爹地媽咪或許會給你一定金額「零用錢」，讓你可以學習去掌握與花用，但是跟著父母親學習每天記帳就可以知道「錢」的用途了喔！

二、**跟爸媽咪討論消費的生活事。**不要認為「談錢」是很俗氣或是一件不對的事，相反的去跟父母親分享「消費概念」是一件貼近生活的實際事，更是生活經驗的真實學習。

三、**分擔家庭事務是身為家人的責任。**不要因為幫忙家事後就要求父母親「給錢」做為獎金，這樣除了讓父母親為難外，也把家庭責任分擔的意義搞錯了喔！

四、**看見父母親在工作的辛苦。**對所買的物品要養成「愛惜」的習慣，因為隨便弄壞它，爸媽就還要再多準備錢來購買，如果覺得物品玩膩後也可以跟朋友做交換或分享，這樣物品就就可以做些變化囉！

五、**買東西可以多跟爸媽前往，了解實際價格與買東西的地方。**像有些同學家庭有開店或是擺攤，我發現他們不但口才說話技巧較好，懂得用詞也多很多，所以當爸媽出去購物時，我就會儘量跟在旁邊，了解商品價格與購買的地點，有助於下次購物時的印象。

在學習管理金錢的過程中，保持錢是「當花則花，不當花則節省下來」的概念，說起來簡單但做起來會有小困難，因為在我小朋友的判斷力可能無法了解「當花錢」與「不當花錢」中間的差別與界限都可以問爹地媽咪，相信他們都會很樂意的教導我們，雖然我的年記小，在理財觀念上都在學習，跟隨父母親學習是很重要的，聽爹地媽咪告訴我真實生活的購物經驗，去了解生活不是只有念書與工作，其實還有許多有趣的事在身邊發生喔！對爹地媽咪在工作上的辛苦，可以做個體貼的小天使，幫忙做一些簡單事，像在吃完晚餐後幫忙收拾碗筷，有空時幫忙媽咪主動做些簡單家事：比如擦桌子、掃地或擦玻璃，在爹地下班後幫忙搥搥背或送杯熱茶，積極去幫忙做些家事，相信就會讓父母親非常的開心。對於「需要」與「想要」的東西可以學習分辨它們，對於「想要」的東西也要學習自己利用存錢方式去購買，而不是一直跟父母吵鬧要求他們買，你說對不對呢，另外；你知道後就是要去做喔，別忘了。

理財小問答

1）有看過家裡「家庭支出費用統計表」嗎？

2）如果爹地媽咪沒有記帳的習慣，你有沒有問過他們是如何知道家裡的收入與支出狀況呢？

3）你自己有「記帳」的習慣嗎？如果有，會跟家人討論用錢的方式嗎？

4）如果沒有記帳，請問你為何不考慮做記帳動作呢？原因是什麼？

5）我們小朋友可以在財務上可以幫忙上父母親的忙呢？

解答：
1）自行回答。
2）自行回答。
3）自行回答。
4）自行回答。
5）自行回答。

給父母親的提醒

1）要避免對孩子說：來「幫」媽媽做家事！為什麼呢？因為「家事」是每個家人的事，不是媽媽或爸爸的事，而孩子做家事不是「幫忙」媽媽，而是完成自己該做的事，該盡的義務。所以請孩子「一起做家事」請孩子自己去完成他的部分，這也是訓練孩子責任感的好方法。不要因為擔心孩子因為年紀太小，而做不了什麼事或做不好，因為把事情交給孩子做，是要他們去學習並非是要他們把家事做的很完美，抓緊時間讓孩子們盡可能去參與並養成「一起做家事」的習慣與心態，才不會教養出有「王子病」與「公主病」的下一代，造成社會上的問題喔！

2）當孩子有能力照顧自己，才會有能力去照顧別人。孩子願意做家事，其實有方法：

A. **給予家事任務要符合他的年齡。**依照孩子年齡可以做到的事情給予適當的家事任務，以四歲來說可以幫忙收碗筷，五歲時可以幫忙負責擦乾碗盤，六歲孩子負責沖洗碗筷，七歲後就可以自己進行洗碗工作。孩子不同階段給予不同的工作任務，讓孩子有一個感覺覺得自己長大了，所以才可以這樣做，父母親才會給予信任感，那孩子才願意主動做家事。

B. **明確列出做家事的步驟。**要求孩子做家事時，父母親不能只給指令，而且是用命令式口吻。例如：「去！把房間收好。」「去把玩具立刻收好喔！」態度的強硬會讓孩子懼怕，也會很困惑，雖然不會反抗但也是不情願地配合，如果父母親把任務列出步驟給孩子，比如說：「你可以一可以收玩具、二是收桌子、三倒垃圾桶、四可以把襪子放到洗衣籃中。給予小朋友明白的做事流程，這樣孩子也容易配合，也不會覺得自己要做什麼，卻沒有任何頭緒可以下手。

「三歲看小，七歲看大。」這有一個重要的觀念在內：是爹地媽媽咪的「影響力」與教小朋友的方式，會影響孩子在消費觀念與「人格」養成，父母給孩子是最好的禮物——「以身作則」為榜樣。

孩子給父母最好的禮物是「榮耀」，未來要有較富裕的生活，除了在「工作」的選擇上，對「投資觀念」是否具備也是很重要。另外；能分辨出東西在「需要」與「想要」分別，都會影響我們小朋友的觀念，現在就跟著艾倫與我媽咪一起去「逛超市」。

3-5 逛超市學理財

你喜歡去超級市場或是百貨公司嗎？嗯……艾倫我好喜歡去超市走走看看，原因很簡單：因為在超市、超商商場可以看到許多的商品，有趣又新奇，可以了解商品的價格；有趣極了。「超市」是媽咪幾乎每兩天都會去的地方，她為家人去採購生活用品與食材的地方，在一間超市內幾乎就可以把所有東西買齊全方便極了。我從小就喜歡跟著媽咪去逛傳統市場與超市，除了買家用品更可以學習許多的經濟交易，比如說：在超市除了認識新商品，更可以買到「物美價廉」的商品，在超市貨架上的每個商品，都會有清楚地標價、重量、成分與商品相關資訊，讓我可以清楚知道價格，可以進行比價。像相同的衛生紙，因為品牌張數不同，所標示的售價也不同，有時一廠牌與另一牌子「價差」會有五成的差距，所以「商品比價」是逛超市一項很有趣的省錢學習。

去超市或賣場購物時，家人就會列出一張「購物清單」，確認其中的內容與價格部分，確認的目的在於檢查家中這個東西是否快用完了、是否還有庫存品，確保不會購買過量物品回家做囤貨（有些東西家人可能會有少量存貨，例如：衛生紙、肥皂或牙刷等）。而「購物清單」除了是掌握購賣方向與品項的依據，更是掌控花費預算的好方法。購買家中大型電器用品時，更需要家人去討論品牌、價格、購買場所與運送方式與舊機回收等問題，這些問題都要好好想想。如果家裡要買一台電視機，就會利用網路去做商品價格比較，品牌選擇與性能比較，選擇購買的地點（賣場、電器行、網路商店、超市）購新機優惠等，這些都是在購買東西時的省錢方法，這些都是我們在課本裡無法學到的生活經驗，但透過家人帶我去了解與學習，就是一堂很棒的學習理財課。「一分錢一分貨」這是長輩常掛在嘴上的提醒，告訴我們商品價格會有一定的市場定價，若是遇到價格過低，當然會吸引你的目光，但卻要對於品質與內容要多加了解，畢竟廠商製作產品一定會有基本成本與管銷費用（管銷費用指管理、銷售時所發生的費用），不太可能售價低過製造成本，那麼廠商就一定沒有利潤，試著問公司工廠該要如何維持運行呢？該如何「將本求利」（用本錢作買賣以得利潤）商品訂價就會有一定的利潤可以賺，市場經濟活動才能活絡的運行。

每次到超市時媽咪都會對相同商品進行價格比較，選出合適的商品，也會參考超市內當期所主打的優惠商品，希望能買到物美價廉的必需品，也可以多省下一些錢，媽咪說：「商品價格便宜固然是好，但品質與內容也要審慎去評估，不能單憑『便宜』原因就買不適合的物品。」若是相同商品價格比價後是相差無多，就可以依自己喜愛部分做挑選，例如顏色、味道、包裝方式與重量等。但也不能單挑「便宜」商品購買，反而忽略實際的品質，就會使用起來不舒服、不適合的情況出現。

媽咪有時會帶我去賣場或超市去買「促銷商品」或「特價商品」，除了可以買特惠商品外，更可以參加到「優惠活動」的活動喔！而「價格」與「品質」放在一起做考慮時，也是你學習「選擇」與「決定」好機會，在事情或物品上做選擇時，都是生活的學習。像你每天要選擇穿的衣服；吃的食物都是在學習的。我看著我的爹地媽咪在消費購物時，除了學習那些東西是「需要」（生活必需用得到物品）與「想要」（只是心裡想要，如果沒有也沒關係，例如：玩具）的分別，也看到爹地媽咪在花錢時的思考，不會因為小氣而不會去花錢，也不會因為開心而亂花錢買東西，這是因為我的爸媽做了一個好的榜樣，小朋友你可以分辨出「需要」與「想要」之間的差別嗎？在下面你可以試試看喔！

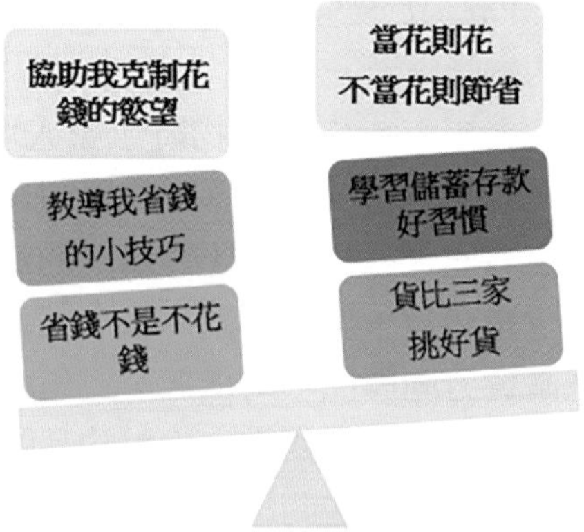

理財小問答

1）你可以跟我一起來看看，那些是「需要」，而那些是「想要」，小朋友請依照你的想法完成下面分類做打「✓」喔！

No.	項目	需要	想要	No.	項目	需要	想要
1	每天餐點			11	名牌球鞋		
2	制服、校服			12	名牌手錶		
3	糖果餅乾			13	筆記本、原子筆		
4	汽水可樂			14	健保卡		
5	教科書本			15	ＸＸ公司貴賓卡		
6	漫畫			16	芭比娃娃玩具		
7	電玩遊戲			17	書包、背包		
8	鞋子襪子			18	漫畫		
9	衛生紙			19	鑽石戒指		
10	自用汽車			20	家中大門鎖匙		

2）你有買過「特惠商品」嗎？它是什麼樣的商品（衣服、書籍、糖果玩具），你買到時心裡是什麼感覺呢？

3）你可以知道你的「零用錢」價格與商品價格的對比嗎？比如說你一個月有500元的零用錢，試著完成下列的敘述句子。

A. 想買一架3,000元的遙控汽車需要儲蓄________月。

B. 一瓶7元養樂多我可以買________瓶。

解答：

1）「需要」：1、2、5、8、9、13、14、17、20。
「想要」：3、4、6、7、10、11、12、15、16、18、19。

2）請自行回答。

3）需要儲蓄6個月，可以購買83瓶養樂多。

給父母親的提醒

1）近年來各行業的薪資並沒有明顯成長增加，但貨幣在長時間下是變小（購買力降低），一般人常愛問：月薪要賺多少才夠用呢？之前看過一則新聞「一名網友上網表示，自己和老婆月收都8萬元，看似充裕但他們幾乎存不到錢，想帶家人出國更是不容易，讓他直呼『生活好難』」。他列出家裡的收入和花費，夫妻合計月入約16萬元，有2個小孩，勞健保和所得稅大約扣了14K、房貸26K、孩子的學費28K、孝親費22K，加上汽車費用、管理費、水電瓦斯、保險等，家裡一個月結餘只剩36K，還要撥錢買家裡的日常用品和食材等等，這樣算下來根本沒辦法存多少錢。現在的人要付房貸、還給父母孝親費還要養小孩，經濟負擔真的很重，去試著去看這家庭的花費，其實還可以「省錢」。在支出部分有分「固定支出」與「變動支出」，像「固定支出」如房貸、學費……是每月固定要繳出的費用，而「變動支出」指的像日常用品花費等是可以做出調整的。像其中有一項「汽車費用」就可以思考，該車輛的購入與後續費用是不是一定，有無其他交通方式替代呢？（因為開車有人是應該「想要」因素是滿足個人想開車念頭，在後續費用並沒有多加思考），至於費用增加而使財務狀況雪上加霜。在日常用品與食材挑選上，也可以做出「物美價廉」的物品選擇，比如一頓飯可以選擇數千元或幾百元，或是幾十元都是你可以「做選擇」的喔！所以財務管理必需要克制購物慾望外，還有自行檢視自己的花錢習慣，唯有面對才能了解自己的財務缺口與如何修正。

2）帶孩子去逛大賣場，可以記住幾項理財教育要教導：

A. 可以先收集大賣場的商品折價券，等到了賣場再請孩子分頭去找折價商品。

B. 告訴孩子按採購清單上商品進行購買，也要跟孩子把預算說清楚，讓孩子一同協助把關。

C. 拿貨品時要教孩子注意有效日期與保存時間，如果要拿飲品牛奶，建議可以拿放在排列架後面的產品，因為擺放愈前面的有效日期愈近，例如：前排牛奶的有效日期，可能只有一周，但後面可能可以放十天以上。

D. 不要拿櫃台附近商品，可能是較貴的品牌，或是讓人衝動型購買的商品，也是利潤較高的商品（對賣家而言）。

E. 可以選擇不同時段帶孩子去超市賣場，讓孩子看看不同時段裡的賣場狀況。像熟食會在當天晚上打烊前會將麵包、壽司、或熟食做打折出清，所以讓孩子可以了解這些時段的賣場情況，也是很好的生活學習。

有錢人越花越有錢，窮人越花錢越窮……這是怎麼回事啊？

這句話為什麼會這樣說呢？「有錢人越花錢越有錢，窮人則越花錢越窮。」也是經濟學中的「馬太效應」意思就是「富有的人更富有，貧窮的人更貧窮。」也就是好的愈好，壞的愈壞，多的愈多，少的愈少的一種現象。會有此現象的原因是由於：富人因為有錢，所以更多「資源」讓自己變得更好，然後又讓自己變成更為富有，而窮人則因為「沒有資源」，缺少可以讓自己富有的「條件」，所以是越來越貧窮。

不需要害怕去花錢，而是要去想……該如何把錢花在「對的地方」，讓「錢」更有價值。

3-6 錢花在刀口上

每個人都喜歡花錢，因為可以買自己想要的東西，可以買玩具或想看的書，或是去自己想去的地方遊玩，可以讓自己可以開心快樂，相信你也跟我一樣——喜歡花錢。但是「花錢」的先決條件就是你帳戶裡要有錢，否則你只能乾瞪眼、光想想而已。媽咪在艾倫小時就會提醒我對於想要的東西要自己想辦法去「存錢」，才能有能力去購買。像我之前因為常跟同學一起在運動場上跑步、玩籃球，所以我的運動鞋特別容易壞，雖然我已經小心很愛惜，但我的鞋子還是壞掉，真是對媽咪抱歉。但我跟媽咪誠實說我需要買雙新鞋，媽咪只是笑笑地說：「我了解的，我家的艾倫是個喜歡運動的陽光男孩，打球可以讓自己更健康；身體更好喔！」

媽咪就會帶著我去看賣場超市與運動鞋大賣場的廣告單，跟我討論運動鞋的功能（慢跑鞋、運動鞋、籃球鞋）、外型、價格與有無優惠折扣等，給我去做選擇的機會，也讓我可以買自己想要買運動鞋，讓我了解同樣的「鞋子」在功能性、品牌與價錢上可以多得到許多購買的資訊。其實之前我也有看到一款顏色鮮豔；特別搶眼，我就跟媽咪說這雙鞋子穿起來一定特別炫，同學們一定會羨慕我有雙這麼棒的鞋。媽咪看了鞋子後問我：「為何想選這雙鞋？」「因為顏色特別搶眼鮮豔，感覺走路起來別人都會注意我呢？」「那艾倫這雙酷又炫的鞋子要多少錢呢？它的功能性是什麼呢？」「媽咪，我沒有注意到這些，我只是『第一眼』看它覺得很炫而已」「好的，那現在艾倫可以仔細看看關於這雙鞋子的相關資訊後，我們再來討論」接著我仔細看了廣告單上的鞋子資訊。哇！這雙酷又炫的鞋子是雙「籃球鞋」，它的標價居然要8,890元，跟我之前買的鞋子足足高出三倍以上的價錢，這是我之前沒有注意到的。

我問媽咪：「這雙鞋這麼貴，你一定不會買給我的，對吧！」「艾倫，媽咪不是小氣鬼，但是要買東西必須要合乎實用性與合理價格，因為我們可以把多餘的金錢在用到其他的用途喔！」「我以為媽咪是因為鞋子昂貴才不讓我買，沒想過還要考慮這麼多」「艾倫，媽咪其實想讓你知道，買東西每個人都會，但要如何將錢花在「刀口」上，把錢用到最好用途；發揮最大價值，這就需要做學習了。像一樣是籃球鞋，價錢會從幾百元到上萬元都有，除了品牌其次；就是要考慮價錢，買東西不是只要喜歡就好，還有其他的因素要放在一起做考量，因為一個正確的花錢觀念與態度是具備的喔！」

「像你挑的那雙又酷又炫的運動鞋，當然穿上會引人注意，但是你必須花比其他鞋子三倍價錢才能擁有，就只為了別人的注意一眼；稱讚一聲而已，這樣值得嗎？其實可以想一想喔！有沒有非要買它的理由，這就是之前媽咪跟你說的『需要』與『想要』的差別。」

「喔！我了解了，運動鞋我是穿去為了跟同學去打籃球，它的目的是『籃球運動』，我要從它的實用性去考量，所以符合『需要』與實用性其實就可以挑選到很棒的鞋子。若我『想要』得到別人一秒鐘的讚美就要花三倍的錢，其實就會造成浪費了，這樣說對不對，媽咪。」「真是聰明的艾倫，相信你已經了解東西在『需要』與『想要』的分別，利用多一些資料的輔助，小朋友也可以做個聰明的消費者。還有媽咪還想跟艾倫說雖然台灣許多商店定價都是『不二價』，都是照價做付款，但是在傳統市場、夜市或觀光景點買東西時，是可以做『殺價』，如果不懂『殺價』就可能多花一些錢或當冤大頭囉！」「喔！原來媽咪在傳統市場會跟攤販進行『殺價』，就是希望能獲得較好優惠價錢，我清楚了媽咪」「殺價是一門技術，也是藝術喔！學會殺價是一輩子受用，尤其像高價的房地產，如果可以殺個百分之十就可以省下好幾百萬元，所以在日後媽咪也會帶著你去實際買東西，學習一下『議價技巧』。」

「謝謝媽咪，我知道原來要聰明用錢，把『錢』的價值用到最大值，而且當用則花，不當用時一塊錢也不要亂用，因為每一塊錢都可以累積到一筆可觀的積蓄，對吧！媽咪」「艾倫，好棒喔！媽咪說過的理財小技巧你都記下來了，那媽咪之後就可以多教你一些理財觀念囉！」「謝謝媽咪」。

理財小問答

1）你平常喜歡做什麼類型的運動？運動時都會穿運動嗎？你通常會在哪裡購買運動鞋呢？（百貨公司、大超市、賣場或是街邊門市商店）

2）你曾經有要求爸媽幫你買什麼款式的運動鞋，結果父母親不允許，是什麼原因呢？

3）你曾經有用「哭鬧方式」要求父母親幫你買什麼，結果他們的反應是什麼？（跟你説明、父母親生氣或是不理會你）？

4）你會殺價嗎？是在哪哪種場合進行呢？結果是什麼，可以跟我分享嗎？

5）去過家附近的夜市或觀光夜市嗎？你的感覺是喜歡的嗎？在夜市有買些什麼或吃了哪些美食呢，可以跟我分享嗎？

解答：
1）自行回答。
2）自行回答。
3）自行回答。
4）自行回答。
5）自行回答。

給父母親的提醒

1）相信每位父母在教養孩子過程中都會遇到「孩子用吵鬧方式企圖強迫你服從的行為」，你是如何回應的呢？相信許多父母親會使用父母權威「沒得談，你是孩子、我是父母」的態度回絕，縱使孩子在當下會服從遵守，但家裡氣氛還是低氣壓，事情就這樣「不了了之」，也讓孩子心理有些委屈與懷疑想法萌芽，這都是父母親喪失去做「引導」的工作。

人的欲望都是無限的，總是有太多「想要」的東西，尤其是「物質層面」的東西，就如我們每天要接受電視、媒體廣告與網路資訊傳遞影像，分分秒秒刺激我們去消費購買更多新奇、好玩、好吃的產品或東西。我們的小孩子從小環境就在這樣刺激中而相互平衡成長，讓孩子了解唯有擁有做好最新奇的東西才是「跟上流行」。而孩子在求學階段的刺激有來自於同學朋友的相互影響，互相比較的心理，往往同學之間有人擁有最新的新手機，或是新款運動鞋等，都會引起同學之間的羨慕與讚嘆，暫時成為注意目光的主角（雖然時間很短，短到只有幾秒或幾天）。而導致孩子也會跟父母親吵鬧要更新型或同樣的新東西，以便能成為吸引關注的焦點，但一般父母的反應通常是一句話回絕掉孩子的要求：「你以為我們家錢多啊！為什麼要買那麼好、那麼貴的東西？」卻忘記掌握時間跟小孩子做「理財教育」的觀念灌輸。

2）從小培養財務智商與觀念，基本且重要的就是跟子女釐清「需要」跟「想要」的分別（我們前面常提到的），這是理財教育裡很重要的議題，也是核心的思維模式。讓孩子建立這樣分辨的能力與態度，將會使孩子一輩子都將受用無窮。「想要」是一種欲望，有無達成都對現況生活沒有太明顯的影響（有一雙名牌鞋並無法讓你跑得更快；跳得更高），但卻會使你財務「雪上加霜」，這是需要經過深思熟慮才能做的事。

或許你也可以告訴孩子有「延遲享受」的觀念。東西產品的進步發展非常快速，新產品推出速度也會越來越好；價格越來越便宜的，這是商業固定發展原則，你現在不買並沒有吃虧，而是你將「想要」往後挪移一段時間，可以等待功能更棒的產品出現。或許你現在經濟能力是可以購買，你也可以一擲千金把所有儲蓄的錢投入，你買下的就是「負債」，這產品不會幫你賺取更多金錢或利益，相反地你卻因為這東西把所有積蓄花光，你也失去投資本錢與機會喔！你「想要」的東西，不見得要馬上享受，緩一些時間再做，或許你會看到更好的東西或機會，你才有能力做轉換做出調整。

3）多數人家庭財務資源都是有限的，在培養孩子在花錢消費觀念上都會儘量教導，去讓孩子有自主判斷的觀念。會告訴孩子現在很想擁有一個玩具，父母親並不會馬上買給他，而是讓孩子把得到玩具的時間往後延緩一些，在這段時間去訓練孩子先去蒐集資料，知道這玩具要花多少錢，也透過「比價」方式讓孩子了解「貨比三家不吃虧」的想法。也透過教導孩子自行錢去購買玩具，協助孩子去訂定儲蓄目標，或是其他方式可以獲得金錢報酬。在孩子做了這些準備同時，也訓練孩子的耐心，過幾個月後當孩子存夠了錢，就可以真正去購買這項玩具，讓孩子了解沒有什麼東西得到是「理所當然」，都是必須自己想法子去爭取、去規劃，對孩子花錢觀念有很大的助益。

你最喜歡逛的商店與賣場是哪一個？到了商店內你最喜歡逛什麼商品區域？是玩具、是零食區、還是書籍區呢？

不管是哪個類型的賣場區，你可以說說看這些地方有哪些吸引你的地方嗎？是喜歡商品；還是喜歡店裡的氣氛環境，還是因為地點呢？這些你喜歡的因素，別人也是一樣的喜歡嗎？

現在我們就來看看這些很受歡迎的店面、賣場或是超市，它們吸引顧客目光原因在哪裡呢？它非常有趣喔！

3-7 有些商店為什麼就是吸引你？

你家附近有那些店你會常常過去光顧，即使你沒有花錢買東西，每當你走過時就會想去裡面逛一逛、繞一繞呢？它或許是一家玩具店、書店、便利商店或是百貨用品店，而這些在你家附近的店，一定有些吸引你的因素：或許是價格很公道，或是商品很齊全，或書籍文具用品種類多樣化，讓你經過時都會進門去看一下，儘管你沒有想花錢去買，你就是喜歡進門去走走晃晃，感覺上就會很開心快樂了。

其實這些商店或許掌握了門外路過顧客的心態，或者是商品也具有極大的吸引力喔！就拿艾倫家附近有個模型店，每次我走過時都會隔著玻璃去觀看擺在玻璃櫥窗內的商品：機器人模型、飛行船或是有趣的城堡模型等，我都非常非常的喜歡。由於店裡燈光非常的明亮，模型旁邊也清楚標示出「價錢」或是打折後的「優惠價」，再加上在店裡還擺放許多已完成組裝後的鋼彈機器人，店裡老闆都很歡迎我們走進去觀賞這些商品，所以店裡許多的同學都是我們學校的，還包括他們的父母親，所以這家模型店是我家附近，艾倫最喜歡的店。

每次我跟爹地媽咪走過這家模型店時，我都會要求他們給我一點點時間，讓我用眼睛去欣賞這些有趣生動的鋼彈機器人模型，這樣就已經讓我非常開心。我從來不開口跟爹地媽咪要求他們買模型機器人給我，因為我知道：模型機器人是屬於「想要」而非「需要」的東西，即使艾倫非常喜歡，我也要學習自己存錢購買，因為這是自己想要的東西喔！媽咪問我你為何喜歡這家店呢？我回答：因為店裡的商品我喜歡，環境氣氛讓人覺得輕鬆；沒有購物壓力，另外老闆態度非常和氣，不因為我是小孩就不理我或不招呼我，所以我喜歡這店的感覺。

媽咪說：其實會吸引顧客的門市或者店面都有幾項原則，比如說：

一、商店內擺設很有秩序；不雜亂，燈光氣氛也會讓商品更有賣像。
二、商店內的商品項目與數量可能很充足，讓你可以挑選自己所需要的產品。
三、店裡人員態度親切有禮，不會一直跟你推銷商品，讓顧客比較沒有壓力，人員較有笑容，也會為店面有加分動作。
四、櫥窗擺設可以吸引顧客目光，讓顧客耳目一新，也時時保持商品具有「新鮮度」，讓顧客充滿新奇與創新感覺。
五、商品價格或許較為公道（商品價格都可以透過比價發現是否合理），讓顧客可以接受上門購買。
六、了解顧客層級與顧客需求。唯有掌握商品銷售主要客層（客人），知道你的客人需要什麼服務，知道誰（哪一位）可以決定購買、付款或是售貨服務該如何提供。

這些都是一家店會吸引顧客走進門很重要的因素喔！像百貨公司的樓層或攤位、櫃位安排都有特殊的安排喔！「嗯……媽咪妳這樣說我也想起來了，好像我們所逛的百貨公司都有一些相同的地方。」「像百貨公司有花灑型與半邊型的樓層設計，這都是依據消費心理學與行為學所歸納設計出來了喔！」「有『花灑型』與『半邊型』，它們是什麼樣式的設計啊！」「花灑型」商家在最高樓層想盡辦法，以物美價廉的商品作「誘餌」，來吸引顧客直奔最高層選購。隨後，顧客們會像「花灑」（浴室的蓮蓬頭樣式）在先期低價格購買高質商品的刺激下，意猶未盡地向下逛其他樓層賣場。「半邊型」商家會將主力店鋪分別規劃在每層單一安排在一側，吸引的顧客平衡分布至每一個樓層的一般店鋪，達到商場賣店發揮最大利益。「中庭」是這個商業建築的焦點，能創造購物感受和進行空間區隔，讓顧客購物時會覺得空間寬廣，比較沒有壓迫感。像許多百貨公司樓層設計就會把女士化妝品銷售放在一樓位置，可以讓女士一進百貨公司就可以看見國際品牌在此聚集，像小朋友的玩具我就可以在五樓找到喔！

雖然每家百貨公司樓層安排都不相同，但有「大同小異」的樓面安排，這裡面就包含了顧客消費習慣與逛街行為的小心機在裡面。雖然百貨可以提供你很多貨品與品牌選擇，但是在百貨公司裡購物確實比外面一般店面價格來得高許多。媽咪說像現在許多人購物都會透過網路「網路商店」做食衣住行育樂等的商品採購，而購買後更是會快速「送貨到家」，甚至於在付款方面用更方便「貨到付款」或「信用卡付款」，更大大簡化了購物付款的便利性，讓顧客可以不挑時間進行逛街購物，這些因素讓百貨公司的挑戰變得更多，也讓現代人消費習慣與思維面臨不同的消費型態。像我現在也會利用「網路商店」去挑選想買的書籍，與進行商品價錢比較，就可以買到很合理划算的書，減去我去書店挑選與交通的時間花費喔！你喜歡什麼商店的呢？那吸引你目光與注意的店有哪些優點呢？歡迎你也告訴艾倫；和我一同分享吧！

理財小問答

1）你喜歡那些商店或賣場嗎？你喜歡它們的理由可以跟我分享嗎？（是因為地點竟環境、產品價格還是其他原因）

2）如果你可以開一家店，你想開一家什麼樣的店？飲料店、麵包店、便利店或是其他的店，你可以說說一下你夢想中的店，是一家什麼樣的店嗎？

3）你家人有在網路商店上購物嗎？都買了那些東西呢？覺得方便或有不方便的地方在哪，可以跟我一起分享嗎？

解答：

1）自行回答。

2）自行回答。

3）自行回答。

給父母親的提醒

在炎熱的夏天，父母親會因為氣候的因素會帶著孩子去逛百貨公司，因飲食與娛樂都可以同時被滿足。不論父母的職業、學歷、社經地位有何不同，喜歡讀書的孩子都有一個共同點，就是家中都有很多書。藏書量低的家庭，孩子往往不會喜歡讀書。換句話說，喜歡讀書的孩子都是家裡藏書數量多，若家中藏書量少，孩子也不會愛上閱讀，反而會對書感到陌生。如果要送孩子禮物，「書籍」比起其他禮物，書籍更具有收藏價值喔！送書本給孩子的同時，也能傳達送書人的品味與想法。和孩子一同逛書店，和孩子一起建立看書買書的樂趣，是培養孩子閱讀習慣與氣質有效的好方法，讓孩子藉由閱讀拓展的眼界觀點，更可優化辭彙的優美與數量，更可以讓觀念與想法有多角化的思維。

你在看新聞、戲劇節目、卡通或國外影集時，空檔時間一定充斥著各種類型的廣告資訊：食品、飲品、汽車、化妝保健品或是許多賣場優惠折扣的訊息，讓你眼花撩亂、有時又會讓你想購買試試，甚至於你根本不想看，趕快去上廁所或是做別的事情。

不管如何；廣告時段都是電視台很重要的經濟利益收入來源，藉由電視節目播放空檔時間放入商品銷售資訊，讓消費者與電視觀眾可以暫時「抽離」，可以暫時休息一下，所以廣告對電視台是很重要的「客戶」喔！現在就讓我們來看看廣告播放也是會「騙人」的喔！

3-8 廣告也會「騙人」？

其實很多大人在看廣告時，嘴裡說著：「哪有那麼神奇，一定是『騙人』的啦！我告訴你喔！不要相信它。」卻私底下偷偷地去買，讓人覺得大人說話好像也不老實。現在的廣告包羅萬象，所有生活中食衣住行育樂各個項目都包括在其中，要不被吸引似乎要有些定力。像我每次看到零食飲料的廣告，鮮豔的顏色加上吃到「零食」那樣開心與滿足的臉。或是新玩具的廣告，那些小朋友玩著新玩具（戰鬥陀螺），一臉好快樂好愉快的表情，好像有了這個新玩具就能稱霸競技場、所向無敵，我就好想要買一個試試看它的威力。或是媽咪看到某些廣告：「喝一瓶就臉色可以紅潤，所有的健康維他命元素都在裡面，還會讓妳常保青春樣貌……。」媽咪也會發出「有這麼神奇嗎？」的疑問，其實是這廣告剛好打中我們這些觀眾心中的「想要」念頭，發出廣告的效力，希望我們能從口袋中掏出錢來「購買」，這樣的廣告才達到它播放的目的。

媽咪跟我說：每個時間所播放的廣告類型，都會看當時收視觀眾的年紀與族群來播放。比如說：我在學校念書要到晚上時間才會回到家裡，所以在放學後某些兒童頻道就會針對兒童播放零食、飲料、玩具、親子活動訊息的廣告，因為那時我們也放學回家；可以打開電視收看。或是早上或下午時段，或許只有媽咪或阿公阿媽的族群在收看電視，所以保健品、家庭廚具、保險或是家庭食品的廣告會連續不斷地出現在電視上，好對他們產生出吸引力與刺激購買想法，所以電視廣告在播放的時段都會經過篩選，以便於達到最大的廣告刺激性。

有時候我跟媽咪去超市或便利商店，發現新的一款有在電視上廣告的零食，也會以嚐鮮的心態購買回家試試看（因為價錢便宜），後來發現「喔！很難吃！」媽咪就會告訴我：「你看，電視廣告做這樣大，廣告也會『騙人』喔！」所以媽咪會針對看到不同的廣告時，也會跟我分析其中有趣的部份。對我這個小朋友而言，飲料零食與玩具的廣告對我有吸引力，是因為我這年紀對於是事物與經驗較為不足，即使吃點虧上當都是小錢花費，不會對生活造成影響。但是有些需要大筆金額投入的廣告，比如說：「房貸輕鬆還，借款免擔保或是一通電話就撥款……」等廣告，媽咪就會多加提醒：「這是不好的廣告，也是『騙人』的廣告。」提醒我要多加注意，千萬不要輕信不實廣告內容資訊，這樣會使你信用破產；甚至於面臨巨額「負債」纏身。

拿「房貸輕鬆還」的廣告來說，很多銀行都會推出「ＸＸ房貸輕鬆還」，甚至於在房貸期間你還可以活用資金（再跟銀行借錢）。假設你想要買一個房子600萬元，頭期款付出少少幾十萬金額，貸款部分你跟銀行借500萬元、貸款20年期、以利率2%計算，現在網路上都有很多銀行的利率試算表，你要把數值打進去就可以了解。

每月應攤還「本金」與「利息」試算
平均每月應攤付本息金額＝貸款本金×每月應付本息金額之平均攤還率 ＝每月應還本金金額＋每月應付利息金額
每月應付利息金額＝本金餘額×月利率 每月應還本金金額＝平均每月應攤付本息金額－每月應付利息金額

貸款時間拖得愈久，總利息負擔就更沉重，以20年繳款時間計算貸款$500萬元，最後你繳完要付＄6,004,103元，總利息要付出＄1,004,183元，利息錢你就要付出100多萬元，所以「輕鬆還」廣告也不輕鬆，賺的薪水也都給銀行當利息了，所以當看電視廣告時需要看出廣告背後的目的性，千萬不要「信以為真」喔！畢竟廣告多會有誇大、渲染成分在裡面，它的目的就是吸引你做消費或購買，所以看電視上的牛肉麵中「牛肉」通常大的誇張，買回來卻發現牛肉塊非常小塊。或是媽咪看炒鍋不沾鍋的廣告後，一時衝動就買回家使用，就發現煎蛋黏鍋又焦黑，也讓我們學習到「廣告威力」，相對發現我們這些顧客的抵抗力很弱。看電視廣告幾次後也消費，才學習到一個經驗：要當一位好的消費者，就要有控制金錢的能力外，還

要有抵抗廣告宣傳的忍耐力。我們認清楚廣告的真相才了解，有時你原本並不是「需要」這些商品，每天看著廣告洗腦後……突然感覺自己真的很「想要」有它了，這些都是因為廣告不斷地播放，或是同學朋友之間相互「比較」，才會讓你也會想試試看，其實「買」或是「不買」都是你可以做出決定的事，你可以對廣告給出的資訊當作參考，但不一定要照實去做（購買它），你還是擁有十足的決定權，所以不要成為聽話的消費者，還是要決定「需要」與「想要」對你的意義，再來決定是否要購買，才不會成為衝動型消費者；當冤大頭，花錢又浪費讓自己生氣。

理財小問答

1）你看過哪些有趣廣告嗎？廣告是賣什麼東西呢？這些東西為什麼會讓你覺得「不買可惜，買了賺到了嗎？」

2）電視上的牛肉麵廣告的「牛肉」要放這麼大塊，它的目的是什麼，有吸引到你的注意目光，你會告訴爹地媽咪想要去試一試嗎？

3）你的家人會在看電視去購買商品嗎？大都是哪些商品呢？廚房用品、保健食品、飲料零食、名牌服飾或是其他，你可以跟我分享嗎？

4）你曾看過哪些屬於「騙人」的廣告嗎？它的內容大概是什麼呢？你有上當受騙的經驗嗎？

5）家中每個月有房貸需要繳嗎，你知道大約一個月要繳交大約是多少錢？或是你家的房子是租的，每個月要繳多少錢的租金呢？

解答：

1）自行回答。

2）自行回答。

3）自行回答。

4）自行回答。

5）自行回答。

給父母親的提醒

1）能在台北或大都會城市購屋的人，必須要考量許多要點。有很多父母可能在南部或東部有房屋，但為了孩子就學與工作，可能會咬牙計畫在台北幫兒女添購小房子，倘若兒女無身分證，可以買屋登記給兒女嗎？依戶籍法57條的規定：有戶籍國民年滿14歲者，應申請初領國民身分證，未滿14歲者，得申請發給。未成年人買賣不動產程序上與一般買賣同，但所需資料因為義務人或權利人而有所不同：

A. **未成年人為義務人時**：

須以父母同時為未成年人之法定代理人，申請登記時除一般應附文件外，另須檢附該法定代理人之身分證明文件及印鑑證明，同時登記申請書及契約書須加蓋其法定代理人印鑑章。

申請書備註欄須由法定代理人切結「確為未成年子女利益而處分，如有不實願負法律責任。」並蓋章。

未成年人未滿7歲者，申請書及契約書免蓋其印章；滿7歲以上者，應蓋其普通印章。

B. **未成年人為權利人時**：

須以父母同時為未成年人之法定代理人，申請登記時除一般應附文件外，另須檢附該法定代理人之身分證明文件，同時登記申請書及契約書須加蓋其普通印章。

未成年人未滿7歲者，申請書及契約書免蓋其印章；滿7歲以上者，應蓋其普通印章。

視同贈與，課徵贈與稅：

（a）**為成年子女購屋**：依遺產及贈與稅法第五條第三款規定，以自己之資金，無償為他人購置財產者，其資金。但該財產為不動產者，其不動產。

（b）**為未成年子女購屋**：依遺產及贈與稅法第五條第五款規定，限制行為能力人或無行為能力人所購置之財產，視為法定代理人或監護人之贈與，應以贈與論課徵贈與稅；但能證明支付之款項屬於購買人所有者，不在此限。

2）頭期款準備多少最好？買房子最重要的就是準備「頭期款」，而頭期款怎麼存？該準備約幾成？所謂的頭期款就是買房或買車使用分期付款需先支付的第一筆的費用，依目前「房貸」可貸到房屋鑑價金額的7成至8成左右，剩下3成就是自備頭期款。想存到頭期款幾種方式，固定存款、存外幣、或是投資基金、信貸等方式。若父母能贈與也是快速獲得頭期款的方式，目前依政府規定父母雙方對子女每年各有220萬元的贈與免稅額。

至於頭期款應該準備多少，購屋前最好要準備購屋總價的2至3成作為自備款，雖然銀行能申貸到總價7－8成，但銀行對於房子鑑價可能低於房屋總價，相對減少實際核貸額度。購屋後還有裝潢家具費用，還是要多準備一些錢備用，為保險起見還要多準備約1成心才會安。買房子還要注意銀行升息問題，雖然現在很多房貸利率不到2％，但長期態勢看一定會有升息，建議最好多準備一筆預備金因應升息。買房前要先評估自己的購屋能力，房貸負擔最好不要超過收入的三分之一，例如每個月收入6萬，房貸最好在2萬左右，再以年利率2%利息計算，可以負擔400萬的房貸，再加上3成頭期款200萬，等於是有能力購買600萬的房子。

4

防止金錢損失

你知道什麼是「賭博」嗎？

在農曆新年期間會跟家人團聚在一起，玩玩撲克牌的大老二、撿紅點、二十一點或心臟病等撲克遊戲，而家人聚在一起玩玩象棋、麻將或是骰子等，可以開開心心玩樂好幾天，甚至你家人玩麻將遊戲除了上廁所，幾乎不下桌，你覺得對身體健康是好嗎？還是玩樂中還是要適當休息。

在玩這些賭博遊戲下，會因為「贏錢」或「輸錢」而弄到彼此不開心嗎？或是只是遊戲而已並不使用「錢」來做賭注呢？

現在跟著艾倫來看看～「賭博」會有哪些不好的影響呢？

4-1 杜絕賭博行為

「賭博」的意思就是以「金錢」為賭注籌碼，靠著運氣來決定「輸贏」的行為，贏者就可以把錢拿走或收在口袋中，輸者就喪失的一筆金錢，心中自然沒法子開心起來。像每到舊曆年期間家人就會團聚一起，大家可能就會玩玩撲克牌、骰子或是麻將等遊戲，說好聽一點是遊戲、聯絡家人之間的感情，但現實或許就是一場金錢往來的遊戲。「小賭怡情、大賭傷身、爛賭家破人亡！」這是常常出現在社會新聞的標題，告訴我們「賭博」這遊戲會讓人沉迷其中或失去許多金錢，它不光是賭運氣、玩遊戲而已，可能賭注籌碼往往金額過大，會使人散盡家財反而一貧如洗，所以這「金錢遊戲」必須要知道，但不需要去實際操作喔！

像過年期間我家人會聚集一起，大人會打麻將，麻將是一項娛樂，它具有很強的趣味性、娛樂性與益智性。在桌上實戰每個人會講求戰術與技巧，運用心理學、邏輯概念、機率等，去仔細觀察當時現況、進行分析也運用心理學去做應對。但是一旦家人覺得累就休息，不再強迫他人繼續，因為打麻將時只是聯絡感情，在打牌時聊天說話並非是為了將對方的錢完全贏光為目的。

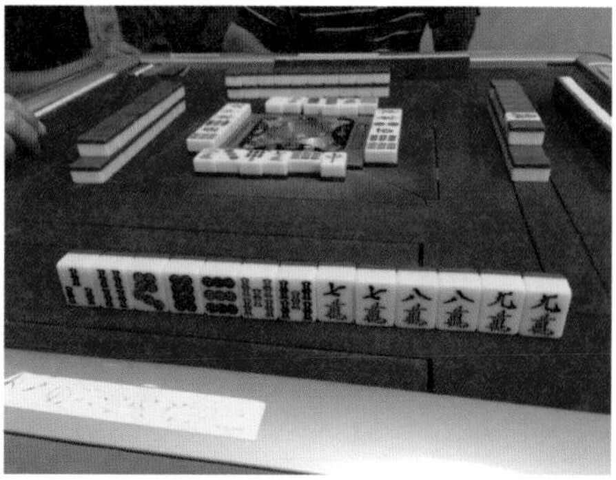

爹地告訴我：「人性的弱點會有『貪婪』與『不認輸』，一直處於劣勢下就會想要繼續賭下去，希望自己能翻盤逆轉勝。而貪婪的心也會讓人沉迷在遊戲中，希望能藉由一次的勝利後能一夕致富，把所有的錢一次贏回來，有了這樣的「貪心」與『不服輸』念頭後就會不斷地『輸下去』。『賭博』遊戲之所以會輸，是因為賭博的『期望值』為負值。賭博的人『久賭必輸』的一個定律，就是『大數法則』。所謂『大數法則』是統計學上的名詞，意思就是當某件事情重複的發生，那麼隱藏在其中的『機率分配』就會自然的顯現出來。比方說骰子共有六面，有一到六的數字，只要『擲骰子』的次數夠多，像玩骰子六千次，那麼每一個數字出現的次數比率，就會等於六分之一機率會有一千次左右，每一個數字出現機率都會平均；而彼此差異也不大了，這就是『大數法則』。」

「像『賭場』都是利用『大數法則』來贏錢，當遊戲次數越多，『報酬率』就會接近該遊戲賭局的『期望值』，而這個『期望值』幾乎為負值或負數，想想看賭客怎麼會贏錢呢？」媽咪告訴我在年節期間玩這些遊戲只是排解時間，純粹是「遊戲性質」並不是要我們因為玩遊戲而損傷身體健康；甚至破壞家人感情或製造爭端，就不是遊戲要的目的而是製造禍端的利器。在學校裡老師都不允許我們有「賭博」的行為（樸克牌當教具時除外），因為學校是學習知識與常識的場所，並不是娛樂放鬆的地點，更會禁止「金錢遊戲」或「賭博遊戲」進入校園中，所以老師會再三叮嚀我們小朋友要特別注意。

在「理財學習」中沒有任何一種是教你去靠賭博去取得金錢財富的方式或建議，相對的會告訴你，沉迷或讓自己在「賭博」遊戲中是會「十賭九輸」，也一定會面臨財富流失；負債累累的「絕境」，所以對於「賭博」我們要了解它；但不需要去實行它，因為「賭博」屬於「負面教材」我們只需要知道即可，要儘量避免自己去捲入其中。而在理財投資中有過類似「詐騙」，利用人想要一夕致富的「賭博心態」，歷史上有名的騙局——龐氏騙局。就是一種投資詐欺，以不正常的「高額報酬」來吸引投資者加入，感覺就是可以賭一把而馬上致富的遊戲。

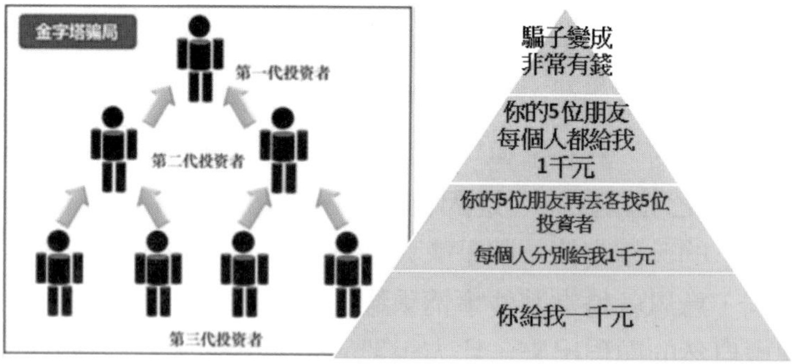

「龐氏騙局」也稱為「金字塔式騙局」，發生於20世紀初的美國，直到現在這種方式仍以類似形式存在於金融市場中。它運作模式：參與的人要先付一筆錢作為入會代價，投資者通過不斷吸引新的投資者加入後而付錢（入會費），以支付「上線投資者」的投資利潤，剛開始會在短時間內獲得金錢回饋，加速推行騙局，再逐漸拉長還款的時間。接著隨著更多人加入而資金流入量少（因為錢都給層層上線分掉），當現金總量（總收入）龐大時，卻不足以支付上線投資者的現金回饋（分紅）時，這遊戲體系逐漸崩潰瓦解，處在最下線的投資者只有付出金錢，卻絲毫沒辦法拿回任何一塊錢，就造成投資像賭博一樣，全部是「肉包子打狗——有去無回」，不管參與「賭博」或是投資上遇到了「騙局」都會使你累積的金錢財富，在一夕之間消失掉的，讓你血本無歸，這都是必須要特別、特別的注意。另外；還有一個就是賭博活動是台灣彩券機構所發行的「刮刮樂」與「樂透彩」，它是很特別的賭博性娛樂，這些投注金額都設定在50元或100元小成本，有時在過年過節才會有較大金額的投注金，而這就是由政府官方舉辦賭博性娛樂，因為投注錢小，就是防止人民過分仰賴這種賭博活動而造成精神上與財務上過度耗損，並且控管避免這種「賭博娛樂」造成社會問題發生。像台灣彩券公司會將盈餘分配給國民年金、健康保險及地方政府辦理社會福利支出，而台灣運動彩券機構會將盈餘分配給國家運動發展基金，支持相關運動活動進行。雖然它們屬於「賭博娛樂」一種，但是由政府進行管理就是要我們不能太過沉迷，用小小的錢買個希望當作娛樂即可。還有一點要提醒：未滿十八歲的人是不能購買樂透彩券及兌領中獎彩券的喔！要特別注意。

總之玩樂透只是花小錢買一個機率與希望，千萬不要把太多錢投入（包牌），以免你的錢全部都變成了公共福利的慈善捐款囉！畢竟中獎的頭獎只會有一組號碼，會中獎一張就會達成發財富翁夢囉！

理財小問答

1）你家在過年期間家人會相聚，會玩麻將、打樸克牌，會以金錢作為籌碼嗎？如果有會因為輸贏過大而家人們發生口角，那時候你的感受是什麼？

2）為什麼會「十賭九輸」呢，你可以說說原因嗎？

3）有聽過因為太沉迷「賭博」而傾家蕩產的事嗎？如果有；你的想法是什麼？

4）你認為有人會因為「賭博」會致富嗎？

5）買樂透彩券需要年滿幾歲？幾歲才能兌換彩金呢？

解答：
1）自行回答。
2）自行回答。
3）自行回答。
4）自行回答。
5）買樂透彩券與兌換彩金都要年滿18歲喔！

給父母親的提醒

1）你認為中樂透的機率有多少，以下這張圖表可以消除你的疑慮，所以千萬不要想用「買樂透」就想要一步登天的做發財夢喔！至於國外也有樂透彩的彩券，而它中獎的機率也是非常非常的低。根據洛杉磯時報導説，開獎的美國兆彩（Mega Millions），頭獎獎金就高達**5億4000萬美元**，它中獎率只有**2億5900萬分之一**。至於像威力彩（Powerball）及加州彩券局發行的超級樂透（Super Lotto Plus.），頭獎分別是2億8800萬美元與1500萬美元，中獎率也是微乎其微，分別只有**2億9300萬分之一**及**4200萬分之一**。所以你就會知道中到彩券的頭獎真的是非常非常非常的「幸運」。

遊戲	中獎率
大樂透	頭獎中獎率 1/1,398 萬，總中獎率 1/32
威力彩	頭獎中獎率 1/2,209 萬，總中獎率 1/9
今彩 539	頭獎中獎率 1/58 萬，總中獎率 1/9
雙贏彩	頭獎中獎率 1/135 萬，總中獎率 1/26
39 樂合彩	二合中獎率 1/74 三合中獎率 1/914 四合中獎率 1/16,450
49 樂合彩	二合中獎率 1/78 三合中獎率 1/921 四合中獎率 1/14,125
38 樂合彩	二合中獎率 1/47 三合中獎率 1/422 四合中獎率 1/4,921 五合中獎率 1/83,657
4 星彩	正彩中獎率 1/10,000 組彩中獎率 1/417
3 星彩	正彩中獎率 1/1,000 組彩中獎率 1/167 對彩中獎率 1/50

2）要注意關心孩子在平時生活中的語言與態度，像有些孩子出口就想要跟對方「打賭」，其實孩子只是對他的決定與擁有事物非常的有自信，還是孩子個性使然，希望在多事物上與對方做競爭，以求有勝負的狀況。若你的孩子動不動就要跟同學朋友做「打賭」，不彷引導孩子説話語彙的使用，可以避免使用「你不信我跟你打賭」可以轉換成「如果你有疑問，我可以解釋/説明給你聽」，讓孩子不要在人際關係相處中，一直想跟對方「賭輸贏」，因為贏與輸對孩子都是同學，並不需要牽涉到獎勵或金額給予的行為。

你家人或是你曾經有接過「詐騙電話」嗎？

你知道接到「詐騙電話」時要撥電話幾號做求證呢？對的！是「165」

直接在手機上或家用電話上撥打「165」警政署全民反詐騙電話

小朋友你是不是覺得詐騙行為非常可惡、不道德，為了保護自己，我們也要充實我們對詐騙行為的防衛能力，知道詐騙集團他們常使用的詐騙方式，提醒自己也告訴家人千萬不要陷入他們設計好的陷阱中，讓我們自己辛苦累積的家產被騙走，現在跟著艾倫來看一看；認識「詐騙手法」有哪些，才好知道如何保護自己與家人財物安全喔！

4-2 認識「詐騙手法」

我們會常常看到新聞中告訴我們：「某某地方的一位老人，因為接到他的孩子欠錢，所以要求家人立即做匯款……」，或是「某某中年婦女在網路上認識在美國軍方任職的聯合國上校或將軍，要求婦人資助金錢讓將軍可以飛到台灣，可以共組幸福家庭……」。每次有這樣的新聞時，媽咪都會解釋給我聽，現在的詐騙行為越來越多，也讓人更要提高自己的防禦心。詐騙手法中其實有太多不合理的地方，但是「當局則迷」在其中的大人們就忽略了。以中年婦女阿姨網戀國外「將軍男友」來說，這些外國人的「中文溝通」學習的非常好（因為中文在學習上是頗有困難），可以藉由郵件與台灣婦人居然可以「溝通無礙」，所以才可以開口「要錢」太神奇了。而「聯合國」它不是一個國家名稱，要台灣人進行匯款透過西聯（媽咪說「西聯銀行」在全世界有與其他銀行合作「即時網路匯款」，雙方都不用銀行帳戶就可跨國匯款喔！）一旦匯款出去，其實非常困難去查實際收款人是哪一位，所以很明顯就是詐騙方式，電視新聞都有常常在報此類型的新聞，大人們更要注意小心。

在台灣常見的詐騙方式有許多，但是警察叔叔阿姨們都有盡力在保護人民的財產生命安全，還有各個銀行的行員都有盡量在幫大家注意把關，我們自己也要提高警覺，才不會讓壞人可以行騙到金錢。我也列出一小部份「詐騙手法」讓大家參考。這些壞人他們假藉以上各種名義，以亂槍打鳥方式做詐騙行為的施展，也利用人性中的「貪心」與「好心」，對人進行錢財的詐取。爹地也告訴我，如果這人金錢管理做得好，金錢價值觀很正確，不容易為錢費盡心思而誤入歧途，也不會因為「貪婪、貪心」而被其他人利用而被詐騙，所以「人性弱點」就會變成壞人可以利用的工具。

1)中獎詐騙	2)假綁架詐騙	3)假親友詐騙
4)退稅詐騙	5)刮刮樂詐騙	6)假法院傳喚詐騙
7)假藉徵才詐騙	8)檢查瓦斯電表詐騙	9)假網路一頁式詐騙
10)贈送免費貼圖	11)假冒金融機構詐騙	12)網路購物詐騙
13)提款機詐騙	14)金光黨詐騙	15)信用卡詐騙
16)行動電話簡訊	17)假元寶假首飾詐騙	18)瘦身美容詐騙
19)家庭代工詐騙	20)網路交友詐騙	21)假募款詐騙
22)語音內容轉客服	23)誘騙到超商買點數	24) 色情廣告詐騙
25)匯款到指定帳戶	26)工作人員疏失使金額有問題	27)告訴你到鄰近 ATM 解除設定

△生活中常見的詐騙手法

我聽到我同學說過一件事，讓我覺得「詐騙集團」的壞人真是「無孔不入」。事情是同學的媽咪在網路上網購一些化妝品，利用信用卡做結帳動作，東西也送到阿姨手中。但是過了一個月後，有天阿姨接到了一通手機電話，電話那頭的人表示他是「某某化妝品公司」，很高興在一個月前阿姨在網路上購買ＸＸ化妝品，但是因為ＸＸ化妝品公司內部員工因將信用卡刷卡「誤刷」成分期付款的付款方式，要請阿姨前往附近銀行的ATM做「分期付款」解除的動作……。其實阿姨當時是一筆付清款項並沒有做「分期」，就知道是遇見了「詐騙集團」，隨即就掛上電話並封鎖號碼。之後阿姨再撥打「165專線」進行查詢，再次確認該號碼確實是詐騙電話。

爹地說過：電視購物、網拍購物及銀行客服人員「不會」以電話通知銀行用戶你的帳戶設定錯誤，變成12期分期扣款的。如果你接到電話要你去自動提（存）款機（ATM）去操作的電話時就要格外的當心小心喔！自動提（存）款機（ATM）功能都在螢幕上清楚的顯示，機器並沒有辦法去解除『分期付款』設定上的錯誤，因為提款機「無法查驗身分」，所以只要聽到任何人說可以到自動提（存）款機去操作，以方便『解除分期付款設定』時，一定一定就是詐騙喔！而銀行自動提（存）款機，也就是ATM它只有「匯款、轉帳」的功能，並沒有解除任何資料或設定的功能，所以一定要注意。

原來這些「詐騙手法」雖然新聞與廣播都有時時再提醒，但是大家一旦不注意還是會上當。像艾倫我有自己的手機，有時同學們在臉書或通訊平台上會收到轉貼來路不明的粉絲專頁，它告訴我們可以贈送「免費貼圖」，還要我們進入留言中去註明「ＸＸＸ真的可以下載」的字，讓我都信以為真了，我問過爹地後；爹地馬上說這些贈送活動是暗藏陷阱，躲在背後的這些歹徒會利用這方式去搜集用戶帳號資訊，然後轉賣給不肖業者廠商，這些資料未來都可能成為歹徒實施各種詐騙手法的對象喔！也再三告訴艾倫不要因為貪圖免費貼圖而上當受騙！對於來歷不明的免費貼圖贈送活動，也千萬不要輕易相信，畢竟「天下沒有白吃的午餐」喔！（天下沒有白吃的午餐是經濟學諺語，指不付出成本而獲得利益是不可能的，表面上免費的東西，往往會通過其他方式進行收費或承擔分擔成本。）

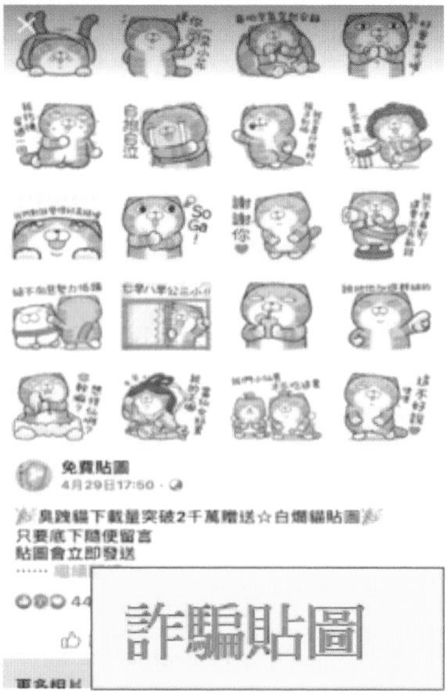

媽咪告訴我當面對反詐騙要記住123「一聽、二掛、三查證」。

「一聽」要注意對方講話或詢問的內容，知道對方的目的是什麼？如果是屬於上面所提到的內容，就馬上進行……。

「二掛」知道對方目的後覺得有詭詐，就立刻切斷電話或關閉家門，或是將狀況告訴附近的大人們，不要害怕緊張，先保護好自己。

「三查證」先用電話告訴自己的家人或爸爸媽媽，或是撥「165」專線進行求證，會有警察人員協助處理，或是撥打「110」報案。

最後媽咪還提醒我「最近新聞有報導有人以「165」或「+165」的號碼來電，自稱165專線人員，告訴被害人你的個資被冒用，還涉入洗錢等多項刑案，詐騙集團要求你要協助調查，或接受監管你的帳戶和財產，因為看到手機

△圖片來源：臉書165反詐騙宣傳

或電話上來電顯示「165」，很多人就信以為真或按照指示去進行前往匯款⋯⋯。」「刑事局公開表示「165」只是簡碼代號，是沒有辦法撥出電話，只能單向接收電話的。而「165」專線人員如果需要聯絡要做電話回撥，你的手機會顯示市內電話號碼，並不會只出現「165」或「+165」。而你手機號碼上有出現「+」字號，就是從境外（國外）的來電，所以要更加注意喔！

原來學習理財不光是只要了解正確理財觀念與方式，對於自己切身的財物安全，也要時時提高警覺，才不會被潛伏在暗處的壞人「有機可趁」利用詐騙方式騙走我們辛苦累積的財產喔！

理財小問答

1）你聽過周圍人遇到「詐騙集團」電話打來時，都講了什麼呢？最後是如何發現是「詐騙集團」詐騙手法？

2）「詐騙方式」你知道有哪些？你可以說出你知道的幾種？

3）遇見「詐騙集團」時要撥打什麼號碼來做電話求證？

4）若「詐騙電話」打給你，你會怎麼做呢？

解答：

1）自行回答。

2）自行回答。

3）自行回答。

4）自行回答。

給父母親的提醒

1）在現今社會層出不窮的詐騙方式與手法，一直在周遭生活中存在著。或許你與家人曾經遇過，或是聽過親朋好友談論過，我們總是要再三去提醒我們的孩子，要特別提高警覺或多加注意。而詐騙集團也會因而進化，我們只能多加注意與跟孩子多次叮嚀，並要教導孩子面臨狀況時該有的步驟。

電話詐騙時會以孩子被綁架來訛詐贖金，通常會以電話與家長通話時，讓孩子哭聲去影響父母求證的能力，所以「詐騙集團」一定會讓受騙父母親不會有機會掛上電話，防止父母有時間去做「求證動作」，父母親還是要用「寫字條」請身邊人確認孩子所在位置。另外孩子的哭聲會讓父母親產生混淆，所以請父母親仍要保持鎮靜；冷靜以對，再做其他應變。而在平時對於孩子的穿著、用品不宜使用過分昂貴的物品，避免造成他人覬覦起歹念。

在平時與孩子互動時要讓孩子對周遭環境多一分的注意與小心，勿忽略潛伏在身邊的危機。當孩子遇到有陌生人跟蹤或想要企圖強拉、強行帶走孩子時，孩子該如何大叫，或立即跟身邊大人要求協助等，都是父母親應該要在生活中隨時告訴、提醒孩子的重要自保動作。

2）在網路上都教導孩子有關防騙的提醒，這些需要仰賴父母親來教導。

A. 上學路上不要和陌生人講話。小朋友在上學校時，遇見陌生人不要回話，笑一笑後就快速快走掉。

B. 走路途中不要和不熟悉的人一起走，儘量跟同學回家，或是等待家人到來接你後才離開。

C. 不要隨便向陌生人透露自己的訊息，有關個人個資與家裡地址，教導孩子切勿隨意透漏。

D. 記住爸爸媽媽、家人和老師的電話，若有狀況發生時，要孩子在「第一時間」將情況告訴家人。第五、告訴孩子避免進入不當場所：如網咖或附近抓娃娃機店，因為出入人員較複雜，也容易沾惹不必要麻煩。

你家人每個月都有給你「零用錢」嗎？

如果當月份你打算想買個價格高的東西，但是你錢不夠用，你會借錢嗎？跟誰借？爹地或媽咪，還是阿公阿媽呢？還是跟班上同學借？

有發現平時會有同學跟你借錢嗎？是偶爾一次還是經常如此呢？

如果你的爸爸媽媽沒錢時，會跟誰借錢呢？現在就跟我來說說如果錢不夠用或「沒錢」時我們可以怎麼做呢？

4-3 沒錢時該怎麼辦？

如果你的「零用錢」不夠用時，你會找誰借錢呢？是爹地媽咪；還是跟同學借錢，你借錢後大約幾天後會還錢呢？若還不出錢時候，借你錢的同學他反應會如何，很生氣要求你還錢。如果你想借錢而對方不想借你，你該怎麼辦？其實每個人都會遇到有付不出錢或現金不夠的狀況，每個人都會有不同的處理方式。有人會先跟家人先借錢周轉，有錢後再還給家人。或是直接會跟父母親開口直接「要錢」，這樣就不用還了，因為錢是用「要」的，跟家人就不用還了，這樣做我就覺得不好。也許你開口跟父母親借錢時，你的爸爸媽媽會借你錢，但會多唸你幾句，那是因為平時你可能就會亂花錢，或是花錢沒有多加考慮，才會讓錢會不夠花。要記住你的爹地媽咪其實說的都「正確」，因為平時的花費沒有計畫，隨意不節省，所以才會讓錢包裡面的錢「不夠用」，即使被大人多唸兩句話，你也要耐心聽完，因為他們說的是對的，都是希望你能為自己財務負責。

你的錢包的錢不夠用，表示你的理財計劃是有錯誤的，就必須從「記帳本」找到多花錢的原因，才知道該如何來修正錯誤。既然是錯誤的消費觀念或模式，就應該讓自己去正視面對、去改善，才不至於之後財務產生更大的錯誤缺口，這樣的作法才是你學習長大的表現喔！因為成熟的人要足夠為自己的財務狀況「負責」的喔！當然你還可以跟同學朋友借錢周轉，他們或許會願意，但是你就必須要遵守借錢約定：「有借有還，再借不難」，該在約定時間內還錢，你就應該要遵守規定時間內還錢給對方，因為借錢時「信用」是很重要的喔！

沒錢時該怎麼辦？除了檢視自己花錢的狀況外，就是要「開源」，找尋其他可以賺錢的方法，因為「開源節流」才能使財務狀況逐漸轉變。說到「開源」部分像我們小孩子沒有辦法去外面工作賺錢，那要如何做「開源」的動作呢？在台灣法規裡「勞基法」對「童工」的定義：「滿15歲未

滿16歲的小孩工作，都必須經過父母的同意，才能工作。而台灣的法律有保障未成年人的權益。而在15歲之前打工是違法的。」所以小朋友在外面工作就不太容易的，但仍是有方法可以獲取額外的工作機會的，比如說可以幫忙家人或鄰居去「洗車」，或者是幫忙家裡多做一些家事，或者將自己不太玩的玩具與書籍（保存狀況要良好喔！）利用二手物品平台去銷售，以便它們有更好的去處。或是去幫忙鄰居商店發送廣告DM單工作（DM單塞入信箱），如果你的繪畫技巧好，也可以繪製一些手機貼圖可以上網做銷售，這些都是可以做為你的參考喔！

媽咪說過在歐美國家對「金錢教育」從小就比較重視，而他們的父母也會鼓勵小孩子走出戶外去學習賺錢，讓年紀小的孩子懂得用「勞動來換取收入」。像股神巴菲特在5歲時後就開始賣口香糖去學習賺錢，或是當鄰居家的保姆照顧幼兒，教他們功課與陪伴他們玩耍，或是幫忙遛狗、照顧寵物，因為大人們希望小孩知道「想要有錢，就必須自己來賺」，你無法靠別人給予或伸手做乞討，這對於孩子都是很好的生活教育，也是讓小朋友了解生活真實樣貌最好的學習。

當錢周轉不過來時除非是遇到真正緊急的時候，否則也不要輕易跟人開口借錢。別人願意借錢是看你還款能力與信用，不借錢給你也是合情合理，因為對方並不欠你，沒有必要一定要給你方便；尤其是金錢上通融。而借錢是必須要給予對方「利息」的，所謂「利息」是存款或借貸出的資金按約定利率得到的本金以外的錢就是利息。

利息金額計算	利率計算
＝本金×利率×時間	＝利息金額÷本金×時間

試算：我跟媽咪借100元，每天利息是1元，請問利息是合理的嗎？
一年利息＝1（利息）X365（天）＝365元
年利率＝一年利息÷借貸金額＝365（元）÷100（借貸金額）＝365%

這利息時在是太高了，因為我只借100元，但我一年後如果不還就要還給媽咪365元，是我借款100元的三倍耶！所以是太高了。像外面社會的貸款利息，一般計息都以年為單位，但並不是所有貸款均是，所以在借貸時一定一定要很清楚，否則借一筆小錢，之後可能要還上一筆大錢，就得不償失了。

我在下方有個例子跟你分享，要記住：千萬不要去地下錢莊借錢。

甲人跟地下錢莊借10,000元（實際只拿8000元）。每10天就要繳1次2,000元利息，而本金（10,000元）必需一次繳清，不然就每到了10天就要繼續繳納利息2,000元，一直到本金10,000元一次繳完後，我問你這筆借款的計算方式為何？年息與月息是多少錢？

年息計算＝365天/10天＝36.5 X 2,000＝73,000÷100＝730%，所以是730分利息。

一年下來利息73,000元，每月利息＝730÷12（月）＝60.8%俗稱為60分利，一個月的利息就是6,000元。

你發現了沒有，你本來只借1萬元，如果你無法盡快還清錢，以10天計算一次，一年後你要還款7萬元左右，比原先的借錢還要多許多。所以做好理財的控管是非常重要的喔！不然無法管裡自己花錢與克制慾望的下場，其實就非常的可怕；非常地不樂觀了，朋友你說對嗎？

理財小問答

1）你有跟家人或同學借過錢嗎？為什麼要借錢？

2）你覺得跟家人借錢好嗎？好的地方在哪？不好的地方在哪？

3）以下這表格你覺得哪些如果不借，儘量不要去碰呢？

現金卡利息(16%-20%)	房貸(1.5%-4%)
信用卡利息(16%-20%)	學生就學貸款(2%-3%)
二胎房貸(12%-18%)	保單質借(4.5%-7.5%)
車貸(5%-8%)	個人信用貸款(4%-12%)

解答：

1）自行回答。

2）自行回答。

3）自行回答。（借貸利息過高的，都不建議去借款）

給父母親的提醒

1）大人都知道借錢一定要透過正常管道去借款，儘量不去接觸「民間貸款」部分，因為借款的利息與計息的時間會沉重讓人無法承受。據筆者有聽過朋友講的一件悲劇：一名李姓婦人在去年3月間因家裡需錢周轉，但因信用不佳轉向地下錢莊借款，約定以10天為一期，借款2萬元，第一個月收手續費2,100元，借款時要先扣除第1期利息加手續費2,700元。自第二個月開始每月利息6,000元月息30分，李女實拿1萬7,300元，但後續卻陸續付了20多萬元，2萬本金至今都無法還清，身心俱疲後仰藥輕生，經急救後性命挽回，於是報警求助，而警方也埋伏逮人，終於將可惡吸血鬼移送法辦。因為借款輕鬆；撥款快速，但是「飲鴆止渴」，讓人不禁要問：這些人都不具備基礎的財務觀念嗎，最後逼迫不得以才轉向非法錢莊做出借貸，最後身受重傷也將是自己。

2）當孩子會開始借錢給同學，就要教導孩子要問同學借錢金額、借錢用途與會如何怎麼還錢？一般的孩子可能只是忘了帶錢或帶的錢不夠，只要有正當用途的急用，例如：吃飯、繳班費、交通費不足，借錢給同學是幫對方的忙，基本上沒有問題。但如果是一些沒有必要的用途，例如買玩具、買遊戲點數甚至是做賭博用途、繳交保護費等，就要加以關心與介入，甚至要孩子學會去拒絕借錢，避免讓同學愈陷愈深無法自拔，所以父母親了解後就要介入了解。也要孩子注意跟借錢同學要說明何時可以還錢，借出去的錢當然要回收，雖然可以不用加上利息，還是要言明借的錢何時歸還，如果同學因家中遇變故，除了諒解外更要詢問孩子需不需大人們的幫忙，儘量去協助孩子去處理，也學習生活經驗的一環。「借錢」不一定是壞事，只是身為父母都希望孩子盡量減少借錢，沒有債務負擔。父母也要以身作則，不要隨便借錢別人，也不要因自己理財狀況差，頻頻跟周遭親朋好友借錢，尤其時去購買一些名品名牌，只為了滿足自己「想要」的虛榮。從日常生活的購買、付帳單、繳交信用卡款時，就該做出應有繳費的態度，趁機對孩子進行機會教育，父母親也要要求自己，能完全付清款項時，絕對不要付最低繳款金額，讓剩餘款項進入「循環利率」的惡夢中，讓自己成為最壞的教材。

什麼是「債務」？

「債務」指債權人（債主）向債務人（借錢人）提供資金金錢，以獲得利息，而債務人承諾在未來某一約定日期償還這些資金（還錢）。

而「債務協商」是什麼意思呢？「債務協商」是提供給「債務人」（借錢人）向所有的債權的金融機構、銀行透過「一次性」談論後去解決債務的機制。目前債務人若是因為房屋貸款、信用卡、現金卡卡債等因素，向最大債權銀行機構申請「單一性窗口」進行協商。而透過「債務協商」可以讓「債務人」降低所有貸款的月繳金額，可以降低所有貸款利率，將它們整合在同一間銀行，節省債務人四處奔波的麻煩與困擾。

現在就跟著艾倫來談談「負債」為何會失控？

4-4 遠離負債失控：金錢惹的禍

當你有收入與帳戶裡有錢時，你絲毫不會覺得「錢」會帶給你任何的困擾或是痛苦。而當有些家庭的父母親因為身體因素不佳、被公司裁員或是遭逢車禍等意外傷害時，家中最主要的經濟支柱突然倒下後，家中經濟可能馬上就會面臨極大的轉變，甚至於馬上面臨到吃飯、念書都會有問題的狀況，「負債」就突然出現影響你的生活或是摧毀你的世界。有「負債」真的是因為財務狀況不佳；還是隨便亂花錢所導致，其實造成原因不一定是不好的。像有人是因為要開店、有人工廠要購買新機器，有人要買房子或是借學貸來完成大學教育等，這些狀況所造成的「負債」不能說是不好，這些借錢的理由都是為了投資自己的未來或是完成自己的事業，所以這些「負債」可說是較為「動機正面」的「負債」。之後若你在還錢時，出現無法支付或是無力償還的情況，這項「負債」對你而言就是一項「壞的、不好的」的「負債」。

進行借錢時一定要理智去評估，你每月的還款能力，你工作的穩定性與升遷，甚至於就職公司未來是否穩當，這些種種因素都會出現在你未來的未知，成為你「負債」會失控的重要因素，所以在借錢做財務規劃時一定要仔細去評估。有些「負債」就是因你個人財務管理不佳，對於花錢的觀念錯誤，分辨不清楚「資產」與「負債」的差別，一再地、重複地買入他們「自以為」的「資產」，但其實是「負債」，讓他/她一生都在為了解決財務問題而傷透腦筋，結果仍走上破產或毀滅的路上。所以我再次來做定義喔！要聽清楚喔！

資產	是能把「錢」放入自己口袋中，藉由「投資」讓錢可以越來越多，讓「錢」在每天24小時中都在不斷地賺錢，也讓自己越來越富有，帳戶裡的存款越來越多。
負債	是把你口袋中的錢越變越少，卻滿足了你「想要」的慾望，雖然一時你快樂無比，但卻面臨帳戶裡的錢越來越少，你會越來越不開心了。

你的父母親每個月都可以買進許多的「資產」，也會相對地買進許多「負債」，而這兩項的區別決定之後的「帳戶存款」到底是會增加還是減少。爹地常常告訴我「我們一輩子工作賺錢，就是要買進『資產』利用『資產』來幫自己賺錢，直到年老無法工作時，仍能有賺錢的來源。卻不是仰賴老闆給的『薪水』，因為沒有人可以一輩子都可以『領薪水』過活直到死亡。」

我媽咪之前有在大學兼職講師，她有次告訴我「現在的大學不會教你就是『健康』與『賺錢』，但這卻是現代人很欠缺的能力。『錢』是一種力量，可以讓生活過得更好，讓人擁有快樂的力量。這也是台灣現有大學教育中沒有辦法做到，教導孩子如何正視自己的財務狀況，如何去調整自己的財務結構，談論如何『去賺到錢』作法，對理財也都是慢慢長大後才透過理財書籍，或是自我磨練後才學習到的。」錢在我們每個人的生活中其實都佔了一個很重要的位置，它可以讓你實現創業夢想，可以讓你達成出國留學、旅遊的目的，可以讓你免於貧窮的恐懼，可以讓你未來生活安穩無憂。錢也在你我身邊來了又去；四處運轉，當你了解錢是如何運動，你就有了駕馭它的力量。

媽咪有位女性朋友，阿姨每天都非常的美麗，接近她時都會聞到香香的香水味，而她每次來找媽咪時總會拿著新的手提包（名牌包），穿新衣服，我對漂亮阿姨的印象就是：「她過得非常富裕的生活」。有次聽媽咪說漂亮阿姨的公司財務上遇到麻煩，漂亮阿姨也在那一波「資遣」名單內，這讓漂亮阿姨急壞了，因為阿姨住的房子是租的，阿姨的戶頭裡的錢也不多，萬一在資遣後沒有辦法趕快找到工作，漂亮阿姨的生活就會有困難。另外；漂亮阿姨每個月都會買名牌包，都使用信用卡做「分期付款」，因為阿姨認為名牌包包與名牌衣服都是「資產」，所以當薪水下來時，阿姨都毫不猶豫下手買下。有天漂亮阿姨拿了幾個名牌包，希望能將包包賣出，折換一些現金來急用，媽咪就陪著漂亮阿姨前往「二手名牌店」將名牌包做寄售，結果媽咪與姨回家後，只見漂亮阿姨很生氣一直都說：「這個名牌包那時買非常昂貴，結果現在賣出去的錢怎麼少啊！好不甘心喔！」我才恍然大悟原來阿姨把包包當成「資產」了，難怪阿姨會這樣生氣了。

頓時我也可憐起阿姨來了。被錢追著跑或是被銀行追著要還錢時，每天生活秩序也會被打亂，因為每月可以賺的錢就只有這樣多，當有「負

債」後所有美好計的畫都不復存在，每天都是被還錢所圍繞，這樣是非常痛苦難熬的。想要睡得好；吃得下，對一般人來說應該是很簡單的事，但如果你財務失控，甚至要舉債度日，就無法做得到了。媽咪也說：「當有一天你的錢帶來的『收入』已經大於『支出』時，就已經達到『財務自由』的目標，你那時工作不是為了『賺錢』，而是因為你想『工作』。而當你『財務自由』時，你的心同時也會『獲得自由』。」

理財小問答

1）什麼是「資產」什麼又是「負債」？可以簡單的說明？

2）你覺得買了很多電玩遊戲卡帶與樂高模型玩具，這些算是「資產」還是「負債」？

3）如果阿姨買了許多名牌包包，你認為阿姨應該要買什麼才算是資產呢？

4）你認為「財務自由」是什麼呢？

5）我自己的零用錢會跟爹地媽咪討論用嗎？還是要買某一個東西時，我會特別去問父母親的意思？

解答：

1）「資產」是能把「錢」放入自己口袋中，藉由「投資」讓錢可以越來越多，讓「錢」在每天24小時中都在不斷地賺錢，也讓自己越來越富有。「負債」是把你口袋中的錢越變越少。

2）電玩遊戲卡帶與樂高模型玩具是「負債」，因為它們沒有辦法幫你帶來收益。

3）名牌包包是「負債」會使你口袋錢支出變多，卻無法為你帶來收入，即使賣掉名牌包也沒有之前的價錢。

4）自行回答。

5）自行回答。

給父母親的提醒

每個人不喜歡有「負債」在身上，在理財學習過程中必須要自己面臨到困境，才會去靜心思考要如何面對，否則就是要廣泛去吸收理財書籍中的知識。「負債」是自己因消費與支出沒做好控管，以至於面臨「捉襟見肘」的財務危機時才匆匆忙忙到處去調錢，以解決燃眉之急。在許多理財書籍中都有提到許多建議，或許你都當作是書本裡的常識，但只要你自我警覺；循序漸進去做，可能讓你逐步擺脱的負債人生。不要讓「債務」上身的建議：

1）**避免你是否有「卡債」問題。**如果你已經支付1/3「最低繳納金額」時，你就必須要整合你的債務，尋求債務協商，讓自己可以將「負債」狀態做止血。

2）**降低欲望，減少不必要的開銷。**減少自己「想要」的購物模式，將自己從「購物狂」的困境中做解脫，必要時也需要時也可以向精神科進行相關協助。

3）**找銀行之前可先求助家人，至少可以減免一些利息支付。**家人是你最佳的支柱，請求家人幫忙並不可恥，要放下身段誠實以告，儘管溝通中會有口角產生，仍要理智請求原諒，請求家人給予原諒與協助，家人或許擁有銀行定存，或是有軍公教、千大企業員工身分，都可以享有低利的優惠貸款，這是很好解決你財務困窘的借款，日後每月再分期攤還給家人，可以剩下較多的利息。

4）**處理手上資產以降低負債。**若有財務困難先要自己考慮身邊是否有一些有形或無形的資產，例如車子、基金、股票、黃金都可以先賣掉，以降低個人負債狀。

5）**請銀行調降利率以便可以省下些許利息。**若你信用好；繳款正常，並且真誠與銀行會談協商，但是可能需要一點耐心與時間進行。只要你真誠有禮且合情合理，與銀行進行懇談都有機會調降利率的。

6）**身上只帶現金不帶卡片，要停止或減少花錢。**最有效的方法就是不要攜帶信用卡等塑膠貨幣在身上，徹底調整你的消費付款方式，你才有機會擺脫「卡債」生活。

7）**拒絕消費各種資訊，遠離會引你消費的廣告。**你的電子信箱、簡訊或是app，相信你一定會收到有關信用卡消費優惠的資訊，請你不要打開此類的信件，儘量去拒絕花錢的引誘，就是拒絕誘惑的好方法喔！一定要記住去實行。

你認為「富有」是什麼？是擁有很多房子、車子，還是有很多名貴珠寶？

什麼是「貧窮」？沒有房子、車子還是帳戶裡沒有錢？

各項物質生活豐富無虞，就一定可以每天都開心快樂嗎？

有些有錢人卻是一毛不拔，也有很多財富，但每天仍是不快樂。

有些人卻願意花錢去幫助別人，不是光想到自己，希望透過「給予」與「分享」讓更多人可以脫離不快樂的生活。

小朋友你認為「富有」與「貧窮」該是如何？你可以說說看嗎？

4-5 什麼是富有？什麼是貧窮？

你聽過這句話「金錢不是萬能」，或許你馬上會回「沒有錢卻萬萬不能」。的確我們每天都跟「錢」離不開關係，所有身邊的必須用錢買回來，而爸爸媽媽每天辛勤工作也是為了要賺錢，好讓家人生活過的好，這些都是生活上很現實的事。像每天我去學校上課，我們所擁有的東西都是必須要靠「錢」交換、購買來的，當然「錢」的存在是非常重要的。但是「錢」可以消費購買許多東西，同樣還有很多東西是「錢」無法購買的，比如說：時間、健康、感情、親情……等，這些是「金錢」無法做購買或交換的，就像是你沒辦法拿錢去買你6歲的時間，我們只會慢慢長大後漸漸的老去，每一個人都是一樣的。

媽咪說過很多人把「財富」與「快樂」認為是一起的，有錢後自然會很快樂，所以每天都很努力工作，很節省每天的花費，為的就是存下、省下更多的錢，因為擁有更多的「錢」以後，就會變成一位快樂的人。或許你周遭就有這樣的人，而他可能是你的親朋好友，你真的感覺他們正在「快樂」的路上。我的父母親威雖然在生活中教我許多理財的觀念想法，但他們仍不斷提醒著我：一個人能花多少錢購物或生活，都是視他的收入來決定。假設一個人一個月賺3萬元，當一天花錢超過3千元時，那花費就已經是1/10的比重了，這樣的花費對甲而言就是太多了。而乙一個月可以賺10萬元，當他一天花3千元時，才佔了他所有所得1/30，自然就不會感覺有壓力，這是告訴你花一樣金額時，要看你原來的收入所得有多少來決定，不是別人要買什麼東西時，你就一定要買一樣的，了解嗎？

比如說：「一支名牌手機要將近4萬元，你一個月的收入才3萬元，但是因為想擁要它所以用盡各種方式要父母親幫你買，卻忘了家裡除了你之外，還有其他家人與生活開支需要支付，你卻只想到父母不允許買這手機給你，於是你耍賴、生氣做任何讓父母親難過的事，就只因為他們沒有答應幫你買高價手機，在當下你只想到「你自己」，是非常自私的做法與行為。生活的安排與心靈的滿足要「往上比」，要比別人更樂觀更能面對挑戰。但物質享受卻要「往下比」，這樣你才會快樂富足。

我們想想一樣生活在台灣，有些人吃美食吃到體重暴增，吃到浪費食物（去看「吃到飽餐廳」就發現，有許多食材被隨意浪費丟棄），甚至吃到心血管疾病上身。要不然就是喜歡某項東西，便將所有金錢時間都投入，買大量的遊戲點數；買下許多公仔模型，或是將錢花在衣服、鞋子或化妝品上，只是希望自己成為同學朋友眼中的焦點、話題，為的只是一兩秒的「虛榮感」，砸下許多金錢，最後卻是帳戶裡沒有積蓄，還要想盡辦法去賺更多錢，以便能維持現在「虛榮」的生活，這樣的生活是快樂嗎？其實可以想一想。

反觀有些家庭生活條件雖然較為貧瘠些，有時還需要靠外界的幫忙，他們的物質條件要求很低，他們卻樂觀的面對明天，即使「苦中作樂」但是存有希望，因為日子總是要過下去，所以仍選擇了樂觀面對，其實就是把「物欲要求」降低，因為「想要」的東西太多，永遠買不完，但你若是可以把慾望降低，你就容易快樂。像最近的新聞常出現台灣社會中重大的弒親案件，這些犯罪者都是懵懂少年或是待在家中的「啃老族」（指那些到了就業年齡而不願工作，經濟上完全依賴或半依賴父母的年輕人，其中也包括少部分中年人），他們幾乎從小是因為父母就給予太多的物質，養成他們慾求不滿或是想要就一定要得到，因為「物慾」無法被滿足後就與雙親發生親子衝突，積怨久了一瞬間壓力鍋爆發，造成了一輩子的遺憾與傷害了最愛的親人。

學習克制慾望也是成熟長大的表現。「需要」與「想要」在我們生活周遭圍繞，富有的人不光只是指他的財富多，另外他們對於「需要」與「想要」的分辨也是清楚明白，他們學習克制自己的慾望，也樂於去分享，所以要成為「富有」的人不光只是財務上的富裕，更是心靈上的滿足。有許多人會給慈善機關數以百萬的錢財，或是支持他們所認同的目標（救援動物、醫學研究或是援助落後國家兒童學習……），這些人被稱為慈善家，因為他們可以做到你無法做的「分享」，試問你自己「可以」把你帳戶裡的錢拿出四分之一或十分之一捐贈出來嗎？

肯「分享」的人無關金額大小，重要的是有那份「心」。當你物質條

件與生活是充足、該有的都擁有，你就應該要告訴自己「我是富有的」，我比別人都已經過得好，更沒有資格自怨自艾。什麼是「富有」什麼是「貧窮」相信你也有自己的看法。諾貝爾和平獎得主德雷莎修女說：「付出愛與關懷的人，才是世界上最幸福快樂的人，任何金錢名利都無法取代這份快樂。」當我們可以握有更多資源時，就可以也有能力做更多的事，除了讓自己開心更可以讓周遭的人、更多的人開心，因為「金錢」是可以分享的資源，利用這項資源可以創造更有意義的生活。

備註：全球首富比爾‧蓋茨總財富已達到951億美元。在蓋茨生涯累積捐款額度超過500億美元（約1.5兆台幣）。在2017年蓋茨寫信談到「自1990年至今我們已經挽救了1.22億兒童的生命」。蓋茨表示在挽救兒童生命的過程中，投資回報率最高的是疫苗，因而這也是這基金會在全球健康項目上花費最大的一筆開銷，「一旦擁有好的疫苗，我們將能夠每年拯救數以百萬計的生命。所以我們在全球健康上的投入意義巨大。這比投資微軟或是谷歌的『回報』更為可觀，因為能夠提升人類的生存條件。」

理財小問答

1）你自己覺得你家裡目前是富有還是貧窮，還是小康家庭？（小康家庭是指家裡沒有什麼負債，雖然不到非常有錢，但生活上還稱平順，都是指小康家庭）

2）雖然家中物質條件沒有非常好，但家人認為是有「富足心靈」且快樂，你願意跟我分享你的快樂嗎？

3）有跟家人去過「吃到飽」餐廳嗎？你去這樣的餐廳都會挑什麼樣的食材呢？吃海鮮、吃牛肉還是吃大量蔬菜或甜點呢？你喜歡這樣的餐廳好嗎？好，是什麼原因你喜歡？不好，是什麼原因呢？

4）你去餐廳裡有看見浪費食材的情況嗎？你當下的感想是什麼，可以跟我分享嗎？

5）家人有沒有參與慈善活動，是什麼樣的活動你可以跟我分享嗎？

6）「能分享之人才是快樂之人」，你會願意跟別人分享什麼樣的事情呢，可以說一說嗎？

解答：
1）自行回答。
2）自行回答。
3）自行回答。
4）自行回答。
5）自行回答。
6）自行回答。

給父母親的提醒

1）在國外的父母似乎從小時就喜歡讓孩子自我管理金錢，用意是希望從小時就可以建立起孩子的「金錢觀」。但是台灣與亞洲的父母卻認為孩子太小，教導他們未必會了解聽懂，到了高中或大學時對於金錢使用還處於一知半解，甚至還是希望父母能全額支持。甚至出了社會後求職路不順，更是理直氣壯窩在家裡待業，對於金錢態度依然沒有被建立，所以亞洲的「啃老族」人口比率也是居高不下。除了探討孩子的抗壓性外，其實孩子不願意對自己負責，不願意對自己的財務負責，也是肇因之一，如何避免「慈母多敗兒」的悲劇，其實從孩子的理財教育與建立自我負責的財務訓練，都是極佳的切入點。

2）有些孩子喜歡買新東西、買新玩具，而且面對父母拒絕後便會極力去反應，企圖用哭鬧方式迫使父母同意，對於這樣表現的孩子：

A. **堅決的說「不」。**這一點對有些爸媽來說可能有些困難，因為父母親疼愛孩子的心加上東西若價格不高，父母很難不去允許，但是這是讓孩子了解的「原則問題」，不在購買物價格高低，雖然父母親內心當下非常掙扎，但是還是努力的給自己一些限制，因為這是訓練孩子了解的方式，去引導孩子了解「想要」並非一定要擁有，我們對孩子的好，不但只是換到孩子短暫滿足的笑容，更要為長遠的未來著想，讓孩子了解正確理財觀念，「由奢入儉難，由儉入奢易」更是父母親要了解的觀念。

B. **讓孩子學習等待。**如果孩子就是想要一個大型又貴的玩具，我們可以協助孩子把這願望寫下來，告訴孩子如果他們表現良好，當他生日的時父母親可能會考慮送他們這樣的禮物，但是是要看孩子表現才能獲得。

C. **告訴孩子出門的計畫沒有包含「購買東西」。**如果今天沒有打算要幫孩子買任何玩具，你就要把你的想法告訴孩子，讓他們了解今天出門的目的是什麼？讓你們彼此之間都有心理準備。

D. **孩子需要的是感情不是物品。**現代的父母因工作忙碌，希望利用東西來彌補無法陪伴孩子的歉意，但孩子需要是陪伴與父母親一起玩耍，而非一件件的無生命的玩具。所以可以試試看下次孩子再纏著你要求買東西時，陪他們一起玩玩畫畫、說說故事或是帶他們去附近公園走走，孩子有時要求許多的玩具，都是因為我們大人太忙碌於工作，給他們的時間太少所導致，所以孩子需要新的刺激新的玩具，讓他們可以有新的樂趣與轉移注意力。

一般人有了工作後就有收入，但卻未成為「有錢人」，這是為了什麼？

父母親除了支付家中開銷外，還要挪出一部分給繳交補習費與課外書籍購買，讓我可以受更好教育，知道更多的事；成為更體貼的人。

而其他人呢？他們為何沒有辦法存錢，原因可能在於他們對於「資產」與「負債」分別並不清楚，所以誤把「負債」當作「資產」買進，以至於金錢流失，也就沒有辦法越來越富有了。

現在跟艾倫在來複習一下「資產」與「負債」……。

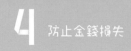

4-6 增加資產、減輕負債

項目	資產	負債
名貴汽車(價格 500 萬元)		
豪宅(價格 2 億元)		
股票(價格 2 百萬元)		
基金(價格 3 百萬元)		
私人直升機(價格 250 萬元)		
名貴腳踏車(價格 1 百萬元)		
電動玩具(價格 12 萬元)		
樂高玩具(5 千元)		
投資事業(投入 2 百萬元)		
保險(投入 15 萬元)		
國外旅遊(價格 18 萬元)		

現在跟著艾倫一起來做分辨「資產」與「負債」吧！

右邊圖表內的許多項目價格都不相同，這些東西大都是許多都是一般人「想要」的東西，不管是房子或汽車總覺得擁有它就是「人生成功」的表徵，這是一般人的認為。

像現在的上班族的叔叔阿姨們，都會常常抱怨他們老闆給的薪水太少、休假不多，不然就是工作量稍多，工作太過辛苦，所以常常要借機會獎勵自己一下，吃大餐、大買東西或去唱歌娛樂放鬆自己，結果到月底薪水又花光光，就這樣日復一日的度過，成為一場惡性循環的噩夢，好像都是追著「錢」在過著生活，感覺好辛苦喔！媽咪說現在的上班族阿姨與叔叔們，總會找很多理由來「犒賞」自己，比如說上網路上買衣服、買化妝品、買遊戲卡，買公仔模型等，因為他們會認為這些東西都是「資產」，即使以後用不上了還可以變賣呢？「資產」是把「錢」放入「自己口袋」中，可以讓錢越來越多，讓自己越來越富有，帳戶裡的存款越來越多，這才是「資產」。像阿姨買的衣服、化妝品或是許多的名牌包包，這些東西購買時價格是昂貴的，但並不會帶來其他的收入，甚至於想當二手品出售，有些根本無法賣出，有些可賣但價格一定比當時購入的價格還要低很多呢！

媽咪說「現在犧牲享受，以後才能享受犧牲。」現在都把錢花光，以後也一樣存不到錢，這樣的生活以後不是會更加辛苦嗎？所以要聰明理財就要從控制「購物慾望」與「分辨能力」開始做起。媽咪那我可以怎麼做可以減少「負債」呢？媽咪就講幾項可以達成的做法：

一、租屋地點選擇。如果是租屋的人可以選擇走路10～15幾分鐘到捷運的地點（走路當運動），而不一定要選捷運周邊，因為房價租金一定高，若是選擇外圍一些地點租金自然省下2、3千元，對於省錢也是有幫助。

二、不要買當季流行服飾，不要因折扣而湊件數，流行服裝每年的流行風尚與款式都不相同，一般人是追不上的，所以千萬不要為了虛榮的幾秒讓自己財務破產。

三、儘量少喝手搖飲料；健康又省錢。許多人為了圖方便，在早餐時要喝一杯咖啡，中午午餐後要喝一杯奶茶，晚上回家前機經過飲料店又隨手一杯手搖飲，這樣一個月下來其實花費是多出的。以下列可以知道如果你是常常需要喝飲料的人，自然身體也喝下許多糖分也影響健康喔！但重要是你的錢在無意間也流失許多。（假如你喝名牌咖啡星巴克一年就要多花32,400元）

	星巴克咖啡 大拿鐵 135 元/杯	超商咖啡 大拿鐵 55 元/杯	自己泡咖啡 8 元/杯	珍珠奶茶 50 元/杯
一天	135	55	8	50
一周 5 天	675	275	40	250
一月 4 周	2,700	1,100	160	1,000
一年 12 月	32,400	13,200	1,920	12,000

四、出門以大眾交通運輸工具為主，除非是工作上有強烈需要（業務需求）。像現在很多人都會覺得有部車子感覺就是有「成功」的感覺，媽咪這是個人對「成功」的觀念偏差，忘記了車子本身的「目的」是「運輸」（載你可以四處跑跑），為了買一部車去花盡你辛苦賺來的薪水，後續車貸與保養費用卻忘記去估計，才會有「買車容易養車難」的說法。一部國產車也要60萬而進口車更是超過100萬元以上，更是價格不便宜。所以你可以將交通方式轉換成「搭車」，其實還是比買車養車便宜許多，就可以存得住錢。

假如你把買車的錢拿來投資金融商品後，你的錢在時間加乘下，就會變大變多了，下列表你可以作為參考。控制你每餐飲食的費用，減少你娛樂次數開銷。一餐要吃幾十元或幾百元、幾千元都是一頓用餐，但你可以決定餐點價格的高低。你也可以減少娛樂使用費用，不必要兩三天就要去KTV唱歌或看電影，出門踏青或運動場上流汗運動，也可以讓你身體健康與訓練體魄。不需要隨時要「犒賞自己」，每一份工作都是都是辛苦的，都是磨練你的工作技能與增進你人際應對練習，不需要用藉口讓自己去多花錢，只為了滿足「想要」的快樂。

其實「負債」有些是你每個月要面對的帳單，如信用卡、生活各項帳單、或是政府各類稅單，它都是必須要及時解決的「負債」，如果不面對你將會面臨罰金或是「追討」行為，這些「負債」都是你不得不解決的錢關，所以要如何減少「負債」呢？就是把「想要」的慾望降低，減少不必要的花費支出，「負債」自然就會減少。

把買車的錢拿來投資獲利 5% 的金融商品				
投資金額	單筆投資 (500,000)	定期定額 (10,000/月)	單筆投資 (1,000,000)	定期定額 (15,000/月)
5 年 (獲利+本金)	638,140 元	682,894 元	1,276,281 元	1,024,342 元
	1,321,034 元		2,300,623 元	
10 年 (獲利+本金)	814,447 元	1,559,293 元	1,628,894 元	2,338,939 元
	2,373,740 元		3,967,833 元	

理財小問答

1）你已經知道「資產」與「負債」的差別，對「資產」你說有哪些嗎？

2）你喜歡喝店面的手搖飲料嗎，是什麼品牌？有常常去購買嗎？

3）一杯手搖飲料如果要35元以上，每天都喝一杯（用自己零用錢），你可以算出一年要花多少錢？這樣的花費在你覺得怎樣？
35元（飲料）X365（天）=（　　　　）元

4）你家人有車子嗎？會常常開出門去？家裡有車子的停車位或停車場嗎？你知道一個月需要繳交多少管理或清潔費嗎？

5）你知道你現在所擁有的東西哪些是屬於「資產」嗎？

解答：
1）自行回答。
2）自行回答。
3）12,775元（滿多的一筆花費）。
4）自行回答。
5）自行回答。

給父母親的提醒

1）跟你分享一個故事：假如有一位年輕人很想要買一隻最新的蘋果手機，而這年輕人向他的父母親開口要了錢想買這支名牌手機。年輕人的父親給了他10萬元，並告訴他不能用這10萬元直接買手機，年輕人要學習「現金流」概念後，用它所產生的錢才能去買手機，年輕人同意了（因為去學習一種觀念與技巧並不難）。父親告訴年輕人你要用「10萬元」來買賣股票；投資股票，未來如果這「10萬元」可以變成了「13萬元」，你就可以拿3萬元去買名牌手機，你還是有剩下「10萬元」就讓它繼續留在股票裡。父親認為就算年輕人賠掉了股票也沒關係，至少讓他學到了如何在市場上讓金錢為自己工作，這是我們可以給年輕人最好的「財商教育」的機會。

一般年輕人想要高價商品，總認為開口要求就行，卻沒有想過讓「錢」可以變大的方式。這父親是在教導孩子一種投資的觀念，投資當然會有「風險」在其中，而學習的過程中可以慢慢去了解如何規避「風險」，這是非常重要的概念也是必須學習的。

A. 能為你增加「現金流」的資產，才叫做資產。
B. 用投資的「現金流」去買下你要的奢侈品，才了解唯有「流入量」持續時，「流出量」才不會讓你煩惱。

C. 用最大的改變來扭轉觀念，還要你有多少「意願」去改變。

2）要一個年輕人或是我們自己去改變，這要有很大的意願與決心，而這所有的改變都來自於你有多大的「力量」去做。一般人太在乎自己的感受，深怕自己拉不下臉；放不下身段，往往只是有想法沒意願，以下我個人提出幾個改變方法，你可以參考或是試著去立下你可以執行的方法喔！

A. **為自己設定一個3年後很想達成的目標願景**。比如可以帶自己父母一起出國旅行，讓辛苦大半生的父母可以喘口氣；休息一下。

B. **謹慎挑選你的朋友。**對於鼓勵你吃喝玩樂的朋友們保持一些距離，對於可以教你理財投資的朋友，多聽聽他們的建議，即使他們説話有時會讓你有排斥，但是換個觀念：因為他們懂你不懂的領域，你聽不懂會排斥是自然的，弄懂就好，因為你要花錢去聽「理財課程」既花錢又花時間，有這樣的朋友在身邊是自己的福氣與好運喔！

C. **每天都不斷投資在自己的腦袋，讓自己的觀念每日更新。**我們最重要的就是投資我們的腦袋，這是我們最強而有力的工具，我們學習了不同的專業知識，或是去學習投資的相關理財知識，才能讓我們提早「財務自由」。在朋友中去找出財務狀況比自己好的人，跟他們去學習理財的觀念，跟他們交談並了解他們的花錢省錢的觀念，可以讓自己有不同的眼界與思維。

D. **自己學習自律的能力。如果你無法自律自控，就別想提要脱離平凡生活了。**例如：你要有漂亮身形與健康體魄，你可能靠健身房來訓練，但是你沒有自律自控的自我訓練，最後還是花了錢仍沒有結果，這是一樣的道理。像有人想了解理財觀念，上網買了一堆理財書籍，但你沒有閱讀吸收觀念，也是枉然。

E. **學會分享跟旁人去自己的想法。**「説話」是組織腦內想法觀念很重要表達方式。我要先告訴別人我的看法，勢必要閱讀相關書籍，提取內容加以吸收並組織説話用詞，然後透過分享讓別人了解，接收新的想法與靈感做為回饋，我也可以從別人身上學到更多不同的想法，並不斷地去調整自己眼界喔！

「分期付款」在使用信用卡要付款時，可以分3期、6期、12期、24期、36期等期數，你就可以將付款往後延遲一些時間，可以不必一次付清，這樣真是很棒作法？

什麼是「應繳總金額」，什麼是「最低應繳金額」呢？它們差別在哪？輕輕鬆鬆付款，還可以分很多期付款，這樣為何有陷阱呢？

現在跟艾倫一起來聊一聊很正經的話題「分期付款的陷阱」！

4-7 不要掉入分期付款的陷阱

看電視時有許多ＸＸ購物台做商品推銷，從家庭用品、個人用品、食品、保險到靈骨塔，你想得到幾乎購物頻道上都找得到。看著廣告上的主持人稱讚商品如何的好用；如何的便宜，無非就是要看節目的人掏錢出來購買，這樣廣告才是發揮它效益。商品想要被賣出去，它的付款方式也是多樣化，要消費者付錢很便利，其中有一項就是信用卡「分期付款」的項目。可依購買者意願分3期、6期、12期、24期或更多的期數（視商品售價而定），這些「分期付款」大多為「無息分期」（不用付利息），因為可以先享受後再慢慢付款，讓大家誤以為買東西沒壓力，錢就可以慢慢付，然後就失去警覺心繼續去買東西，可是……這樣做是危險的喔！怎麼這樣說呢？

△圖片來源：電視畫面

你買的商品總價沒有便宜，只是把「付錢」時間延長，它等同於另一種形式的「負債」喔！像我們之前有談到的買房子、買車或是其他高價格的商品，這些都是屬於長期「負債」。

目前市場上的分期付款有分為三種：

1)商品原價賣出、零利率、免手續費，不必多付一毛錢的分期付款。
2)商品以原價賣出、零利率，但要加付 100～300 元手續費的分期付款。
3)商品會加價賣出，免手續費的分期付款。

我們買房買車前都會經過審慎考慮，因為這可能是一筆很大金額，銀行也願意給予長期「分期」，針對商品不同會收取不同的利息（這利息是銀行收入來源之一）。信用卡使用當然是以「信用」作為基礎（因為沒有擔保品），所以當你用卡買東西時一定要按時繳費。而繳費有分為「應繳總金額」與「最低應繳金額」從字面也可以清楚了解。

應繳總金額	最低應繳金額是您每個月刷卡必須繳納金額，可以維持與繼續使用信用卡的金額。它只是您應繳總額的一部分而已。
最低應繳金額	這是您在信用卡帳單繳款截止日前應該繳納的最低金額，它讓符合信用卡持卡合約的條件。最低應付款通常是帳單總額的10%。如果您一直都有繳納最低應付款，你就不必支付「滯納金」。 注意：最低應付款並不是唯一的欠債，你在繳款截止日前「沒有付清」的餘額，都將納入「循環利率」做計算。

如果你因為消費沒有節制而繳費繳不出來時，你就可能選擇繳納「最低應繳金額」。而「最低應繳金額」大約是你應繳金額的1/10（你刷卡一萬元最低應繳金額是一千元），在信用卡帳款繳納截止前把1/10的最低繳款付清，你的信用只符合發卡銀行的要求，這時候可怕的「循環利息」就開始進行計算利息了（循環利息計算會看你個人繳款狀況而有所不同，從3.88%～15%利息都有，以日計息）。

「循環利息」解釋指持卡人延遲繳納本金，銀行可以向持卡人收取「循環利息」。金融業銀行不是經營慈善事業，它也是要賺錢要有收入。銀行有許多優惠條件下給使用信用卡人方便優惠，其實在持卡人在付不出卡費時，銀行就會向你收取「非常高額」的利息，說清楚這「循環利息」就是「銀行版的高利貸」，如果你沒有考量清楚而沒有計畫支出，很可能就成為沉重利息的「受害者」。

為什麼說「分期付款」有危險性呢？因為分期是零利率，但並沒說不收「手續費」，這也是許多人所忽略掉的。像分期信用卡最長可分到12期或24期，當持卡人使用較高期數的分期付款時，就必須支付「手續費」，雖然銀行宣稱是零利率，但「手續費」的利息頗為驚人可怕。以X眾銀行信用卡分期，當分期超過4期或8期以上時，每期手續費為總消費額的1%，假如你在指定商店刷卡10萬元，然後分12期付款，但從第9期後每月就要多繳1%的手續費與銀行規定的「相關費用」，總金額約為4千元，換算起來總費用7.3%。也就是你的「分期付款」在第9期後你繳納金額還要再多加上其他費用，反而金額就變多，所以使用「分期付款」要特別注意。另外；用「分期付款」每月所要繳納的金額就變少了，讓你對消費還款失去戒心，會讓你更會去使用信用卡做其他東西購買（也用分期），以至於你消費買的東西越多（雖然金額小），但是加總起來就是一筆很大的金額，甚至於超過每個月能負擔的金額，這就讓你陷入「循環利息」的「債務」中。信用卡方便你買東西時可以迅速付款，但不是買東西不用付錢喔！千萬不要搞錯了，也不要誤用，否則亂用信用卡可能會使你信用破產，甚至於面臨財務負債，一定一定要小心使用。

理財小問答

1）目前市場上的分期付款有分為三種，你可以說一說有哪些？

2）在信用卡帳單有「應繳總金額」與「最低應繳金額」，你告訴我它們的不同點嗎？
「應繳總金額」＿＿＿＿＿＿＿＿＿＿。
「最低應繳金額」＿＿＿＿＿＿＿＿＿。

3）信用卡要幾歲才可以申請呢？你可以告訴我嗎？

4）「循環利息」是什麼，你可以幫我解釋一下嗎？

解答：
1）自行回答。
2）「應繳總金額」是你每個月刷卡必須繳納金額，可以維持與繼續使用信用卡的金額。「最低應繳金額」這是你在信用卡帳單繳款截止日前應該繳納的最低金額，它讓符合信用卡持卡合約的條件。最低應付款通常是帳單總額的10%。如果您一直都有繳納最低應付款，你就不必支付「滯納金」。
3）信用卡正卡持卡人年齡須年滿二十歲，附卡持卡人年齡須年滿十五歲。
4）「循環利息」指持卡人延遲繳納本金，銀行可以向持卡人收取利息，它的利率極高，持卡人需要特別注意，

給父母親的提醒

在前幾年有些銀行非常努力推銷「信用卡」，幫銀行帶來許多高額營收，也讓銀行在當時獲利極多，相對帶動國內房地產業的蓬勃發展。但這高額的信用卡利息加上國內通膨壓力，讓許多無法理財失控的持卡人紛紛面臨破產局面，讓國內出現了卡債風暴。當時因為發卡浮濫加上循環利息的計算方式，壓垮許多「卡債族」，也引發當時社會悲劇案件頻傳。2014年政府以行政命令通過將原本以20%計算的「循環利息」調降為16%，並在2015年往下調為15%直到如今。不管如何調降信用卡利息，當持卡人一旦使用到信用卡的「循環利率」時，就會造成非常大的財務壓力。

舉個例子來説王小姐目前有3萬元信用卡費要繳，但她能力只能繳「最低應繳金額3千元（當期一般消費10%），所以她還有2萬4千元的卡債會使用到「循環利率」15%，相當於每年要多付利息3,600（24,000 X 15%）。以一年12個月來分攤等於每個月要多繳300元。這只是多出來的「利息」部分，也就是如果她繼續沒能力去繳費，更差的是她還繼續去使用卡片消費，其餘的卡債一直繼續累積下去……5萬、10萬繼續往上變大，「債務」就是雪上加霜的可怕。當王小姐「卡債」累積達27萬元都未繳交，光是利息計算一年就要多繳40,500元，每個月都要多付3,380元「利息」的時候，這樣的「卡債」就成為壓垮家庭的巨大壓力。在繳信用卡費用時千萬不要只繳「最低應繳金額」。因為餘下未繳的款項越多，生成的利息就越多，這些利息都會再滾入下一期生出更多利息。這就是循環利息可怕的地方，尤其信用卡利率可能高達年息15%，衍生的利息可能相當驚人。

高於15%的負債利息也只有「信用卡利息」與「民間高利貸」才能有這樣的獲利，因此信用卡循環利率的高利率是身為持卡人一定要重視的問題，不得不謹慎小心，更要讓我們的孩子了解「借款容易；無擔保品，絕對付款不輕鬆」！

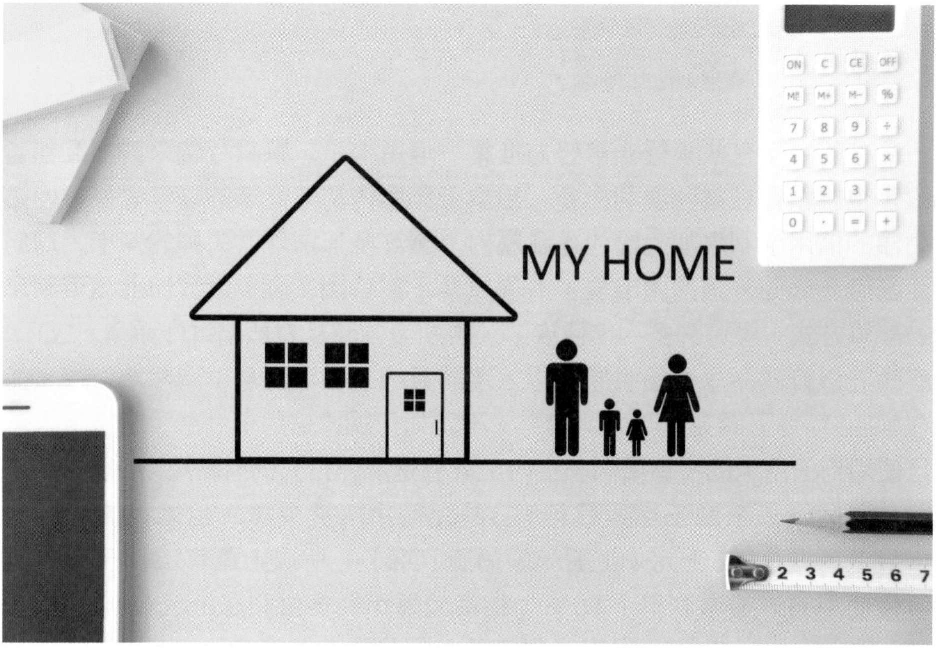

……王子從噴火龍口中解救了公主以後，莎拉公主就深深愛上了王子。從此……王子與公主就過著幸福快樂的生活了。

你知道要過一種富足快樂的生活，應該要有如何的理財觀念？

你知道現在的1千元、1萬元過了10年後它還是擁有一樣的「價值」嗎？

「通貨膨脹」是什麼？為什麼我們的錢會變小呢？

現在跟艾倫我一起來談談，一個富足人生你要有什麼概念吧！不困難的；來吧！

4-8 一個富足的生活與人生

你聽過你爹地媽咪說起他們的小時候的故事嗎？在他們小時候1970年左右王子麵當時一包是3塊錢而科學麵是3塊錢，然後王子麵、科學麵一包調價要收5元（當爹地念高中大學時），現在王子麵、科學麵一包要賣8元～10元，等於這每年通膨幅度大約是4.7%左右。雖然時間過了30～40年，零食的味道跟當初也是差不多的，但是產品價格已經不一樣了。

媽咪……為什麼東西一樣，但是價格卻是不一樣呢？

喔！這就是你常聽到的「通貨膨脹」。簡單來說就是你的「金錢購買力」一年一年縮水下降了，「通貨膨脹」的原因有很多，有可能是政府鈔票印太多，造成貨幣價值降低（這是傳統通貨膨脹的定義）。可能是所有生活必需品「相對」變貴，我們稱為「物價上漲」，如果通貨膨脹率是每年上漲3%，就是說你的貨幣購買力每年縮水3%了。

通貨膨漲＝物價上漲

實際「購買力」下降的意思，過去100元可以買到一碗牛肉麵，同樣的商品，現在卻要花120元才能吃到一碗一樣的牛肉麵，相當於物價上漲了20%，也同等於通貨膨漲了20%，理論上來說台灣平均通貨膨脹率大約是3%，實際統計在台灣通貨膨脹每年大多是在1%～2%。有時候你會聽到電視說「消費者物價指數CPI」，它是以民生用品價格的加權指數（包括勞務收入與財貨價格）計算出來，它是政府衡量人民生活水準的指數，而「通膨率」就是這樣算出來。

$$\text{通膨率 2019 年} = \frac{\text{CPI 2019 年} - \text{CPI 2018 年}}{\text{CPI 2018 年}}$$

媽咪說著：「以前在媽咪小時候物質與居住環境比較不好，出門只能靠走路不像現在有公車捷運，吃飯時桌上大都是青菜，肉類菜餚少，也沒有什麼零用錢可以拿。記得當時一支「糖水冰棒」是1塊錢，可以跟同學合吃一支已經很開心，現在便利商店一支便宜的冰棒也要20元起跳，這就是『物價上漲』的情況，當然現在的環境跟以前是截然不同，現在商品的種類很多，價格有些也是很合理，但比之前的確是上漲許多。總之只要經濟持續成長，『通貨膨脹』就會存在，而『錢』的價值就會變低，所以要把投資放在可以提高報酬率的工具上，就是對抗通膨最好方法。」

艾倫你看現在我們出門也可以不用帶很多錢，帶張信用卡或是手機，就可以完成購物消費付款的動作，表示「錢」的交易已經在轉變，變成更為便利的生活方式，不管如何你還是要努力工作，還是要按時繳交帳單，對於支出還是要有規劃，擁有越多的管理金錢知識，未來你就能掌握你自己的金錢。下面的計算是告訴我們，我們手上100萬元（對我們小朋友說好多錢喔！）在每年通膨率2%、3%、4%情況下，錢會越變越小；越來越不值錢，買的東西也越來越少了，所以現在在你手上的**100萬元**在10年後就只有**82萬元**，那它跑到哪裡去？

其實它還是100萬元面額，但錢「購買力」價值只剩82萬而已，可想而知我們的錢在未來是一定會貶值狀態，所以要讓「錢」可以有加值的機會，才能對抗通膨貶值，我們在後面會來仔細談談這些投資工具喔！在很多故事的尾端，尤其是王子與公主相愛的故事結局，幾乎都是……從此他們過著幸福快樂的日子……。所以每個人對於未來的日子與生活，都是希望幸福快樂，但是這個希望的背後是要有「富足」的經濟作為支撐，因為有足夠的錢，不擔心的財務狀況與財務自由，生活才能「真正地」快樂。

理財小問答

1）什麼是「通貨膨脹」呢，你知道「通貨膨脹」每年都有幾百分比成長呢？

2）你的爹地媽咪有跟你說過關於他們小時候的故事吧！跟現在比較起來，哪些東西價格是明顯的不同，你可以跟我分享嗎？

3）現在我手上如果有100萬元，在10、20年、50年後會剩下多少元呢？

4）「錢」要怎麼「加值」它才能不斷地長大呢？你可以跟我分享。

解答：

1）每年約有2%～3%的「通貨膨脹率」的成長。

2）自行回答。

3）以2%的通膨率來說，100萬元10年變成82萬元。100萬元20年變成67.3萬元。100萬元50年變成37.2萬元。

100萬元在通膨狀況貶值狀況

通膨率	10年	20年	30年	50年
2%	82萬	67.3萬	55.2萬	37.2萬
3%	74.4萬	55.4萬	41.2萬	22.8萬
4%	67.6萬	45.7萬	30.8萬	14.1萬

4）自行回答。

給父母親的提醒

1）「通貨膨脹」通貨膨脹（Inflation）是什麼？簡單來說就是你的「金錢購買力」一年一年縮水了。經濟理論通貨膨脹率是每年以3%來做為計算，換句話說就是你的貨幣的購買力每年縮水3%。比方說：如果一個漢堡現在是100元，通貨膨脹率3%，過了24年後，你的100元就只能買到半個漢堡。實際上台灣的通貨膨脹每年大多是落在1%～2%間，你在購物時會發現商品會有微微上漲的感覺，「通貨膨脹」對於以下者有所影響：現金和存款越多，較易受通貨膨脹傷害越大。通貨膨脹對越有錢的人影響越大，如果有10萬元存款，3%的通貨膨脹相當於每年損失3,000元，如果你有1億存款，3%的通貨膨脹相當於每年會損失300萬元左右，所以大筆金額的損失會頗大，但對於金額少的人就影響不大，理由很簡單：因為它一定會發生，而你擔心也沒用的，所以就像每一個人一定會變老，大家都會沒有一個人可以避免，只要準備好自己迎接，根本不需要害怕它的發生

2）「物價」上漲時大人們比較有感，因為要花較多的錢去買一定的份量。而物價有「易漲難跌」特質，當原物料上漲時，消費性的商品容易跟著漲，但是當原物料下跌時，消費商品卻是「絕對不會跌回原價」。像在2018年三月的「衛生紙之亂」，像大家應該都還有印象。當有耳語「衛生紙將在三月中漲價」傳開，台灣民眾彷彿是瘋狂的群眾，一波波湧入大賣場進行搶購，甚至於為了一串衛生紙而大打出手，而群眾掃過的貨架空蕩蕩，也成為當時超市的奇景。從衛生紙、咖啡、火鍋、炸雞、手搖飲料、藥品樣樣商品都加入漲價行列，而這些商品漲價後就不會再回到原價，反而讓民眾習慣侵蝕生活成本的通膨產生，卻絲毫處在無力反擊或抵抗嗎？其實仔細分析起來，有些商品是你「想要」的商品（可有可無），可以反思消費它的次數是否可以減少或是被替代，儘量將消費的成本維持控管。也可以去思考如何取增加收入的途徑喔！

5

認識金融機構與理財工具

你家附近有銀行、證券行或是郵局嗎？

有跟家人一起去辦過事情嗎？感覺怎麼樣呢？

銀行除了可以存款提款外，還可以幫你家做哪些是呢？

為什麼會有「銀行」呢？開一家銀行需要有多少成本呢？

哈哈……這些為什麼，現在就跟艾倫來談談關於「銀行」與理財的工具喔！

5-1 學習跟銀行打交道

小朋友你有想過「銀行」是怎麼來的呢？「銀行」的英文為「bank」，銀行最早起源於義大利（約西元1171年），剛開始人民會把家裡重要的黃金珠寶與錢財放在家裡，也會被竊賊偷走慢慢覺得不安心，就選擇把錢放在教堂與廟宇裡，因為那地方有神父或廟祝在，還有上帝與好多的神明們會一起盯著看，壞人就不敢亂動歪腦筋，人們放錢就會比較「安心」。後來越來越多人把錢放到這些地方，於是開始想如果把錢借給有需要的人，也可以收取一些金錢做為回饋，這樣錢就會越變越大了。於是廟宇開始在長凳上開始經營起貨幣兌換及放貸業務，這樣的做法就慢慢演變成為後來的「銀行」了。

在古代中國據古籍記載，早在漢朝就有典當業，到南北朝時期，典當業已有相當規模。至唐代所盛行的「飛錢」就相當於我們現在使用的「匯票」喔！北宋時期的「交子」是由「交子鋪」所發行，是因為金屬錢幣攜帶不便，所以人們先將金屬錢幣寄存於「交子鋪」，換取紙質的「交子」，也方便當時人民在日常生活交易中使用。在明清時期一般人知道的「錢莊」及「票號」，這些都是經營匯兌及放貸業務。現在的商業銀行是在清朝光緒年間才出現，第一家商業銀行是出現在1896年間由民間民眾出資金去設立的「中國通商銀行」，以上就是「銀行」在東、西方所出現的時空背景，是不是很有趣，原來我們生活周邊的「銀行」有這樣的演變歷史故事。

小朋友你有想過～如果要開一家銀行需要有多少錢嗎？我問過媽咪喔！媽咪說根據「商業銀行設立標準」的規定：要申請設立商業銀行最低要準備有臺幣一百億元（10,000,000,000），資本額當然越多越穩當。哇！這些真的需要好多好多的錢，所以要開一家銀行資本額是需要很大的，它不像開其他的商店，因為銀行不是一般的行業，銀行業是國家政府高度管理的「特許行業」，銀行經營的成敗不但關係國家的金融穩定，更會影響廣大的民眾權益，在公法上政府會制定許多法令來規範「銀行」的各種作為與經營方式。在私法部份銀行與開戶客戶之間的各種私契約行為，必須依據各項「民事法律」來執行，使客戶與銀行的權益都能受到保障。而銀行為法人組織，上自董事會下至基層的營業單位，都需要由「人」（銀行從業人員）來運作，無論是制度規章的制定或業務的實際操作，各階級銀行人員都應該對相關法律有充分的瞭解，所以要開一家「銀行」不是一般的行業項目喔！

「銀行」除了可以存提款外，你還可以匯款、換匯、貸款、申辦支票、保險業務、信用卡業務、投資商品購買……等，銀行為我們的金錢財物提供很好的保存地點，也為你的金錢提供安全與保障。像我們的一生都會跟「銀行」打交道，所以跟銀行維持為良好關係，因為之後都會與銀行有互動，像我可以把錢存在銀行做存款；也可以做定存，之後我如果要出國旅行會到銀行去換匯，也可以在國外的銀行做提款，我還可以去銀行投資基金，我還可以為了支付方便而申請信用卡。等長大後要買房子或車子，可能也需要跟銀行貸款，所以「銀行」在我們生活中佔有很重要的位置，要跟銀行把關係維持好喔！

像我上次跟著媽咪去銀行存款時，我就好好觀察了一下銀行。當我走進行銀行中，看見寬敞的空間與乾淨明亮的環境，還有像醫院一樣的叫號系統，我跟媽咪在門口拿一張號碼牌，然後到櫃檯旁邊找了一張存款單，媽咪就把帳戶資訊填好，填寫存款單時就有銀行服務人員走過來詢問我們需不需要幫忙，感覺銀行好貼心。等到了我們的號碼，媽咪就帶我走到銀行櫃檯，銀行阿姨很客氣起身迎接我們，我覺得好有禮貌喔！然後媽咪把存款簿與錢交給行員阿姨，阿姨就幫我們接下處理，等完成再請媽咪確認一下存款金額，時間很快就完成了。有些人對於辦理業務部分不熟悉，銀行的服務人員就會趨近你，協助你做表格填寫。另外現在有很多詐騙集團的事件，銀行櫃檯人員也會提供警戒心，看見存款不斷在通話或低頭滑手機的人，他們也會提高警覺心，避免存款戶的辛苦錢在三言兩語下就被轉走了，那就不好了。

你有沒有去拜訪銀行呢？如果下次有機會也可以跟著家人去銀行看看；去拜訪一下喔！這個跟我們生活有習習相關的地方。

△玉山銀行櫃檯

理財小問答

1）你有陪父母親去過銀行的經驗嗎，辦理哪些事情可以跟我分享嗎？

2）銀行可以辦理哪些業務呢，請你說說看？

3）你有自己的存款簿嗎？裡面會有哪些項目欄位呢，你可以說說看嗎？

4）在銀行辦理業務做等待時都會抽張「號碼牌」，你有試著幫爹地媽咪拿張「號碼牌」嗎？你如何知道叫號機在呼叫你呢？

解答：

1）自行回答。

2）自行回答。

3）自行回答。

4）「叫號機」有顯示螢幕與語音告知號碼，所以你不會錯過號碼呼叫。

給父母親的提醒

1）「銀行」是最為常見跟我們日常生活最為密切的金融機構。在小朋友的財商教育訓練中，「銀行」是佔有非常重要的角色。帶著孩子到銀行開立屬於自己的帳戶，完成初次儲蓄動作，讓孩子了解「財務管理」是每一個人都必須具備的能力。目前電子商務與行動支付日趨進步，對銀行的信任與依賴也日益重要，當孩子了解「錢」的概念後，就要學習跟銀行打交道的關係，灌輸孩子「信用」是非常重要的課題。銀行也是人們進行投資理財最安全的管道，銀行理財產品是目前經濟市場上信用程度最高的產品，孩子要學習投資理財的能力，就必須從了解銀行的理財產品開始。「兒童理財」不外乎是存款儲蓄、銀行理財基金商品與相關購買低風險的商品是最適合的選擇。

2）在歐美西方國家十分重視兒童的財商教育，會從小就幫助孩子去樹立正確的金錢觀。例如在幼兒5歲開始認識錢的來源與用途，7歲學習如何安排規劃自己的錢。9歲了解銀行的功能與它的銷售產品，基本上小朋友是模仿父母的消費行為和消費習慣，被動地去學習理財，比較缺乏財商的自主性和創造性。現在越來越多的教育專家認為財商（FQ）與智商（IQ）和情商（EQ）是同等的重要，成為孩子日後適應社會的三大不可或缺的素質，所以孩子需要從小就要開始了解一些日常性的消費常識，養成良好的消費習慣，了解工作的價值和意義，才能積極地去規劃未來的人生計劃。但現在還是有很多的家長仍是持保守的態度，認為「財商教育」是學校的責任，在家卻提供給孩子優渥的物質條件，反而在某種程度上阻礙孩子學習財務管理的機會，導致孩子長大進入社會有挫敗感，這也是身為父母親的我們需要省思的部分。不要忌諱跟孩子談「錢」，談「消費方式」與「克制慾望」等話題，因為這是孩子將來會面臨到的生活真實，建議可以以遊戲或模擬問答方式，去知道孩子的想法後再給予適當建議，這樣是比較合宜的方法，所以身為父母親的我們也要隨之一同成長。

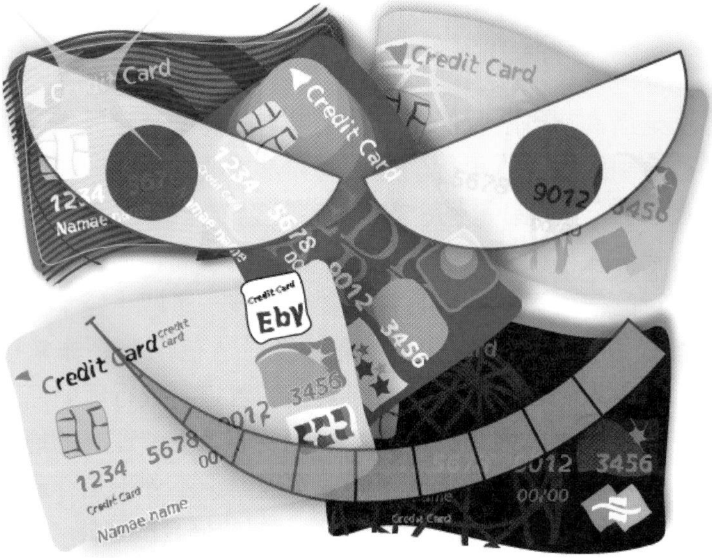

家人有使用信用卡嗎？還是會習慣使用「現金」做消費付款！

可以「用現金卡」付錢嗎？你知道「用現金卡」是什麼？

還是「金融卡」也可以當付錢工具呢？

為什麼我媽咪會說：「『現金卡』不可以隨便去申請使用呢？」

原來「現金卡」的利息是這麼……這麼高，哇……它有18.25%（借款利息計算：借款本金X利率X動用天數/365＝利息）

現在就跟著我一起來看看：金融卡、現金卡與信用卡，這些卡片在功能上的不同吧！

5-2 認識金融卡、現金卡與信用卡

小朋友你有看過「金融卡」？相信你的家人都會有張「金融卡」，它由各家銀行所發行卡片具有提款、支付和轉帳等功能的「塑膠卡片」，你可以透過銀行的ATM可以進行存提款、匯款、查詢、轉帳的功能，所以是非常方便的一張卡片。如果你有張「金融卡」還可以在任何一家銀行去提取你開戶銀行裡的錢，只要支付手續費7元，就可以節省你很多時間。另外；提款卡背後有「Cirrus」、「Plus」、「Maestro」等標誌，你也可以在國外提款機上有相同標誌的提款機提取你帳戶裡的錢，它自動會轉換當地貨幣給你，但會收取把百分之一的金額當作手續費，是不是非常方便呢！而金融卡也會附加其他功能在上面，例如：簽帳金融卡（消費後直接扣除你帳戶裡的存款現金）、簽帳卡（類似信用卡，帳單消費金額需全額付清）喔！

什麼是「現金卡」呢？「現金卡」它是無擔保的「消費性貸款」，提供消費者可隨時透過自動提款機去預借現金，用於做短期急需資金現金使用。「現金卡」所收取利息及費用，借款人跟銀行所簽訂之契約內容來決定。像很多ＸＸ銀行的「現金卡」它採固定年利率18.25% 是按「日」來計算利息，不用它時不計息，但「現金卡」計算利息是非常非常的高昂，所以要動用「現金卡」（跟銀行借錢），一定要「三思而後行」，畢竟18%的利息是非常高的利息。我們在前面有提到「信用卡」與「分期付款」，現在來跟艾倫來複習一下，什麼是「信用卡」呢？「信用卡」是一種非現金交易付款的方式，簡單來說就是信貸服務。信用卡大小一般是長度約8.5公分、寬度5.4公分、厚度約0.7公分的塑膠卡片，所以大小跟金融卡是相似的，很方便放入皮夾皮包內收藏。目前有Visa、萬事達卡（Master）、JCB、美國運通（AE卡）、大來國際所發行的信用卡。「消費額度」是信用卡可以使用的最高金額。「信用額度」是依據你申請信用卡時，你所填寫的資料和與你提供證明文件後進行評定，再給你信用額度從10萬～60萬

元均有，若你有額外需求額度，可以跟發卡商業銀行溝通後；銀行會視狀況予以調整。

雖然都是卡片，但是使用功能上就有許多不同，但是媽咪告訴我「金融卡」是一定需要的塑膠交易卡片，但是「信用卡」會看你的消費狀況再決定（若你消費力高但收入不豐，不建議申請信用卡）。至於「現金卡」這部分是你一定要遠離的金融商品喔！以下是整理出來的小表格，希望可以讓你可以了解它們的差別喔！

項目比較	金融卡	現金卡	信用卡
ATM 提取現金	可提現金 國外可以外幣(有 Cirrus、Plus 標誌	可提現金，要收高額 18%利息	ATM 不能使用 不能提現金
消費有額度上限	**金融卡+簽帳卡** 適你自己帳戶內存款有多少	無法當做簽帳記帳	有額度限制
紅利回饋	沒有	沒有	有
核卡辦理條件	條件低	條件低	條件高
掉卡被盜刷風險程度	風險高	風險高	掉卡負擔自負額 其餘銀行承擔
使用機器	ATM	ATM	刷卡 POS 機
手續費	同行免手續費 跨行 7 元手續費 國外付/100 手續費	手續費約 100-120 元	銀行向商家收刷卡金額的 2%~3%的手續費 國外刷卡向持卡人收取 1%~2%國外交易付務費
有無需要支付利息給銀行	不用支付利息給銀行	利息約 18% 以日支付給銀行	繳交刷卡 1/10「最低總金額」 9/10 餘額進入「循環利息」以日計息
使用時需要密碼	密碼使用	密碼使用	密碼使用/當場簽名

理財小問答

1）你認識「金融卡」、「信用卡」與「現金卡」，你說說這些卡片功能？

2）「金融卡」若是跨銀行提錢，知道手續費要多少錢嗎？

3）你的家人最常使用是哪張「信用卡」？為什麼喜歡使用這張信用卡呢？

4）「信用卡」如果不小心遺失，家人會如何做呢？

5）「信用卡」的循環利息有多少%，你可以告訴我嗎？

解答：

1）自行回答。

2）大約6、7元的手續費，跨行提款財會收取，同家銀行則不用。

3）自行回答。

4）當信用卡不見第一件事情，請直接聯繫發卡銀行的客服中心，申請立刻停止這遺失信用卡的使用，隔日再聯繫銀行做補發動作，至於遺失卡片費用可以再跟銀行做溝通。

5）「信用卡」的循環利息約有8%～15%左右。

給父母親的提醒

1）每個人或許多多少少都會有些負債，包括學貸、房貸、車貸或其他的貸款，所以我們已經跟「貸款」習以為常的相處，認為這些貸款遲早會償還掉，但會希望我們的孩子可以了解債務；成為擺脱債務的人，儘量避免孩子重蹈覆轍，教導孩子要「聰明理債」的能力。從幼兒開始孩子對於「信用卡」都認為只要拿出，都可以把東西帶回家，卻沒有見信用卡背後「按時繳款」的事實，所以我們在消費時也需要適時去支付「現金」，讓孩子了解：只要買東西都需要付錢，「信用卡」只是付錢方式之一，當然不能想買什麼就買什麼。帶孩子出門購物，也要不時去拒絕孩子提出的購物需求，從「我想要」變成「我需要」，當孩子以各種哀求方式去吵鬧著商品有多酷炫，那些東西是多流行時，就是你去教育他的大好機會，用關心與堅定的口氣告訴孩子「原因、理由」也讓孩子明白，不是每一樣東西我們都必須要擁有，也要做出選擇的判斷。

2）給父母親的叮嚀：千萬不要給國小孩子信用卡「號碼」！因為很多父母會在電腦或手機上綁定信用卡相關資訊，卻沒有設定交易密碼（不需要信用卡授權碼），目的就是讓購物動作很方便操作，但是這樣做法卻讓孩子很容易取得後進行購物，若因孩子禁不住誘惑去亂買東西，也極容易造成債務失控狀況。而父母也要審視自己的消費習慣，面對許多的百貨公司聯名卡，也必須學習抵抗它的誘惑，不要輕易地去申請信用卡，也給孩子樹立良好形象喔！

「保險」按照字面上意義就是「保障風險」，它在法律與經濟學上的意義就是一種「風險管理」方式，主要用於經濟損失的風險。用很簡單的話來說就是你付出一些費用後，加入某個團體，就會有「一人有難，大家平均分攤」以費用平攤的概念作社會風險轉嫁機制。

像你家的房屋一定會遇有火災、地震的風險存在，所以我們會付出一些費用後，在居住一年期間內若遇到類似災害或意外時，我們的房屋就可以獲得一定比率或金額補償，讓我們有能力進行維修或處理後續的事。

現在就跟艾倫來簡單認識「保險」喔！

5-3 保險也是理財的一種方式？

什麼是「保險」意義呢？保險或儲蓄都是人們應付未來「不確定性風險」的一種管理手段，不同的是「儲蓄」是將風險留給自己，靠個人的累積能力去對付未來風險，它無需任何代價，而「保險」是將所面對的風險用轉移的方法，靠集體的財力對付風險帶來的損失，提供了足夠的保障。你或許跟艾倫我一樣在我們出生以後，我們的父母就會幫我們去「買保險」（保險法上載明：嬰幼兒只要年滿14天就可投保）。媽咪有告訴我這些嬰幼兒的父母親會幫年紀小的寶寶投保時，重心會放在較常使用機率的「住院醫療險」、實支實付及意外險上，這是因為小寶寶抵抗力較為脆弱；也比較容易生病，所以這時幫小寶寶保險其實要有實用性的喔！我也是在我是小寶寶時，爹地媽咪就已經幫我「保險」了，在我滿月後就因為「尿道炎」住進醫院去，哈哈……我還是個馬上就用到「保險」了呢！

這些都是我媽咪之後告訴我的，也說明「保險」是有一定的必要性。之後我發現我父母親的朋友，有好多阿姨叔叔都在做推銷保險的工作，每天都會很殷勤地打電話來問候爹地媽咪有沒有要保險啊！有時候我看見爹地媽咪還會面露難色；感覺到他們感到好困擾，但總會很婉轉的拒絕掉的。媽咪說這「人情保單」是最有壓力的，因為連「賣保險」的人員都搞不懂保單內的項目與條文，這樣我們投保人都不能很放心。但現在從事「保險業」人員都越來越專業化，要求證照化提升，所以對於保險商品的規劃了解也較有專業性，對我們也會有多一層的保障喔！媽咪也畫了一張簡單的表格讓我了解，在平日的生活中會有哪些意外與風險，如果要由自己來規劃一張符合自己的保險規劃，也會有概念喔！

其實「保險」可以分為兩大類，就是「人身保險」及「產物保險」。「人身保險」以「人」為保險標的物，而「產物保險」以「物品」為保險標的物（有地震險、火災險等……）。以「人身保險」可以再分為四大類：人壽保險（死亡保險、生存保險、養老保險）、年金保險、傷害保險（意外險）、健康保險。針對「人」這部分賣的保險商品非常多，所以保險商品在介紹與保險合約上是很複雜的。在風險分攤觀念下像我是小學生，我們都有被強制納保「學生團體保險」（教育部補助1/3，2/3繳交隨學雜費一併繳交），在我上下學與在學校所有活動中我都會受到保障，當然也會讓家人安心。另外；家人也會幫我們投保「醫療險」與「意外險」相關的保險，所以規劃保障上都很周全。而每當我跟家人一起去國外旅遊時，我們也會在機場購買「旅遊平安險」，可以付出少少的錢，為生命財產多一分的保障。還有在購買時如果使用信用卡付款，信用卡公司還會給予我們「公共運輸工具旅行平安保險」和「旅遊不便險」、「海外全程險」及「傷害醫療險」等保障，雖然這些保險的名稱，我們小朋友不是很了解，但對於我們出國旅遊就是多一層保障，只要付出少少的金錢喔！

意外風險	發生機率	建議保險商品
地震火災房屋財物損失	低度	地震險、火災險
搭飛機發生意外	低度	旅行平安險
意外受傷	中度	意外醫療險
意外殘障、死亡	低度	意外險
死亡	低度	壽險、定期壽險
生病住院	中度	醫療險
罹患癌症	低度	癌症險
車禍造成他人受傷死亡	中度	第三責任險
車禍造成車輛損傷	中度	財損險

媽咪有說假如我一年只付出1,200元的錢當保費，就可以購買一整年的意外險100萬保障，意外事故發生時保險理賠100萬，是我付出保費1,200元的「833倍」耶！，這才是買保險時能將「錢」發揮到最大的用處了。保險最強大的功能就是可以讓我們做風險轉嫁，把我們可能發生的疾病、意外等，藉由購買保險的方式讓保險公司來承擔，所以「保險」就是用小小的錢，可以有較大的保障了。

媽咪我問妳：「保險也是理財的一種方式嗎？」媽咪笑著回答我：「『保險是保險、儲蓄是儲蓄、投資是投資』的原則，這樣它們各自有自己的舞台，發揮的效力才會大。」「一般人在『理財』時會重視投資工具的獲利性、流通性與安全性。而『保險』應該就是重視發生意外後需要醫療的照護，甚至面臨殘障、死亡時應該獲得的理賠部分，它們各自被規劃、授予不同的任務喔！想要投資賺錢，就直接買基金、買股票，長期存定期定額，也可以有個很不錯的報酬率。保險就是保險，投資就放在投資工具上，錢也要分工合作、各守其職這樣會比較好喔！」

「嗯，我了解了。『理財』就是管理好自己財務狀況，知道自己如何去控管『需要與想要』的購買，並控制自己的花錢慾望，還有會將『錢』放在投資賺錢的工具上（資產、基金、股票）上。而『保險』是分攤風險的方式，但是『理財不等於賺錢』我這樣說法對不對，嗎咪。」

「艾倫好棒，你說對了，現在你越來越棒，可是一位理財小老師囉！」「是的，『保險』雖然我們大多不想要用到它，如果真的發生了事故或意外，就希望『保險』能發揮它應有的作用，在實際金錢上給予支援救助，解決在困境中的花費，這樣繳交的金額不是非常多，但卻可以有全面的防護保障，就是『保險』的真諦。」

理財小問答

1）「保險」的意思是什麼，你可以試著說說看。

2）「保險」可以分為哪兩大類？

3）你家的房屋需要保什麼樣的「保險」嗎？

4）你的爹地媽咪有幫你保了什麼項目的保險，可以說說看嗎？

解答：

1）「保險」是人們應付未來「不確定性風險」的一種管理手段，靠集體的財力對付風險帶來的損失，提供了足夠的金錢保障。
2）「保險」可以分為「人身保險」及「產物保險」兩類。
3）有房屋就需要基本保險：地震險與火災險。
4）自行回答。

給父母親的提醒

1）相信每位父母親都會幫自己與小朋買些保險，大都是透過周遭的親友去進行保單規畫與建議，希望能讓「保險」有全面性保護。一年內所要繳交的保險費，的確是一筆可觀的費用，但在家人面臨需要保險理賠時，有時往往演變成理賠爭執，其實讓保險理賠有許多糾紛存在。在2016年評議中心接獲的金融業申訴暨評議案件共5681件，其中超過4900件來自保險業，保險業中又有68%是壽險件，因為「壽險」與一般人生活較有關係，理賠相關爭議最常發生在理賠金額、承保範圍、殘廢等級、手術認定等項目，這些都是雙方之間認知的巨大鴻溝，業者在勸說你購買前保證滿滿，面臨真正需理賠時，有些業者卻推三阻四的告知「未在保險項目內」，才導致雙方在理賠上認知不同，也不禁讓人對「保險」深植負面印象加深。所以該為自身的權益做把關，除了對所要保項目需要清楚（請教保險顧問務必說明清楚），更對於保單需要仔細研議，對於保險公司的人員專業性也需特別注意，切勿因人情保單而進行投保後，造成後續不愉快產生。

2）金管會2019年元旦將有9大新制上路，其中包括「投資型保險商品」要賣70歲以上客戶重要銷售過程一定要「錄音或錄影」，否則不核保。及醫療保險22項「嚴重特定傷病」以及「癌症定義標準化」，避免理賠爭議。為了使醫療保險商品的疾病項目及定義有一致遵循標準，減少理賠爭議，維持商品開發設計的彈性，自2019年1月1日起實施「嚴重特定傷病疾病項目及定義」22項：以及癌症保險的「癌症定義」。嚴重特定傷病疾病包括：阿茲海默症、巴金森氏症、全身性紅斑性狼瘡、肝硬化、類風濕關節炎、頭部創傷、深度昏迷、三度燒燙傷等；癌症部分分為初期、輕度和重度，如第一期的乳癌、子宮頸癌、黑色素癌，和大腸直腸癌等都被列為「輕度」。這些種種定義與釐清都是減少日後理賠時糾紛產生，除保障保戶權益外，也對保險業經營的項目更加明確化，減少模糊不清解釋區域，對於業者與保戶都有其正面的意義肯定與保障。

3）保險公司拿了保戶的錢後，「錢」去了哪裡呢？保費收取會有一些分配：預備用來承擔保險責任的「純保費」，或是保險公司的利潤分享（營業人事管銷費用）。而負擔像是「保險營業稅」向國家進行納稅支出。另外就是保險公司的投資策略運用：投資不動產、買賣債券、股票，這類風險較高的投資商品等也是保險公司投資獲利來源之一。但請記得保險公司不是慈善機構，運用高風險「35倍資金槓桿」（指保險公司股東只出1元本金，再拿保戶34元保費，做35元的投資生意，萬一投資虧損3%，相當於把本金都虧光），所以選擇資本雄厚、品牌信譽良好的「保險公司」就是保障自己權益的重要考量。

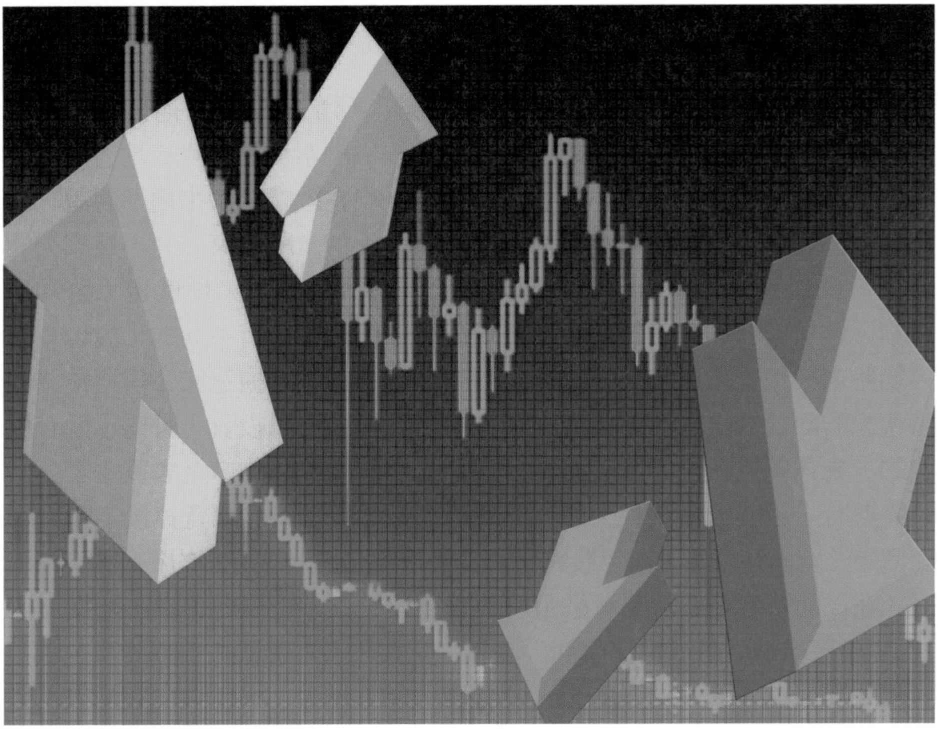

你知道股神巴菲特是誰嗎？電視上看過他好像是位老爺爺，原來他是美國投資家、企業家及慈善家與世界上最成功的投資者。

「巴菲特他從5歲就開始作生意，賣過口香糖、報紙和可樂。11歲的巴菲特開始在父親的證券經紀商工作，當年也是他頭一次買進股票。他以每股38美元，買進了Cities Services的優先股，在股價達到40美元後找到賣點賣出，讓他小賺了5元美金，但是這支股票隨後股價一路上揚，在幾年後竟站上200美元股價，這讓巴菲特了解投資好企業並長期持有股權的重要性，所以他後來買股票都做『價值投資』，只買有價值的公司投資，而且他不投資不認識的產業和公司。」

我11歲時我在想什麼呢？我看懂什麼理財、賺錢的啟示嗎？現在就跟艾倫來看「股票」這項「投資工具」。

5-4 認識股票

小朋友你有聽爹地、媽咪說過「股票」嗎？或是跟著他們去過「號子」？（號子指就是證券商的營業處所，提供股票交易買賣的地方。）如果你去過那是個什麼地方，你看到了什麼，現在就讓艾倫來簡單說說「股票」。「股票」就是你先拿出你自己的錢去「借」給一家公司，這家公司就把「公司股份」分給你，讓你擁有公司的「股權」，你就是「公司股東」。當這家公司有賺錢時候，公司就會依照股東持有不同的「股份」分錢給股東，但是如果公司不賺錢，股東們也要共同承擔這家公司運作錯誤時帶來的虧錢風險，你所投入的錢就會變少喔！所以投資「股票」是有風險的。公司營運狀況良好有獲利時，別人也願意更高的價錢去買這家公司的股票時，股票價格就會上漲，你就可以把你手中的股票賣掉後、賺取中間價差（資本利得），所以股利與資本利得都是買公司股票的獲利來源。

在以前買賣股票時都有紙張股票「實體股票」可以做買賣，但從98年12月2日後推動了有價證券全面「無紙化」後，現在股票（有價證券）都是採用「無紙化」進行（具安全、便利與環保等優點），所以現在你就看不到買賣「股票」實體。買賣股票也有年齡限制的喔！要年滿20歲的中華民國國民就可以辦理開戶，你若是未滿20歲就必須由法定代理人（父母）陪同開戶，股票開戶要開立「證券集保戶」和股票買賣「交割銀行帳戶」兩種。「證券集保戶」它記錄所有股票買賣的記錄，「交割銀行帳戶」就是買賣股票專用的撥款帳戶。

△圖片來源：遠東航空1998年增資股票壹千股股票樣張，目前遠航股票已下市

證券集保戶	是給股票進出用，以股為單位，一張股票等於一千股
交割銀行帳戶	是買賣股票資金進出使用帳戶

在股票市場「股價上漲」就會呈現紅色，如果「股價下跌」就會用綠色表示喔！在國外股票市場是紅色表示下跌；綠色表上漲（跟台灣標示恰好相反）。所以你看股票顏色也可以知道這支股票是上漲還是下跌，也可以用「牛市」與「熊市」來稱呼目前股票市場的現況。

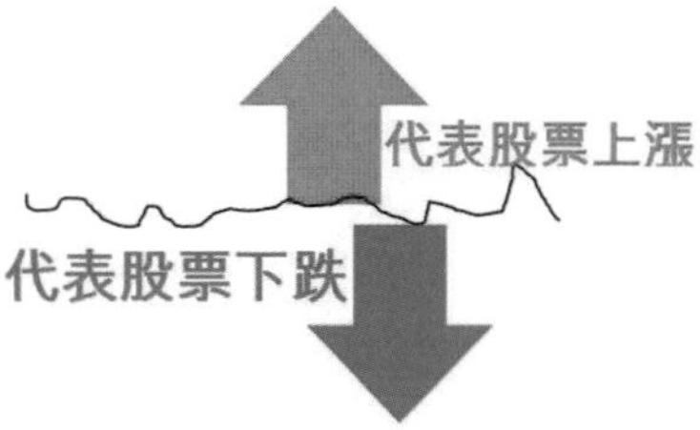

牛市	當股市或經濟呈現「上漲」多頭格局時，就稱為「多頭市場」（就像牛把頭向上揚起的姿態），牛在西方文化是財富與力量的象徵。
熊市	當股市或經濟呈現「下滑」空頭格局時，就稱為「空頭市場」（像熊「由上往下」撲下的姿勢。

在台灣投資股票的交易成本包含「手續費」與「交易稅」。手續費公定價格是0.1425%，買進和賣出時各要收取一次。股票交易稅是收0.3%，買進和賣出時各要收取一次。

「手續費」是股票券商收走的但是可以打折，而「交易稅」是交給政府不能打折的。

舉個例子假設購買中鋼(股票代碼 2002)，買進股價一股 20 元，賣出一股 25 元，買賣股票一張 1000 股，也可以 100 股買喔!

買股票金額=1000 股✖20 元(1 股)✖5 張=10 萬元✖0. 1425%(手續費)

賣出股票金額=1000 股✖25 元(1 股)✖5 張=12. 5 萬元✖0. 1425%(手續費) ✖0.003%(證交稅)

其實每一家股票背後都是一家家的公司，以食衣住行育樂方式存在我們生活周遭，這些公司營業會與我們生活息息相關，也需要有不斷地資金加入，公司就有錢進行相關經營。一家獲利穩定的公司，在每一年配發的股利應該不會變動太大，所以選擇一家經營好的公司投資購買它的股票，成為它的股東，讓好企業有更多資金做拓展。

生活接觸產品	股票分類
哪一品牌的電腦？	電腦及周邊設備業
喜歡吃哪一種的零食、飲料	食品工業
喜歡去哪一家的超級市場或便利商店	貿易百貨業
喜歡穿哪個品牌運動鞋	運動品牌概念股
喜歡哪一家航空公司的服務	航運股

這些公司都有自己股票做發行，我們可以把錢節省下來後就可以投資這些公司品牌，做它們的股東就可以讓這些好公司幫你24小時都在賺錢，而公司賺錢獲利股價就會上漲，你這個股東就可有獲利喔！

公司的股利可以分成兩種：「股票股利」與「現金股利」。

「股票股利」也就是我們常稱的「股利」
「現金股利」也就是我們常稱的「股息」
「股票殖利率」你買這檔（支）股票你會得到多少百分比的「股息」。
「股票殖利率」也稱為「現金股利殖利率」 殖利率＝（股息÷股價）X 100% 如果現金股利每年為1元，股價20元，則「現金殖利率」為5%。

現在我來說明「股票股利」與「現金股利」的分別：

舉個例子：「宇宙寶貝公司」在2015年發放的現金股利是3元，股票股利是0.5元假如你手上有「宇宙寶貝公司」股票1張（1,000股），你獲得的股利：

一、現金股利＝3元×1,000股＝3,000元

二、股票股利＝0.5元÷10元×1,000股＝50股（註：一般股票面額為一股10元）

三、股利總計＝3,000元（現金）＋50股（股票）

→發放的現金股利，會直接進到你的交割帳戶（給現金）

→發放的股票股利，會直接進到你的證券帳戶（給股票）

在前面我們有談到理財投資的工具，「股票」就是其中的一種投資，像我知道的「可口可樂」飲料公司（1892年建立）就有一百多年的歷史就是個全球老品牌的公司。該挑選投資哪一檔股票，就是一門學問，因為有太多的股票在向你招手，你就必須了解公司**本益比**（成本和獲利的比例，簡單說買進股票後，多久可以回本）、**股價淨值比**（指企業於特定時間點的股價，相對於最近季底每股淨值的比值）、**股利率**……等，這些都是可以讓你去評估這家公司的資料喔！

你也會聽過家人或鄰居的婆婆媽媽去討論著股票，這樣用口耳相傳的「報明牌」其實是危險的喔！像你聽到某人的表現如何，但是你「從來」沒有見過這個人，都是藉由「聽說」關於他的事而知道，這樣你覺得……你認識他嗎？這是一樣的道理。出錢買股票不困難，困難在於：要怎麼看出這家公司是不是正當經營，它在未來的發展能不能跟上世界潮流的腳步，未來會不會被其他行業所取代……。人兩隻腳；錢有四隻腳。利用投資好「股票」去投資公司發展，讓錢在每天24小時都能努力去賺錢（錢不會鬧情緒也不用休息），你就可以快速去累積你的財富。但「股票」投資是有「風險」存在，它會受到國際形勢變化、戰爭影響、匯率變動、經濟週期、國內重大經濟政策、物價變動、通貨膨脹、人為操縱等因素都會去影響股票的股價，所以「股票市場」是經濟的「溫度計」，會即時去反應市場經濟狀況。

我雖然是個小朋友，但對於長大要學習的事感覺非常有興趣，尤其是可以學習「賺錢」的技能，這些能力都不是學習一下子就能理解的。媽咪有特別提到股票的「風險」，因為股票受到的影響因素非常的多，如果不是考慮周詳，就先不要購買價高的「股票」，可以先在網路上練習「股票」買賣的網站，先健全概念後再做決定。媽咪也給出幾點建議：

一、**對你要買的股票不了解，只處在「道聽塗說」的階段，千萬不要衝動去購買。**因為結果一定是慘賠金錢（不買不了解的投票），挑選好的企業（績效好的公司），合理價錢買進長期投資，當作是穩當的做法。短線進出買賣（今天買馬上賣掉），都是浪費心力賺不到錢的行為。

二、**投資股票先不要想你要賺多少錢，要先想你可以忍受多少「虧錢」（虧損）。**注意保本再考慮賺錢（要設停損點，意思就是虧損到某一個程度，不能讓「股票」它再繼續虧下去，就必須先將把手上的股票虧錢賣掉；自認虧損）。

三、**股票投資是人性心理學的商場，除了訓練能看出好公司的眼光，更是訓練控制自我情緒的學習。**因為公司股下跌就心情鬱悶不開心，讓生活氣氛也變成怪怪的，這樣就不是「投資」本意了。

投資股票要有「賠錢」的心理（這是風險），千萬不要小看它。賺100次的100%，虧一次100%就都全沒有了，所以要特別注意小心。而股票的買賣的確是一門較困難的投資學，有很多大人都在學習中也未必了解，但至少我們可以學習有這概念就好，至於該如何進場操作，可以慢慢培養能力喔！

理財小問答

1）「股票股利」與「現金股利」指的是什麼呢，可以說說看嗎？

2）什麼是「牛市」什麼是「熊市」，可以說說看嗎？

3）在台灣股票上漲時是用什麼顏色代表，下跌時用什麼顏色代表？

4）「證券集保戶」與「交割銀行帳戶」是什麼帳戶，你可以說說嗎？

5）你的父母親有投資股票，他們會告訴你為何要投資這公司的原因嗎？

解答：

1）「股票股利」也就是稱的「股利」，「現金股利」也就是「股息」。

2）「牛市」　當股市呈現「上漲」時，就稱為多頭市場。「熊市」當股市或經濟呈現「下滑」空頭格局時候，就稱為空頭市場。

3）上漲時是用「紅色」顏色代表，下跌時用「綠色」做代表。

4）股票開戶要開立「證券集保戶」和股票買賣「交割銀行帳戶」兩種。「證券集保戶」它記錄所有股票買賣的記錄，「交割銀行帳戶」就是買賣股票專用的撥款帳戶。

5）自行回答。

給父母親的提醒

1）股票市場的知識連大人都未必懂，有必要讓孩子知道嗎？這應該是一般人對理財教育的疑問？我可能會反問大人：「你覺得什麼時間是適合的時機呢？」其實就算是身為父母的我們，很多人一樣不懂「股票」是什麼；不是嗎？讓孩子在生活環境中自然藉由「產品」去認識背後的生產公司，這是最直接的理財教育方法。因為「產品好」所以我們會「選擇」購買它，公司生產有收入盈餘後就會將生產線增加，或是設計出更好的產品讓我們繼續購買。當這家好公司為了增加機器廠房，發行了「股票」希望能募集更多資金後，才能達到擴廠的目的（增加機器設備或工作人員），所以「投資股票」概念其實是簡單易懂，讓孩子去了解好公司好企業是值得投資力挺發展，這也是鞏固企業發展的方法，讓孩子從周遭商品去認識背後的公司企業，的確是接觸、認識股票之一。

2）認識簡單股票漲跌指標：紅色表示上漲，綠色表下跌（國外是紅色表示下跌，綠色才表示上漲），而熊市（空頭；下跌）與牛市（多頭；上漲）術語也要了解喔！

3）在網路上有許多模擬下單交易或買賣股票的網站（免費），可以讓用戶進入去了解真實「股票交易」的種種方式與術語，像「股市大富翁」或「模擬股市」等都是可以讓你去練習的網站。但是一般人都會覺得練習沒有真實感，但如果你連基本功不具備，真的進入股票短兵相接肉搏，可能就真的是「非死即傷」慘況，所以再次提醒：所有的投資都是有風險存在的，成功並非是「僥倖」而來的，千萬不要小看風險與傷害的因素，才能正確的了解投資市場狀況。

「基金」有廣義和狹義的定義。從廣義上來說「基金」是機構投資者的統稱，包括有信托投資基金、單位信托基金、公積金、保險基金、退休基金，各種基金會的基金。

而現有的證券市場上的「基金」，包括「封閉式基金」和「開放式基金」它們具有收益性功能和增值潛能的特點。

因政府和事業單位的出資者不要求投資回報與投資的收回，但是要求按法律規定或出資者的意願，把資金用在「指定」的用途上形成了「基金」。現在就跟艾倫來認識「基金」這項投資工具喔！

Let's go……

5-5 認識基金

我們前面已經有說到「股票」投資，知道在選擇股票上是很重要的。而「股票」一張1000股，當然也可以100股來做買賣，但價格部分對一般人來說，要一次投入的金額也覺得有壓力；還有風險也大，讓一般人想要投資卻心有畏懼而卻步。但是手邊存有一些小資金，只存銀行利息太低，還是希望能有小額金錢的投資方式，這時「基金」可能就是比較適合你的投資工具。「基金」是由證券投資信託公司已發行受益憑證的方式，「招募」大家的「資金」，委託專業的「經理人」去管理，根據「經理人」專業知識將所募集到的資金做操作運用，投資在股票、債券、貨幣等。

其實就是每人以「定期定額」、「單筆購買」、「不定期不定額」方式進行購買。如果投資有獲利由所有投資人依比例獲得，倘若式獲利失利，也將由所有投資人共同分擔。結論：「基金」就是把大家的錢集資交給基金公司，委由專家來投資管理，而「賺賠風險」將由大家依比例來分享分攤。以下是股票與基金的兩者對比：

	股票	基金
投資模式	一張 1000 股做買賣 零股也可進行買賣	定期定額、單筆購買、不定期不定額
投入金額	較高金額	較低金額
手續費	手續費與交易稅	保管費、信託管理費、申購手續費、經理人費、轉換手續費、贖回手續費、買賣價差
操作者	自己	基金經理人
獲利、失利	自己分擔	所有投資人
風險	風險大	風險較小

所以我們知道基金投資還是有風險，只是較低一些，至少不用每天像注意股票那樣緊盯「上漲下跌」的緊張情緒，但投資基金有風險是因為「基金」投資的「標的物」仍是包含有風險在內。目前我們可以在這些地方都可以購買到基金，像是銀行、投信、基金公司、投顧公司、網路平台、證券商、保險公司或郵局等地點，買基金有風險在內，所以獲利勢必風險也相對增大，依照基金的風險可以分成：**積極成長型基金、成長型基金、平衡型基金、收益型基金**等。

	積極成長型基金	成長型基金	平衡型基金	收益型基金
風險評估	超高	中高	中	低
報酬	超高	中高	中	低
特色	投資風險大標的物，賺取高利潤	追求長期穩定標的物	投資績效收益與固定收益	以固定收益的投資為主
適合人群	冒險投資人	穩健積極投資人	保守穩重投資人	穩定收益投資人

基金投資的地區有分為：海外共同基金、國內基金。而依據投資標的物有分成：股票型基金、債券型基金、貨幣型基金、指數型基金、平衡型基金、保本型基金與特殊產業基金等。它們的投資特色也是非常的不同（很難懂沒關係，要買基金時銷售「基金經理人」會解釋清楚給你聽）。

媽咪有說「挑基金」要看「績效」，還要看「基金經理人」的穩定性，因為他為你提供管理投資，如果他的資歷或穩定度不夠，或實戰經驗太少，他要幫你做管理，你會安心嗎？而買進基金後也不能放著不管它（因為它是你的錢），比方我要買進一支股票，之前一定先評估這家公司經營績效是否良好，之後才會安心去買入這股票作投資，股票你都要每日去關心它的狀態，因為漲跌都是實在金錢的「獲利」與「虧錢」，而每個月你也要追蹤公司營收變化的狀況，每一季要追蹤公司的財報數字，你才能決定是否持續投資這支股票或賣掉它，而「買基金」也一樣的道理喔！

基金	特色
股票型基金	將資金投入股票市場中，投資各類型股票、獲取高報酬，相對風險也較大，主要賺取高利潤
債券型基金	投資各種債券的基金，適合追求穩定收益的投資人。
貨幣型基金	以投資貨幣市場的金融工具，大多是短期性投資，流動性較高，風險屬於中低。
指數型基金	依股價指數中個股所佔的比例來當作選股標準，就此可知基金的獲利性將與大盤的股價指數成正比。
平衡型基金	投資股票與債券市場，而這兩者的走勢是呈現反比，同時投資可以分散風險。
保本型基金	將本金投資債券、再將賺取利益投資高風險產品，若投資失利至少還可以拿回本金。
特殊產業基金	投資特定領域的商品，投資範圍小而風險也越高，但收穫利潤也相對高。

基金費用	費率與收取時間
手續費	購買基金時收取。股票型 3%、債券型 1.5%再乘上各購買平台的折扣
帳戶管理費	又稱信託管理費。每年 0.2%贖回時收取，跟銀行買才會有此費用
經理費	反應在淨值內大多為 1%~2.5%(一年)，債券型基金會比股票低
保管費	反應在淨值內，大多是 0.2%
贖回手續費	國內基金無，少數國外基金會有贖回手續費約 0.5%
轉換手續費	發生在跟基金公司購買時才收取，你可以把資金轉移到同一家基金公司旗下的其他基金，大約是 0.5%~1%

其實「股票」與「基金」都是投資的工具，有一定的風險在其中，沒有任何一種投資是「只賺錢，沒風險」的好買賣，在申購基金前投資人應該詳細閱讀基金公開說明書，對於你要投資商品要先了解這產品特性、規則及各種潛在的手續費，才能幫助你投資更順利。**買基金愈久≠賺愈多**投資基金也要設「停損點」。購買基金年齡現在也有針對我們小朋友設計的專案，這些還要麻煩你的爹地媽咪幫忙辦理，帶齊申請證件資料，就可以就近銀行幫你買基金做長期投資喔！

玉山銀行-玉約幸福	聯邦銀行-幸福存則	台北富邦-小富翁帳戶	元大銀行-元氣寶貝
王道銀行-親子帳戶	台新銀行-兒童會員YBO	國泰世華-小樹苗計畫	中華郵政-兒童帳戶

△資料來源：擷取自網路資料

理財小問答

1）什麼是「基金」可以試著說說看嗎？

2）是不是投資「基金」就比較沒有風險了呢？

3）當你決定投資購買基金，會有哪些費用出現？

4）在哪些地點我們可以購買到「基金」等相關商品？

解答：

1）從狹義來說「基金」是指具有「特定目的、用途」的資金。「基金」是由證券投資信託公司已發行受益憑證的方式，「招募」大家的「資金」，委託專業的「經理人」管理，根據「經理人」專業知識將所募集到的資金做操作運用。

2）其實基金投還是有風險；只是較低一些，你不用每天都要盯著注意基金的狀況，因為基金投資的「標的物」仍是具包含有風險在內。

3）投資「基金」會有手續費、帳戶管理費、經理費、保管費、贖回手續費、轉換手續費等的費用喔！

4）目前我們在這些地方都可以購買到基金如：銀行、投信、基金公司、投顧公司、網線平台、證券商、保險公司或郵局等地點。

給父母親的提醒

1）在此我個人不做任何「基金」的推薦，如需請洽銀行、投信或基金公司，他們會依你個人需求重點做量身打造的建議。而這裡要做提醒的是：無論是哪一種的基金購買都是有「風險」在內，絕無「保本、零風險」的投資動作。就以「玉山銀行」在網頁上所揭露資訊「共同基金警語」中所提到（摘錄部分於下）

A. 共同基金投資警語

各基金經金管會核准或同意生效，惟不表示絕無風險，本行及基金經理公司以往之經理績效不保證基金之最低投資收益；本行及基金經理公司除盡善良管理人之注意義務外，不負責各基金之盈虧，亦不保證最低之收益，投資人申購前應詳閱基金公開說明書。投資基金所應承擔之相關風險及應負擔之費用（含分銷費用等）已揭露於基金公開說明書或投資人須知中，投資人可至公開資訊觀測站或境外基金資訊觀測站查閱。**基金並非存款，基金投資非屬存款保險承保範圍投資人需自負盈虧。基金投資具投資風險，此一風險可能使本金發生虧損，其中可能之最大損失為全部信託本金。**投資人應依其自行判斷進行投資。

B. 定期定額投資警語

投資人因不同時間進場，將有不同之投資績效，過去之績效亦不代表未來績效之保證。

2）其中有段話值得我們注意：基金並非存款……。基金投資具投資風險，此一風險可能使「本金」發生虧損，其中可能之最大損失為全部信託本金。所以「基金」並非是無風險保本與保證獲利的投資方式，這是我們一定要認清的事實。基金投資常見的風險有**（A）市場風險**：指基金淨值受到金融環境因素影響而產生波動的風險。當政策改變、外資撤離、投資信心不足時，會使基金淨值產生較大幅的波動，這也是基金投資最主要的風險來源。**（B）利率風險**：指基金淨值受到利率上升或下跌影響而產生波動的風險。例如利率大幅上升時，主要投資於債券、票券、存款的債券型基金，淨值通常會呈反向變化而下跌。**（C）匯率風險**：指當基金投資於海外市場時，必須將資金「轉換」成外幣或由外幣轉換回台幣，過程會因匯率升值或貶值而使基金淨值產生損失。**（D）營運風險**：當基金公司自身營運狀況不佳時，可能會使得基金的經營績效及運作出現困難、甚至影響投資人資金安全的風險。

在理財的工具裡還有其他工具，像「買黃金」與「買賣外幣」也是可以做理財的項目的。但是這兩項投資「不適合」資金太少的人操作的喔！原因是這兩項都會是買賣價差極大，深受國際匯率市場波動的影響，投資成本要夠多夠雄厚，否則這投資不太能有獲利，那是因為這項投資都被「手續費」吃掉了你的成本。

現在就跟艾倫我來淺談認識一下「買賣黃金存摺」與「買賣外幣」喔！

5-6 認識「黃金存摺」與外幣買賣

「黃金」金光閃閃很討人喜歡，贈送給滿月小嬰兒的小金鎖片到結婚新娘身上的項鍊、戒指手環等，還有廟裡上香拜拜時掛在神明身上的金飾項鍊，或是你爹地媽咪手上掛的「金戒指」，這些都是「黃金」在我們身邊存在的樣貌，證明一般人都很喜歡「黃金製」的東西。黃金具有極佳的「延展性」可以拉的又細又長，重量是同體積「水」的19倍喔！我記得2018年跟著媽咪去某超市看到貨架上有個五台兩（787.5公克）的金條展示做售賣，它價格約23萬7千元左右，更說明「黃金產品」是深受大家的喜愛。市面上投資黃金主要有三種方式，包括實體黃金、黃金基金及黃金存摺等。其中實體黃金門檻高，1兩黃金價格幾乎要4萬多元，至於「黃金基金」是投資黃金礦業相關的公司股票和債券，它波動度高比較適合積極型的投資人來操作，當然相對風險也非常高。

臺灣銀行
BANK OF TAIWAN

2019/05/24 盤後交易黃金牌價

掛牌時間：2019/05/24 19:42

品名/規格		單位：新臺幣元 1公克
黃金存摺	本行賣出	1,306
	本行買進	1,286

△網路圖片：Costco好市多商品經驗老實說臉書社團

「黃金存摺」是可以做定期定額的投資，比較適合做投資的項目。但是「黃金存摺」它不屬於存款項目，所以沒有利息可以拿，但要付出手續費給銀行。「黃金存摺」就是買進黃金但是銀行幫你保管，銀行利用存摺登載方式去記錄開戶人做買賣黃金並保管，但是你是無法拿到「黃金」，除非你儲存的黃金已經達到某些重量，透過「黃金存摺」的方式你可以買進或賣出黃金，或是以一小筆「單筆買進」，或是「定期定額」做購買。它主要分為臺幣、美元及人民幣來做計價幣值，黃金是以「公克」為單位的。以台灣銀行為例：單筆最小投資額為3,000元，一次要收取50元手續費

就佔1.67%，使用「定期定額」會有額外手續費成本，買賣獲利都要課稅「財產交易所得稅」喔！黃金若累積一定數量，想按黃金規格領回實體黃金時，要先確認可提領黃金的銀行分行，並且要支付轉換的手續費。

所以「黃金存摺」只適合做長期持有來操作，缺點：銀行不會有利息，交易成本花費中等，不適合頻繁買賣交易的人。黃金期貨（高槓桿高風險）、黃金飾品（折價高、工錢昂貴）、金幣（流動率不佳）這些都不適合做一般的投資工具。「外幣買賣」是藉由貨幣匯率「一買一賣」之間賺取「匯差」，一般我們有計畫到國外旅行時會到銀行去換外幣，就會看到「買入價」與「賣出價」，買入價是指銀行向你買入外幣的價格會比較低。賣出價是指銀行賣出外幣給你的價格，價格會比較高。舉例來說：有發現使用台幣或美金跟銀行做外幣兌換時，會產生出2、3千元的匯差出現，以買賣外幣作為投資工具，主要就是看中了「匯率的波動」與會出現「較高利率」。「匯率」是浮動匯率指的是兩國貨幣兌換的比率，但會隨著國家情勢、經濟政策產生變動。而強勢貨幣（如美元、日幣、英鎊、人民幣等）穩定性及極佳、帳跌幅度極小，若扣除交易成本可以獲取利潤是極為有限的，若你資金是雄厚的話當然會有獲利價差出現，但你本身能投入資金少恐怕無法去獲利（一般人可能也無法一次購買1～2萬元以上的美金，約莫台幣30～60萬元）。

另外，外幣買賣漲了你不一定會賺錢獲利，但下跌一定會賠慘，貨幣買賣會產生外匯交易成本，波動大的外幣，買賣價差就大。當你資本不豐厚時，投入外幣想賺匯差是很困難的，所以外幣買賣一定要資金厚實且對市場有高度熟悉，才能在這市場有所獲利。

	現金匯率		即期匯率	
幣別	本行買入	本行賣出	本行買入	本行賣出
美金(USD)	30.305	30.995	30.675	30.775
1) 我要跟銀行買 1 萬美金的現鈔 看「現金匯率」—「本行賣出」—「30.995（元）」 1 萬美金相當於需要 30 萬 9,950 台幣				
2) 我有 1 萬美金「現鈔」要給銀行換成台幣 看「現金匯率」—「本行買入」—「30.305（元）」 1 萬美金可以換成 30 萬 3,050 台幣				
3) 我要用台幣去換取 1 萬美金，存到我的外匯帳戶 看「即期匯率」—「本行賣出」—「30.775（元）」 1 萬美金相當於需要 30 萬 7,750 台幣（比現金多省 2,000 元）				
4) 我用外幣帳戶的 1 萬美金，換成台幣存到我自己的帳戶 要看「現金匯率」—「本行買入」—「30.675（元）」 1 萬美金可以換成 30 萬 6,750 台幣（比現金多換 3,700 元）				

理財小問答

1）你家人會掛金飾品在身上嗎？有聽過他們說過：「萬一沒錢的時候，可以把黃金拿去銀樓換現金嗎？」為什麼黃金可以換現金呢？

2）你有跟家人去銀樓或百貨公司買金飾，如何知道現在黃金的價格呢？

3）如果你跟家人出國旅遊時，會到哪裡去換取外幣，附近銀行櫃檯、機場銀行，或是銀行ATM提款機，哪一種方式換外幣的手續費比較便宜，你知道嗎？可以跟我分享嗎？

解答：

1）因為黃金可以在各地銀樓直接做賣出動作；兌換現金。

2）在每家銀樓都會在店裡公告當日黃金「買進」或「賣出」的詳細牌價告示。

銀樓黃金價格參考價　長期走勢圖

更新時間：2019年5月25日 10點00分　　單位：新台幣/錢

日期	買進	漲跌	賣出	漲跌
5月25日 星期六	4,540	▲10	5,040	▲10
5月24日 星期五	4,530	▲20	5,030	▲20
5月23日 星期四	4,510	▲10	5,010	▲10
5月22日 星期三	4,500	▲10	5,000	▲10
5月21日 星期二	4,490	▲10	4,990	▲10
5月20日 星期一	4,480	▲10	4,980	▲10

3）其實直接由帳戶內去轉換外幣，由銀行ATM去提去外幣，並可以省下手續費。

給父母親的提醒

1）很多爸爸媽媽對於「黃金存摺」很感興趣，會想知道該要怎麼開戶、怎麼買黃金？其實許多家大型銀行都可以開立黃金存摺帳戶，例如：臺灣銀行、合作金庫、中國信託、第一銀行、華南銀行、元大銀行等等。「黃金存摺」目前不能在網路上開戶只能人到櫃檯辦理，但是交易可以利用網路銀行做交易買賣的。「黃金存摺」買賣報價通常是參考臺灣銀行所訂出的報價。黃金存摺目前的買賣價差台幣計價是1.45%，美金計價是1%，如果用美金買會有0.32%的換匯成本，如果用台幣買雖然不用換匯，則是會有匯率變化的風險。「黃金存摺」跟銀行定存非常大的差異點在於「黃金存摺」不會有任何利息給存戶。

2）「黃金存摺」假如你看到以下資訊：台灣銀行中6/3賣出黃金價格1,324元（1公克），假如你明天看到買進價格是1,304元，就表示你賣出後每公克會賺20元，當然還要考慮貶值或台幣升值的問題。而「黃金存摺」就是「低買高賣」的概念。投資「黃金存摺」的風險有可能是本金收益價格損失，而黃金現貨（條塊）一經領取後，就不能在存回銀行或回售給銀行了。只要是投資就一定有風險，對於「黃金存摺」風險在於買進的時機點，而產生的收益與損失，所以投資購買的時間都非常重要。

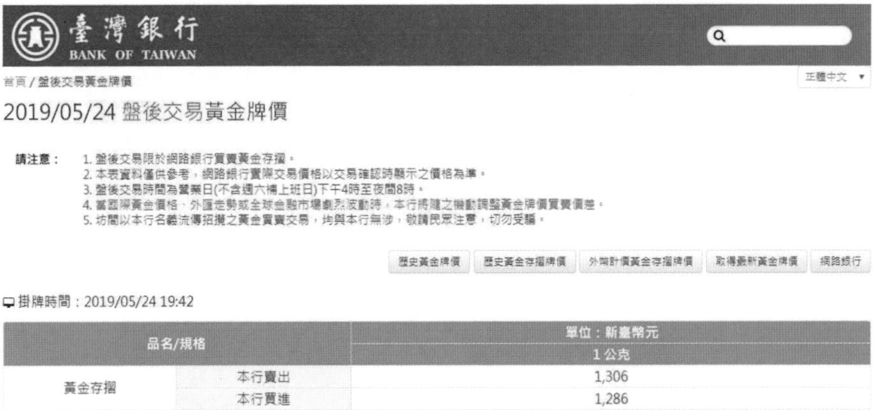
臺灣銀行
BANK OF TAIWAN

首頁 / 盤後交易黃金牌價　　正體中文 ▼

2019/05/24 盤後交易黃金牌價

請注意：
1. 盤後交易限於網路銀行買賣黃金存摺。
2. 本表資料僅供參考，網路銀行實際交易價格以交易確認時顯示之價格為準。
3. 盤後交易時間為營業日(不含週六補上班日)下午4時至夜間8時。
4. 當國際黃金價格、外匯走勢或全球金融市場劇烈波動時，本行將隨之機動調整黃金牌價買賣價差。
5. 坊間以本行名義流傳招攬之黃金買賣交易，均與本行無涉，敬請民眾注意，切勿受騙。

歷史黃金牌價　歷史黃金存摺牌價　外幣計價黃金存摺牌價　取得最新黃金牌價　網路銀行

掛牌時間：2019/05/24 19:42

品名/規格		單位：新臺幣元
		1公克
黃金存摺	本行賣出	1,306
	本行買進	1,286

3）在台灣年節或婚嫁習俗都習慣用「黃金飾品」彰顯自我的財力狀況，或是做些投資（因為都比定存來得獲益高一些），但就投資角度而言：投資黃金千萬不要因為單價低就去購買金飾（除非你要自戴）或金幣，原因在原這些物件需要加諸工錢部分需要一成多，對於這種回收價格通常會很低（工錢都不會算在內），所以要特別想清楚再購入。

金飾就是「飾品」，當你穿戴起來會幫你彰顯氣質與貴氣，但在實際的收益部分是低的喔！實體黃金優點：看的到比較安心。缺點：交易成本過高，保管麻煩要較有風險在。

各種黃金投資	買賣價差
銀樓-買金飾品	約10%
銀樓-買金條	約1%~5%
銀行-買金幣	約7%
銀行-買金條	約3%

「風險」無論是哪一種理財工具，任何投資都伴隨著一定風險。不了解投資的人，都會以為將錢存在銀行做「定存」以獲取「利息」，錢就會變大變多，這也可以算是投資，也不會有風險發生，就不會去思考其他的資產配置了。假如你存了一百萬元年利率1%，到期後你就可領出101萬元，看來資產增加了，但卻沒有考慮「通貨膨脹」的因素，每年以2%～3%比率下降著，錢的「購買力」也逐年下降，錢開始變小變薄。

所以必要的投資是一定的，不管投資股票、基金、黃金存則或是外幣，都一定會有風險在其中，請不要忽視它，否則「金錢」失去的速度比你能想像的速度還快喔！

5-7 認識投資的風險

前面大家跟著艾倫我認識許多賺錢投資的工具，或許我們年紀小還沒有能力實際去做操作，至少知道理財工具有哪些，也知道我們的爸爸媽媽的所得除了是工作所得外，還能藉由其他投資途徑來獲取其他的金錢收入。記得我常跟家人去市場超商去買東西，看見生活中各種攤位的攤商賺錢樣子，媽咪會跟菜攤老闆要個優惠價錢，媽咪也會在同樣東西之間做「比價」，看到老闆與顧客之間的價錢拉鋸戰，有趣極了。當我看到有新玩具也想要爸爸媽媽買給我，剛剛開始時爸爸會告訴我「這玩具你已經買過了，還要買一樣的嗎？」接著會跟我溝通，可以看不同類型的玩具，這樣玩起來也會不一樣喔！等我再長大了一些，他們會用不同的方式跟我說賺錢與如何花錢的例子，讓我在理財觀念上跟其他同學不一樣呦。

「艾倫，你都不花錢買飲料來喝嗎？你好節省喔！」「我自己有帶開水，喝開水會比較止渴。我不是小氣啦！我只是『當花錢則花，不當花則節省下來。』這都是我爸媽給我的觀念。」我省下的錢是為了實現自己未來的夢想，因為是自己儲蓄存下的錢，自己會更加珍惜的。其實我從父母親身上看到了賺錢很辛苦，也了解賺錢後要如何管理錢財的方法，但是更會記住媽咪說的「風險」。

「風險」是指在某一種環境下，在某些時間內會發生某種「損失」的可能性，就好像我們每個人幾乎都會走路、跑步，有時候儘管路很平坦，我們走著走著我們還是會跌倒，或是有個蟲子會飛入眼睛或是車輛撞上我，這些可以稱為是走路時的意外風險，所有的事不會都是事事如意（當然這是我們希望的），我們能做的就是降低（減少）風險給我們帶來的傷

害，這也包括我們提的「投資」。「不要把所有雞蛋放在同一個籃子裡」這就是分散風險的例子。

「風險」對很多人來說，都有種不舒服的感覺，它充滿了不確定性，如果我們有買基金、買股票或是投資要控制投入錢的數量，一次不要放進去太多錢，或是把錢放在不同的項目內。比方說你買基金可以小額購買，然後買進不同類型的基金，或是你買張股票除了挑選好業績的公司，也不要一次投入過多的錢，更不要「借錢」去買股票（因為借錢的利息大於你投資利潤就不可行喔！）像為了保障我們的生命與健康也都會做些壽險、意外險與醫療險的投保，其實就是預防處理為了那發生率有1%的意外發生。

就理財而言媽咪有提醒我要牢記：

一、高報酬的投資商品，一定會有高風險。

二、高風險的商品卻不一定會有高報酬的獲利。

三、絕對沒有高報酬；但是低風險的投資商品（不要輕易相信廣告）。

四、絕對沒有高報酬，不用出資金的好投資。

五、投資的錢一定要是暫時用不到的錢，千萬不要把生活必需要使用的錢投入，這樣生活就出現危機了。

那我給你出個小題目，你來試著回答看看。

一、有一個賺錢好方法，它是有百分之百的機會，沒賺錢也不會賠錢。

二、有0.1%的機會可以賺10,000元，會有99.9%會賠100元，你會選擇哪一個？

期望值＝損失或獲利的金額 X 發生機率

（1）計算的期望值＝0 X 100%＝0元（不賺不賠）

（2）計算的期望值＝10,000 X 0.1%＋（-100） X 99.9%＝-89.9元

哈哈……我已經知道你的答案，就跟一般人一樣會選（2），因為要賠錢也只賠100元，很少的金額所以沒有痛癢。但是我們仔細看看：

雖然有機會得到10,000元，賠的部分只要付100元就好，這對一般人是

很划算的賭注，這就跟買樂透與賭博是一樣的心理，但是這不是投資喔！媽咪跟我說過關於「股神巴菲特」《雪球》的故事，他在選擇股票時都不會選擇「熱門股票」或是「不了解的股票」，巴菲特會從日常生活去發現好公司，像可口可樂、卡夫亨氏（奧利歐餅乾）、吉列刮鬍刀等的公司股票，因為這些公司長時間跟我們生活產生互動，消費者會不斷地購買它的商品，好公司就會不斷賺錢，不斷地拓展生產機器設備，也才會不斷地賺錢。而好公司還是會遇到經濟政策、通貨膨脹與通貨緊縮等因素影響，這是經營公司所要面臨的風險。而我們做投資也有風險，一定要分散風險，關心投資的商品標的，就可以有效控制降低風險損害。

所以我感謝我的爹地媽咪可以跟我分享投資的概念，不會因為我年紀小就不教導我，雖然我老是愛問「為什麼？」也因為如此才知道原來到最後能為我們賺錢，會給我們薪水的是我們的「資產」，不是靠老闆給我的薪水喔！

理財小問答

1）你認為投資股票有哪些風險，可以跟我分享嗎？

2）「不要把所有雞蛋放在同一個籃子裡」，你有相關的趣事跟我分享嗎？

3）「當花則花，不當花則不花」還被別人叫「小氣鬼」你會如何呢？

4）你家人有買樂透或刮刮樂，他們的想法是什麼？如果沒有中獎，他們的反應是什麼呢？

5）你的父母親有哪些行為你是不喜歡的，你如何跟他們溝通呢？（抽菸、喝酒、吃檳榔、賭博、買六合彩、買樂透……）

解答：
1）自行回答。
2）自行回答。
3）自行回答。
4）自行回答。
5）自行回答。

給父母親的提醒

1）台灣的父母屬於保守，不大敢跟孩子談二件事一是錢；二是性知識。「金錢」是人生重要的課題，它會影響一個人未來的「價值觀」與做人的本質。太擔心錢缺乏「安全感」，也開始會對「錢」的偏差，也扭曲對人對事的看法。「理財知識」是人生學習的重點，身為父母親應該學會從小跟孩子談論錢與賺錢的方式，父母親透過生活實際學習來教導孩子，也在日常生活中透過消費、獲得來建立起正確觀念，決不會有「不勞而獲」的事。在家庭孩子的理財教育可以讓孩子從小知道去了解：錢從哪裡來、家庭支出花費在何處與該如何節約儲蓄。讓孩子看得到父母親賺錢的辛苦，雖然孩子不見得會感激，但至少孩子了解「錢」來的方式，知道賺錢需要付出勞力與時間，知道要克制自己想買東西的想法，或是可以將二手書籍與玩具找到其他「再利用」方式，可將錢用在效益更大的地方，甚至於將錢的價值「放大、加值」功能，這樣會讓孩子更學習到許多事。

2）當家裡遇到經濟困境時，增加父母親發生口角爭執，看在孩子眼裡是非常「負面教材」，如果父母親需要討論金錢，也預料到彼此會發生爭吵，建議需要到另外房間去做討論，這是父母親需要學習的。而家裡經濟同樣需要父母親做克制慾望的，不能不允許孩子買玩具，卻自己一直買衣服或其他物品，這樣「說服力」會太薄弱。父母親也要避免說出「這東西以後我們再買」、「你以為我們家很有錢嗎？」、「你不要只想要買東西，你的功課為什麼都沒有進步」、「你都這樣亂花錢，真不曉得是跟誰學的……」有些話是身為父母親不能說出口的話，畢竟孩子心思細膩敏感，可以聽出父母親的不悅與責罵，所以有些話父母親有必須謹言慎行，才能教出體貼有同理心的孩子。

3）父母親可教孩子的理財的觀念，更可以以自己的投資經驗作例子：買房子的經驗、投資股票的經驗、買基金的經驗、股票慘賠的經驗、跟親友借錢的經驗、買保險好與不好的經驗、被朋友或親友詐騙的經驗、賭博買樂透賠錢的經驗、跟銀行交易好與不好的經驗……等等，這些都是實戰的經驗，雖然也是慘痛深刻的體驗，但都是孩子很棒的教材，畢竟這些不好的經驗可給孩子警示與教訓，可以讓孩子少走一些冤枉路，更能知道在投資不是玩家家酒，每一分錢都要以謹慎態度作面對，才是正確面對理財的態度。

「人兩腳，錢四腳」你應該常常聽到，金錢跑得鐵定比人的速度快，「人追錢」是很困難，但如果人的觀念轉變了，能力也提昇，「人追錢」可能就變得容易了。

大樂透的機率有多大？中三碼的機率只有1.78%，六碼數字全中的頭彩機率更是7.15億分之一的機率，所以一個人想要「有錢」，並不是燒香拜拜求老天爺可以中樂透，這是不切實際的發財夢。你可以做到可以把時間投資在自己的能力與專長，強化自己的實力與判斷力，用盡力氣也要對準方向喔！這樣才能讓我們財務早日自由。現在就跟艾倫來看看用錢去賺錢有哪些方法吧！

5-8 學習投資「以錢賺錢」

聽媽咪說在2008年全球發生一場金融危機，對全球金融市場產生一場重大風暴，就是美國「雷曼兄弟」銀行的倒閉，它是美國第四大投資銀行，成立於1850年的一家國際性的投資銀行。雷曼兄弟公司歷經了美國內戰、兩次世界大戰、經濟大蕭條、911恐怖攻擊與一次收購，它都安然度過，卻沒想到在2008年這次面臨經營危機，美國政府居然沒有幫助這家銀行度過危機，就讓銀行直接倒閉，當時負債高達6130億美元，說明銀行雖然資金雄厚但不謹慎仍會面臨倒閉的狀況，它的倒閉引起一波嚴重的金融海嘯，股市慘跌也引起投資人資金大幅度減少。

「錢」在你投資股票或基金中蒸發不見，這將是多麼令人難過的事。既然是「投資」就會要面臨的風險，這是千古不變的道理，像我媽咪那年代她們就流行用「跟會」的方式來做儲蓄方式，因為「跟會」比存在銀行的利息高，但是它的風險就是會遇到被人倒會、跑掉的狀況，也會面臨血本無歸的慘賠（跟會是民間一種小額信用貸款的型態，可以賺取較高利息與籌措資金的功能，但風險極高）。之後便開始流行向銀行「買基金」，當時媽咪不是很懂所以她也放入一筆錢去買基金，等贖回時扣除手續費、管理費後只剩約五成，這讓媽咪學到了教訓，投資不能丟它不管它，否則下場就是「賠錢」。等我現在慢慢懂得錢的用途之後，爹地媽咪就開始對我講起理財的相關常識，爸媽就是希望從小讓我有理財觀念，「你不理財，財不理你」藉由他們之前慘痛例子作為我的教材，媽咪常笑說「這門課收費好昂貴喔！」現在生活進入不一樣的世代，各種商品的進步非常快速的，像以前的手機像一瓶小礦泉水的重量，現在卻能輕巧易於攜帶，兼具千萬畫質的拍照相機功能，更結合了電腦＋音樂播放器＋高畫質相機功能於一機，也就是你我現在手上拿的手機。而家旁邊的好鄰居「雜貨店」也進步到萬事皆可代你辦理的「便利店」（舉凡買東西、繳費、宅配通、咖啡飲料手搖店……你想得到功能它一應具全）。實體店面的商店等待客人上門也漸漸轉為網路購物商店，還標榜六小時就幫你「送貨到家」，食衣住行育樂各項商品皆可在網路購買，這些種種的生活便利方式就在幾年間就大轉變，生活便利性增加也讓我們消費行為方式有了改變。有了「花錢便利」方式出現，卻沒有看到「快速賺錢」的方法出現，這為什麼呢？

媽咪笑著說「花錢容易，賺錢難啊！因為『想要』的東西太多，每天從電視、公車捷運廣告或是路上大型廣告看板，幾乎都是刺激要你去買東西，而每天的你在這樣資訊裡被影響著，就是要去「花錢、消費」，你就很容易受到影響。賺錢後就會按照指令拿出來消費花掉，而人的意志力有時就是最薄弱的。」所以訓練自己分辨「需要」與「想要」的購物是很重要的。另外；強迫自己存錢，要連小零錢也要省下來，因為手邊有錢才有辦法做投資，才能讓「錢去賺錢」這樣速度才會快。

媽咪我問妳「大家說有錢才能理財，沒錢的；哪有錢財可以理啊！」「艾倫你也是這樣想的嗎？」其實媽咪要告訴艾倫一種觀念：「沒有錢」是不是自己造成的，是不是你的觀念與做法需要調整呢？你要先問自己我「怎麼做」才能將「錢」留下來，而不是怪「錢」太少，不是嗎？

一、為什麼我沒錢？（因為你是小朋友現在沒賺錢，所以沒有收入）但若是出社會的大哥哥姊姊們，自己要去檢視自己的財務狀況，是不是把錢花在不該花的事物上，所以沒錢。

二、「認為自己賺錢賺得少，沒有可存的錢」。但卻把小錢拿去買遊戲點數或拿去KTV唱歌花掉，或隨意跟朋友去吃吃喝喝花光它，這樣你當然存不住錢。

三、對錢你沒有「存款計畫」或「想要達成目標計畫」，因為沒有計畫你就不知道要多做努力，就像跑步只有起點沒有設定目標點，就不知道你跑了多遠的距離，所以「立下目標」是很重要的。有個「存錢計畫」不管你日後要求學、旅遊、購物購車或是為未來結婚打算，至少你有個目標可以在前面，而這些計畫都是一筆為數不少的金錢支出，所以立下「存錢計畫」是很必要的。

四、不要讓債務上身。平時自己有小積蓄存款，當自己遇到突發狀況要用錢時，就不會著急慌張了。假如你沒有存款後急忙應急去使用「信用卡」或「現金卡」來應對，也要衡量自己還錢能力，一旦你沒有想明白後循環利息債務上身，要終結恐怕不是你輕易就能終止，所以使用「信用卡」或「現金卡」時要特別多加謹慎。

五、不要忽視「帳單」的傷害力。不管任何帳單到手上，一定要按時繳交避免拖欠，這也是培養「信用」的方式，以免你的信用受到損傷，在日後要跟銀行來往時就會不順利，千萬要記得！帳單可以利用銀行帳戶轉帳做扣繳，都是維護你良好信用方式，以上都是從自我財務狀況調整起的方法，有了小存款後才有能力進一步做投資，把錢變大，不是嗎？在前面我們說幾項投資工具你還記得嗎？現在我們將它們整理起來看看，就知道「用錢賺錢比用力氣賺錢速度快些喔！」（媽咪幫我整理歸納的表格）

金融商品	優點	缺點	備註
活存	安全、風險低 取用方便	利率低 活期存款 0.080% 活期儲蓄存款 0.200% 薪資轉帳活期 0.030%	(資料取自台灣銀行 2019/5/26)
定存	安全、風險低	利率低 定期儲蓄存款(三年) 一般機動利率 1.165% 固定利率 1.115% 五百萬元以上 機動利率 0.290% 固定利率 0.280%	投資利率過低，報酬率低 建議:在投資商品中不宜超過 30%，應配合其他投資商品
基金	平均報酬高	股票型基金波動率高 選擇高風險基金獲利也；風險相對增高	建議選擇定期定額投資全球股票型基金或全球平衡型基金，每季都要追蹤檢視狀況
保險	保險著重醫療與意外險、產物險	報酬率低於定存 保險前置成本過高	選擇信譽良好的保險公司，也選擇固定高利率保險商品
股票	平均報酬高	個股風險高，投資成本高，萬一挑選體質狀況差的股票，將會會面臨資金慘賠狀況	不選不了解的股票商品，設定「停損點」約為 10%~15%(自行調整) 千萬不要借錢買股，風險更大。

其實媽咪跟艾倫說這些理財的觀念，不是要艾倫你以後如何去發財；去成為多麼富有的人。媽咪只是希望我能學習為我「自己的未來」負責，希望我辛苦所得不要被「通貨膨脹」吃掉，更不要因為錯誤投資毀掉我辛苦存下的錢。很多人認為「理財」是一門專業、深奧難懂的學問，其實就是選擇「用錢的方式」，克制不必要的欲望，做「錢的主人」而不是奴隸。家人無法給我太多的財富，但可以給我面對財務的正確態度，賺錢只是過程，人生的目標應該是用錢去增廣見聞，去讓自己幸福快樂（也包含讓家人幸福）。媽咪不會幫我來理財，但會教我如何理財，不會給我很多魚吃，但是會教我釣魚的技巧。當你「經濟獨立」對自己的未來會負責，這也是孝順父母親的方式之一，進而有能力去分享；關懷社會，把「錢」做更有價值的使用，才是「理財致富」最美好的詮釋。

理財小問答

1）你有聽說你爹地媽咪說的故事，在他們以前的物價是怎麼樣呢？你可以跟我分享一下嗎？

2）你有儲蓄的習慣或是規劃嗎？你計畫以後存到這一筆錢後你要做些什麼事呢？（出國旅行、購賣東西、或是只是想存錢呢？）

3）你的父母親以幫你做投保保險嗎？那你知道每年保費要繳多少錢？

4）你有想要學習什麼技藝，但是因為學費昂貴後父母親告訴你：以後再學習它，你心中的感受是什麼？

5）你認為怎麼樣可以「以錢賺錢」，你有什麼樣的想法或計劃嗎？

解答：

1）自行回答。
2）自行回答。
3）自行回答。
4）自行回答。
5）自行回答。

給父母親的提醒

1）有錢人之所以能「成為」有錢人，是因為他們對於其投資商品、基金保險都有明確的想法跟選擇，在平時也會對投資商品有其了解，才能使資產不斷成長；以錢賺錢（股票、債券、基金、外幣）或實質物品（黃金、房地產、古董藝術品等）增值，累積更多財富提早實現人生的財務自由。「儲蓄」等於是銀行向我們借錢，會支付一些利息給我們，如果無法理解投資的方式途徑，都會先教導孩子將錢存放在銀行裡，一「錢」是安全的被保管著，二是也可以藉此去了解「銀行」所經營銷售相關投資商品品項，才知道「錢」要增值變大的方式有哪些。除非是真正遇到緊急情況，否則最好還是不要跟親友有金錢借貸，因為人情壓力關係催促還款時難免會有壓力，也反而傷到親友之間的情誼喔！所以也必須灌輸觀念給孩子，不到緊急時不要去做借貸動作，但是借了錢就一定想辦法依約歸還。

2）在理財的觀念中：貸款購屋是「負債」的動作，但基本上借款購屋也是一種適當理財行為，因為在初期貸款時間，付款壓力很大，隨著時間慢慢累積，貸款壓力會隨著歸還金錢而慢慢減輕，雖然是向銀行做借款，但每月還款也是逼自己強迫儲蓄的一種方式，運用財務槓桿的原理使銀行成為你累積資產的一種方式。有些人購屋或許看到那房屋後續增值的空間，但忽略自己償還房貸的能力，就容易產生財務壓力。像目前購屋都會要求你自備二～三成購屋金，銀行貸款可貸約七成左右，以台北新台幣1,000萬的房子為例：貸款年利率約2%（可跟銀行再討論），本息平均攤還以20年房貸來計算，月付貸款要付50,588元，30年房貸每月付貸款金額要36,962元，若攤還成40年的房貸月付金額為30,283元，所以房貸的償付下有些銀行會推出「寬限期」。寬限期（又稱寬緩期）即指在貸款的期限內，申請特定的時間只繳利息；不用攤還本金也就是「還息不還本」，至少在「寬限期」內壓力會減低，但是當「寬限期」過去後也一樣要做本息攤還的繳款。「寬限期」雖是方便的貸款工具，因為期間內「本金」未償還，利息基礎是以本金計算，其實就是比一般正常繳本金的方式多繳利息給銀行，所以你要動用「寬限期」時一定要多加考慮，避免後續繳款壓力徒增，最後因資金無法繳交出而使住屋成為法拍屋，這樣就會失去「購屋理財」的目的，更會因此喪失一筆為數不少的本金，所以計畫購屋前一定要找家人朋友再三考慮，多方蒐集資料，更必須將自己日後還款能力計算在內，才能逐步去做「計畫購屋」的動作喔！

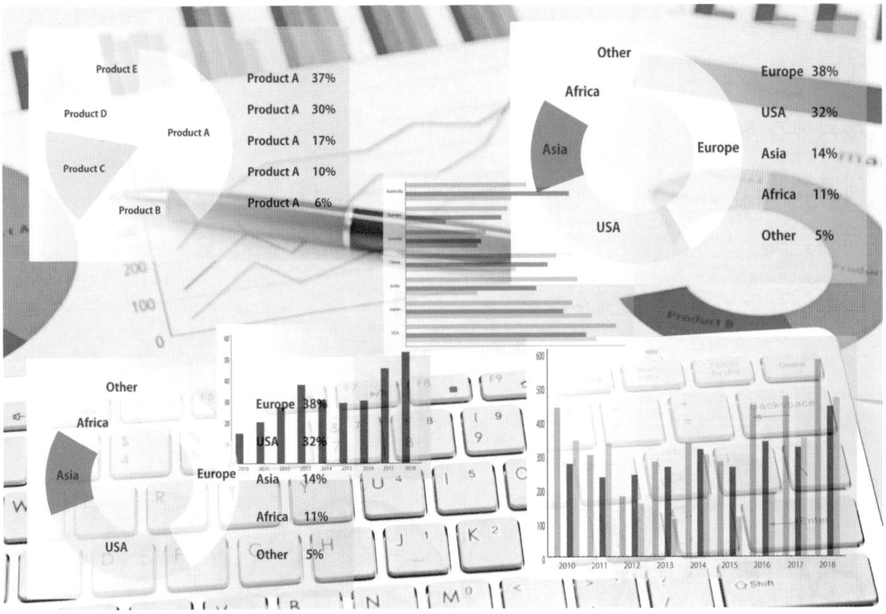

附錄一：存錢計畫表

你有想買的東西是什麼呢？電腦、手機、衣服、書籍、旅遊或是其他東西，你可試著去完成下面的計畫表喔！請你加油喔！

我想買什麼東西	
東西需要的金額	元
每月要存多少錢	元
何時開始	年 月 日
何時完成	年 月 日
□已經完成 □未完成（還需 時間）	

附錄二：記帳表練習

日期	項目	收入	支出	餘額
合計	總支出　元	結餘　元		

國家圖書館出版品預行編目資料

一塊錢的智慧：小朋友學理財／吳致美著. --初版.--臺中市：白象文化，2019.11
面； 公分
ISBN 978-986-358-893-1（平裝）
1.理財 2.兒童教育
563　　108015360

一塊錢的智慧：小朋友學理財

作　　者　吳致美
校　　對　吳致美
專案主編　黃麗穎
出版編印　吳適意、林榮威、林孟侃、陳逸儒、黃麗穎
設計創意　張禮南、何佳諠
經銷推廣　李莉吟、莊博亞、劉育姍、李如玉
經紀企劃　張輝潭、洪怡欣、徐錦淳、黃姿虹
營運管理　林金郎、曾千熏
發 行 人　張輝潭
出版發行　白象文化事業有限公司
412台中市大里區科技路1號8樓之2（台中軟體園區）
出版專線：（04）2496-5995　傳真：（04）2496-9901
401台中市東區和平街228巷44號（經銷部）
購書專線：（04）2220-8589　傳真：（04）2220-8505
印　　刷　基盛印刷工場
初版一刷　2019年11月
定　　價　400元